用友 ERP 系列丛书·用友 ERP 认证系列实验用书

企业财务业务一体化实训教程

(用友ERP-U8.72 版)

张莉莉　主　编

李吉梅　张　莉　副主编

清华大学出版社

北　京

内 容 简 介

本书以"强化实践实训、突出技能培养"为目标，以商贸企业购销存和财务等内容的一体化业务活动案例贯穿始终，借助用友 ERP-U8.72 软件，学习如何使用信息化手段来管理企业的购销存业务及其财务活动，体验企业业务流、资金流和信息流的集成性、一致性和实时性，注重理论知识和实际应用的紧密结合，注重实际操作和实践能力的训练。

本书共分 7 章。第 1 章介绍用友 ERP-U8.72 软件系统的运行环境配置、系统软件及其补丁安装说明、软件系统运行异常问题处理；第 2 章介绍使用用友 ERP-U8.72 软件对案例企业账套进行系统管理；第 3 章介绍对案例企业基础档案资料的设置；第 4 章介绍对案例企业销售管理、采购管理、库存管理、存货核算、固定资产管理、薪资管理、总账管理和会计报表管理各个子系统的参数及核算规则设置；第 5 章以案例企业日常业务活动为任务项，介绍使用用友 ERP-U8.72 软件系统处理各项业务活动的操作方法；第 6 章介绍案例企业各个业务模块的期末处理；第 7 章介绍编制案例企业会计报表的方法。

本书可以作为用友 ERP 认证系列实验用书，也可以作为高等学校会计学、工商管理、信息管理与信息系统等相关专业的企业业务与财务一体化信息管理的实验教学用书。

图书在版编目(CIP)数据

企业财务业务一体化实训教程：用友 ERP-U8.72 版/张莉莉 主编；李吉梅，张莉 副主编. —北京：清华大学出版社，2013.7(2015.8 重印)

(用友 ERP 系列丛书·用友 ERP 认证系列实验用书)

ISBN 978-7-302-32375-4

Ⅰ. ①企… Ⅱ. ①张… ②李… ③张… Ⅲ. ①企业管理—财务管理—计算机管理系统—应用软件—教材 Ⅳ. ①F275-39

中国版本图书馆 CIP 数据核字(2013)第 093756 号

责任编辑：刘金喜
封面设计：唐　宇
版式设计：牛静敏
责任校对：蔡　娟
责任印制：何　芊

出版发行：清华大学出版社
　　　　　网　　址：http://www.tup.com.cn，http://www.wqbook.com
　　　　　地　　址：北京清华大学学研大厦 A 座　　　　邮　　编：100084
　　　　　社 总 机：010-62770175　　　　　　　　　　邮　　购：010-62786544
　　　　　投稿与读者服务：010-62776969，c-service@tup.tsinghua.edu.cn
　　　　　质 量 反 馈：010-62772015，zhiliang@tup.tsinghua.edu.cn
印 装 者：北京鑫海金澳胶印有限公司
经　　销：全国新华书店
开　　本：185mm×260mm　　　印　　张：18.75　　　字　　数：445 千字
　　　　　(附光盘 1 张)
版　　次：2013 年 7 月第 1 版　　　　　　　　　　　印　　次：2015 年 8 月第 5 次印刷
印　　数：12501～17500
定　　价：33.00 元

产品编号：053498-01

序

用 ERP 武装中国企业

中国企业在经历了"发挥劳动力成本优势"、"装备现代化"两个发展阶段后，现在正进入以应用 ERP 为代表的"企业信息化"发展阶段，并为"自主技术与产品研发"阶段建立基础。

ERP(企业资源计划)系统是当今世界企业经营与管理技术进步的代表。对企业来说，应用 ERP 的价值就在于通过系统的计划和控制等功能，结合企业的流程优化，有效地配制各项资源，以加快对市场的响应、降低成本、提高效率和效益，从而提升企业的竞争力。

在发达国家，ERP 从 20 世纪 90 年代中期开始普及。中国从 20 世纪 80 年代开始导入 ERP 的前身 MRP 及 MRPII，经过导入期和发展期，现在开始进入 ERP 普及应用时期。在 ERP 普及时代，ERP 将不只是少数大型企业的贵族式消费，而是更广泛企业(包括中小企业)的大众化应用。

在中国 ERP 的发展时期，国产 ERP 产品和服务能力得到长足发展。国产 ERP 以其产品结合中国和亚洲商业环境与管理模式、技术上的后发优势、深入的服务网络以及良好的性价比在中国和亚洲市场逐步成为主流，将对中国 ERP 的普及发挥主力军作用。

在 ERP 普及时代，企业需要大量的 ERP 应用人才，全社会需要 ERP 知识的广泛普及。用友公司作为中国 ERP 应用市场最大的软件及服务提供商，不仅把推动 ERP 在中国企业的普及作为商业计划，更将其作为全体用友人的历史使命和共同追求的事业。出版"用友 ERP 系列丛书"就是用友普及教育计划的一个重要组成部分。

ERP 应用是中国企业继装备现代化("硬武装")之后的又一次武装("软武装")。我们期待着 ERP 在中国企业的普及应用，能够让千百万中国企业的经营与管理水平获得一次历史性的进步，使中国企业在全球市场的竞争力实现跨越式提升。

王文京

用友软件股份有限公司董事长兼总裁

前　　言

随着社会人才竞争日趋激烈，企业对人才的需求也日趋全面化、专业化和职业化。如何培养符合社会需求的行业人才，成为现今高等教育、高职教育、中职教育以及社会教育发展研究的一大课题。然而，从社会和用人单位反馈的信息来看，对管理类毕业生的企业管理岗位的胜任能力普遍认为不满意，根源集中体现在专业知识结构不合理、实际动手能力差等方面，这表明院校教育在对学生的管理能力、知识素养和实践技能的培养方面还需改进和完善。

随着信息经济和全球经济一体化时代的到来，现代社会对管理类应用型人才提出了新的要求。现代企业对人才的能力和素质的具体要求更加强调具有踏实的作风、协作与沟通能力、创新能力、主动参与能力、动态管理能力、全面的知识以及实践操作能力。因此，培养学生不仅应具备扎实全面的理论知识结构，而且应具有较全面的综合素质、较强的社会责任心和崇高的理想，并善于进行独创性的思维及具有不断进取的精神。

目前，我国院校管理教育的最大弊端仍在于教学活动侧重于课堂内，教学过程以教师讲授为主，教学目标以记忆为主；学生实践教学环节发展滞后，重数量不重质量，有限的教学资源与实践环节的矛盾日益突出。

基于上述国情和现状，我国在"国家中长期人才发展规划纲要(2010—2020 年)"、"国家中长期教育改革和发展纲要(2010-2020 年)"和"关于实施高等学校本科教学质量与教学改革工程的意见"(教高[2007]1 号)中就明确指出要"大力加强实验、实践教学改革"、"推进高校实验教学内容、方法、手段、队伍、管理及实验教学模式的改革与创新"，全面提高劳动者职业技能水平，加快技能人才队伍建设，加强职业培训和促进就业。

经过多年来国家对院校教育实践教学改革的引导和推动，同时，院校教育中对培养和提升学生实践应用能力的各种教学方法的不断涌现和实施应用，实践教学已经成为当前我国高等院校、高职及中职院校教学中的一个重要方向和目标，强化实践实训，突出技能培养，一个"面向市场、行业主导、适时互动"的实验、实习和实训体系正在形成。

作为课程建设与改革核心的实践性教学是培养高级技术型人才的重要教学环节，它强调与理论教学并重。实践性教学不仅要验证理论、提高动手技能，而且还要注重分析能力和应用能力的培养，注重对实操过程进行教学，注重对已有的设计、决策、规划等成果进行创造性地实施并转换成产品能力的培养。通过改变实践教学模式，创建新的实践课程体系，利用多功能实践性教学基地，加大对学生动手能力和创造能力的训练，从而培养学生的职业技能和综合职业能力。因此，实践性教学要改变过分依附理论教学的状况，应注重培养学生职业能力，以高技术职业岗位对技能和知识的实际需要为依据，探索建立相立的实践教学体系,形成"基本实践能力与操作技能、专业技术应用能力与专业技能、综合实践能力与综合技能"有机结合的实践教学体系。

基于上述目的,本书对企业经营活动业务的案例资料以任务项的形式展现出来,以用友 ERP 管理软件为工具,讲授对企业各项业务活动的处理方法,使学生学会使用信息化手段处理企业业务的技能,加深理解在信息化环境下企业购销存等业务管理与财务会计管理的关系,以便更好地理解企业的业务流、资金流与信息流的集成性、统一性、实时性和共享性的内涵。

本书的结构是以商贸企业日常经营活动为原型设计的,突出实战是其主导思想,重点介绍在信息化管理环境下企业各项业务的处理方法和处理流程。本书通过一系列任务提供业务案例资料,注重体现业务流程的思想,因此,在使用 ERP 软件系统对每项任务进行操作处理时,会涉及到多个模块和多项功能命令的使用,充分体现出业务流程的特点。此外,为了更好地辅助教与学的活动顺利进行,本书还提供了建账账套、系统初始账套、不同时间段业务数据账套等多个数据账套,以便提高学习效率。

本书共分为 7 章。第 1 章介绍用友 ERP-U8.72 软件系统的运行环境配置、系统软件及其补丁安装说明、软件系统运行异常问题处理;第 2 章介绍使用用友 ERP-U8.72 软件对案例企业账套进行系统管理,包括案例企业基本情况以及会计规范要求、案例企业账套的建立与修改、用户管理及其权限设置等;第 3 章介绍对案例企业基础档案资料的设置,包括部门及其人员、存货、客商信息、会计科目、业务类型等公共资料;第 4 章介绍对案例企业销售管理、采购管理、库存管理、存货核算、固定资产管理、薪资管理、总账管理和会计报表管理各个子系统的参数及核算规则设置;第 5 章以案例企业日常业务活动为任务项,介绍使用用友 ERP-U8.72 软件系统处理各项业务活动的操作方法,涉及销售订货、采购订货、库存出入库管理、库存盘点、存货成本核算、付款、收款、固定资产变动、薪资管理、账务处理、会计报表编制等企业业务活动的全过程;第 6 章介绍案例企业各个业务模块的期末处理;第 7 章介绍编制案例企业会计报表的方法。本书配套的 DVD 光盘中包括数据账套资料等。

本书由北京林业大学张莉莉主编,全面负责企业调查、案例数据设计与编写、案例数据测试、文稿撰写及修改和校审等工作;北京语言大学李吉梅和北京信息科技大学张莉为〇编。本书的案例数据及资料由张莉莉设计和编制;第 1 章由姚建成、张莉莉编写;第〇3 章、第 6 章、第 7 章由张莉莉编写;第 4 章由李吉梅、张莉、张莉莉编写;第〇采购管理、应付款管理、固定资产管理和薪资管理的内容由李吉梅、张莉莉〇理和应收款管理的内容由张莉、张莉莉编写,有关库存管理和存货核算〇账等内容由张莉莉编写。

〇得到了北京林业大学经济管理学院企业管理专业研究生曹茂〇哲、隋爽同学的大力协助,她们对案例数据的测试、修改〇套的制作等工作付出了大量的心血和精力,在此对她〇业大学信息学院计算中心的姚建成老师、用友新道科技有限公司的郭广鑫和孙胜儒不辞辛苦，对案例数据的测试也给予了大力的支持和帮助，在此表示衷心的感谢。

　　书中难免有不当和错误之处，恳请读者多提宝贵意见，以备来日进一步修改完善。

张莉莉

2013 年 1 月于北京

光盘使用说明

欢迎您使用《企业财务业务一体化实训教程(用友 ERP-U8.72 版)》(以下简称"实训教程"),此实训教程光盘中所附的内容包括用友 ERP-U8.72 教学版软件及其补丁程序、实验数据账套。光盘中的数据备份账套是实验得以顺利操作的保证。

1. 用友 ERP-U8.72 软件安装

该实训教程是在用友 ERP-U8.72 系统中操作的,您必须在计算机中安装用友 ERP-U8.72 教学版软件,然后进行实验的操作。

用友 ERP-U8.72 的安装步骤和所需要的组件较多,具体的安装方法和设置请参见光盘中的"U8.72 安装说明.doc"文档。

补丁安装参见书中第 1 章内容。

2. 账套使用方法

光盘中的备份账套均为"压缩"、"只读"文件,首先应将相应的压缩文件从光盘上复制到硬盘上,再用解压缩工具进行解压(建议用 WinRAR 3.42 或以上版本进行解压),得到相应可以引用的账套。引入账套之前,将已解压到硬盘中的账套备份文件的"只读"属性去掉,否则将不能引入相应的账套。

您可以在做实验前引入相应的账套,也可以将实验结果与备份账套相核对以验证实验的正确性。

祝您学习顺利……

目　　录

第一章

用友 ERP-U8.72 系统运行环境

内容概述

本章的主要内容是配置用友 ERP-U8.72 管理软件的运行环境以及学习安装用友 ERP-U8.72 管理软件，是学习本书案例任务的基础环境，主要包括以下内容。

- 系统运行环境配置：为了保证计算机能够顺利地安装用友 ERP-U8.72 管理软件，在安装 ERP 软件之前，计算机中的操作系统、数据库、浏览器、信息服务器(IIS)、.NET 运行环境等都必须满足一定的配置要求，若没有，则需要进行安装，否则，将无法安装用友 ERP-U8.72 管理软件。
- 系统软件安装与补丁安装：要处理本书案例中的企业日常业务活动，需要安装用友 ERP-U8.72 管理软件，软件安装完成后，系统会自动配置数据源，数据源名称默认为 default。
- 运行异常问题解决：系统管理员(admin)要对系统运行安全负责。在系统管理中，管理员可以对整个系统的运行过程进行监控，及时清除系统运行过程中的异常任务，以保证整个系统的正常运行。本书列出几种异常问题的解决办法。

目的与要求

了解安装用友 ERP-U8.72 管理软件之前电脑所需满足的各项配置，掌握安装用友 ERP-U8.72 管理软件及其补丁的内容及操作方法，学习解决常见异常问题的处理方法。

一、系统运行环境配置

(一) 操作系统

(1) 配置要求
- Windows 2000 Professional + SP4(或更高版本) + KB835732-x86
- Windows 2000 Server + SP4(或更高版本) + KB835732-x86
- Windows XP + SP2(或更高版本)(推荐使用)
- Windows 2003 Server + SP2(或更高版本)(推荐使用)
- Windows Vista + SP1(或更高版本)
- Windows 2008

(2) 安装过程

通过鼠标右击"我的电脑/属性/系统属性"的"常规"选项卡,查看计算机上所安装的操作系统是否满足上述要求。推荐使用 Windows XP+SP2(或 SP3)。

(二) 数据库

(1) 配置要求
- Microsoft SQL Server 2000 + SP4(或更高版本)(推荐使用)
- Microsoft SQL Server 2005 + SP2(或更高版本)
- Microsoft SQL Server 2008

(2) 安装过程

安装 Microsoft SQL Server 时,推荐安装 SQL Server 2000 + SP4。相应的 SP4 补丁程序可通过网上免费下载。安装 SQL Server 2000 时,按照操作向导程序安装即可,安装过程中可设置 SA 密码为空(或者设置密码)。安装完成后,再双击下载的 SP4 补丁程序,将其解压缩,然后双击解压缩文件夹中的 setup 批处理文件,安装 SP4 补丁程序。

注意:

如果用户之前安装过 SQL Server,再次安装时可能会出现"从前的安装程序操作使安装程序操作挂起,需要重新启动计算机"提示。可打开"开始→运行",在"运行"对话框中输入"regedit"命令,打开"注册表编辑器"窗口,找到如下目录: HKEY_LOCAL_MACHINE\SYSTEM\CurrentControlSet\Control\SessionManager,删除"PendingFileRenameOperations"项,然后重新安装 SQL Server 2000 程序。

(三) 浏览器

(1) 配置要求

Internet Explorer 6.0 + SP1(或更高版本)。

(2) 安装过程

Windows XP + SP2(或更高版本)操作系统自带 Internet Explorer 6.0，所以不需单独安装。

(四) 信息服务器(IIS)

(1) 配置要求

IIS 5.0 或更高版本。

(2) 安装过程

安装 IIS(Internet 信息服务)，可通过"控制面板→添加/删除程序→Windows 组件"添加 IIS 组件来安装。安装过程中需要用到 Windows XP 系统安装程序。

(五) .NET 运行环境

(1) 配置要求

使用.NET Framework 2.0 Service Pack 1 或更高版本。

(2) 安装过程

安装.NET 运行环境：.NET Framework 2.0 Service Pack 1。安装文件位于"光盘\用友 ERP-U8.72\U8.72SETUP\3rdProgram\NetFx20SP1_x86.exe"。

二、系统软件安装与补丁安装

(一) 系统软件安装

(1) 双击"光盘\用友 ERP-U8.72\U8.72SETUP\setup.exe"文件(标志为一个 U8 图标)，运行安装程序。

(2) 根据提示单击"下一步"按钮进行操作，直至出现选择安装类型界面，选择"标准"安装类型或"全产品"安装类型。"标准"安装模式为除 GSP、专家财务评估之外的"全产品"安装。

(3) 单击"下一步"按钮，接下来进行"系统环境检查"，查看"基础环境"和"缺省组件"是否已经满足所需条件。若有未满足的条件，则安装不能向下进行，并在图中给出未满足的项目，此时可单击未满足的项目链接，系统会自动定位到组件所在位置，让用户手动安装。

注意：

上述步骤已完成"基础环境"安装，此时会提示"缺省组件"未安装。安装方法是：双击界面上的【安装缺省组件】直接进行安装，或双击"光盘\用友 ERP-U8.72\

U8.72SETUP\3rdProgram\iewebcontrols.msi" 文件进行安装。

(4) 接下来单击"安装"按钮，即可进行安装。(此安装过程较长，请耐心等待)

(5) 安装完成后，单击"完成"按钮，重新启动计算机。

(6) 系统重启后，出现"正在完成最后的配置……"提示信息。在其中输入数据库名称(即为本地计算机名称)，SA 口令为空(安装 SQL Server 时设置为空)，单击"测试连接"按钮，测试数据库连接。若一切正常，则会提示"连接成功"。

(7) 接下来系统会提示"是否初始化数据库"，单击"是"按钮，提示"正在初始化数据库实例，请稍候……"。数据库初始化完成后，出现"系统管理"的"登录"窗口，此时即已完成系统软件的安装。(具体安装步骤，详见"光盘\U8.72 安装说明"。)

(二) 初始化数据库设置

ERP-U8.72 软件安装完成以后，系统会自动配置数据源，数据源名称默认为 default。若提示数据源出现异常，可以对数据源进行重新配置，并对数据库进行初始化。

(1) 配置数据源：连接数据库服务器

菜单路径：开始/程序/用友 ERP-U8.72/系统服务/应用服务器配置

在配置工具窗口中，单击"数据库服务器"按钮，进入数据源配置窗口，单击"增加"按钮，建立数据源(任意起名)，数据库服务器为计算机名称或 IP 地址，SA 用户密码为安装 SQL Server 数据库时设定的密码，也可在此处修改认证的密码。

(2) 初始化数据库：创建数据库结构

岗位：系统管理员(admin)

菜单路径：开始/程序/用友 ERP-U8.72/系统服务/系统管理/系统/初始化数据库

数据库实例为计算机名称，输入 SA 密码后，单击"确定"。

(三) ERP-U8.72 系统补丁安装顺序

补丁安装时，关闭 U8 应用程序窗口。

(1) 双击运行 "KB-U8.72-0010-091130-U8.72SP1.msi"。

(2) 双击运行 "KB- U8.72-0038-110815-InterfaceChangeFiles.msi"。

(3) 双击运行 "CP-U8.72-3541-120316-FA.msi"。

(4) 双击运行 "CP-U8.72-3544-120329-AR.msi"。

三、系统运行异常问题解决

(1) MS-SQL Server 中的 MSDTC 不可用。

解决方法：在 Windows 控制面板/管理工具/服务中对 Distributed Transaction Coordinator

单击右键进行启动。或者，单击右键选择属性，对启动类型选择手动或自动，在服务状态下单击"启动"按钮，启动成功后，单击"确定"即可。

(2) 启用时若提示"其他系统独占使用，无法启用某些模块"。这是因为已登录的系统关闭后，没有在系统管理中注销它，或者在使用过程中，数据库关闭产生的异常或非正常退出，都会在任务表中保存一条记录，认为该用户还在使用系统。

解决方法：在 SQL Server 企业管理器中打开数据库 UFSystem 中的两个表 Ua_Task_common 和 Ua_TaskLog，将其中的记录都删除即可。操作指导：执行"开始/程序/Microsoft SQL Server/企业管理器"操作，双击打开 UFSystem 数据库，再双击其中的表，然后再对 Ua_Task_common 表和 Ua_TaskLog 表分别单击右键，选择"打开表/返回所有行"，逐一删除其中记录。

(3) 用友 U8"科目(××××××)正在被机器(××××)上的用户(×××)进行(××××)操作锁定，请稍候再试"。

解决方法：执行在 SQL Server 企业管理器中打开数据库 UFDATA_001_2012 中的表 GL_mccontrol 里的记录并删除。操作同上。

(4) 启动 Distributed Transaction Coordinator 服务时，一启动就提示"Windows 不能在本地计算机启动 Distributed Transaction Coordinator，有关更多信息，查阅系统事件日志。如果这是非 Microsoft 服务，请与厂商联系，并参考特定服务错误代码-1073337669"。

解决方法：执行"开始/运行"命令，输入 cmd，确定后进入命令提示窗，输入"msdtc-resetlog"命令，执行完成后，即可启动服务。

(5) 系统出现其他异常现象时的解决方法：进入 SQL Server 企业管理器中打开"UFDATA_账套号_年度"或"UFSystem"数据库，找到下列对应表单，清除里面的所有记录内容，即可解决。

- Ua_task：功能操作控制表
- Ua_tasklog：功能操作控制表日志
- LockVouch：单据锁定表
- GL_mccontrol：科目并发控制表
- GL_mvocontrol：凭证并发控制表
- Gl_mvcontrol：外部凭证并发控制表
- Fa_control：固定资产并发控制表
- FD_LOCKS：并发控制表
- AP_LOCK：操作互斥表
- ia_pzmutex：核算控制表(临时表)
- gl_lockrows：项目维护控制表(临时表)

第二章

企业账套创建与管理

内容概述

本章的主要任务是建立企业账套基本信息以及对账套信息进行管理,并在系统管理中进行相关操作。系统管理的主要功能是对用友 ERP-U8.72 管理系统的各个产品进行统一的操作管理和数据维护。主要内容包括以下几个方面。

- 企业基本情况介绍:主要介绍北京锦绣服装有限公司的基本情况、公司所采用的内部会计制度及企业员工的岗位分工情况。
- 账套建立:账套指的是一组相互关联的数据,每一个企业或每一个独立核算部门的数据在系统内部都体现为一个账套。一个账套的基本信息主要包括账套信息、单位信息、核算类型、基础信息、编码方案、数据精度六个方面。可以根据企业的基本情况、内部会计制度及人员分工信息来建立账套。
- 用户及权限设置:为了保证系统数据的安全与保密,系统管理提供了用户及其功能权限的集中管理功能。但在进行权限设置之前,首先要添加系统用户信息,添加完成后,企业管理者可以根据用户的不同岗位分工来设置其操作权限,这样一方面可以避免与业务无关的人员进入系统进行非法操作,另一方面可以按照企业需求对各个用户进行管理授权,以保证各负其责,使得工作流程清晰顺畅。
- 账套管理:账套建立后,可以根据实际情况进行修改完善,灵活地对账套进行引入、输出等操作。

目的与要求

学习并掌握用友 ERP-U8.72 系统管理的主要功能和操作方法,理解账套的建立与管理在用友 ERP-U8.72 系统中的重要地位,掌握在系统管理中如何进行用户设置、建立企业账套和设置企业员工权限的方法,掌握账套输出和引入的方法。

一、案例企业情况介绍

(一) 企业基本情况

(1) 基本情况。北京锦绣服装有限公司(简称锦绣公司)成立于 2009 年 3 月 1 日,注册资本为 50 万元,机构代码为 2009521,是专门从事服装批发的商贸企业。该公司产品分为高档服装和一般服装两类。公司自成立以来,秉着诚信服务、务实进取的服务宗旨,以合理的价格、优良的服务与广州大悦有限公司、广州正祥有限公司、北京华联商贸有限公司、北京嘉兴有限公司等多家企业建立了长期稳定的合作关系,取得了长足发展与进步。目前,公司经营状况良好,主要经营的产品类型有男式上衣、男式裤子、女式套装和女式毛衣四种,2011 年主营业务收入达 668 万元,同比 2010 年增长 9.7%,销售净利率为 11%,资产利润率为 9%,偿债能力、营运能力和盈利能力与同行业平均水平持平。该公司常年四季货源不断,库存量大,货源保证,货品齐全。公司位于北京市海淀区光明路 26 号。该公司开户银行为中国工商银行北京市海淀支行,账号 0200001000106653251,该公司为一般纳税人,纳税登记号为 110019995461202。法人代表为章宏斌。邮政编码为 100083。电话为 010-60228226。传真为 010-60228227。邮箱 jinxiufuzhuang@163.com。公司网址: www.jingxiutmall.com。

(2) 组织结构。公司的注册类型为有限责任公司,股东由三个自然人组成。其中,章宏斌出资额占 70%,由其出任董事长兼总经理,是公司的法人代表;李飞和刘越各出资占 15%,均为董事会成员。总经理下设四位副总经理,其中李飞担任营销副总,刘越担任采购副总,陈志伟担任财务副总,陈宏担任行政副总。组织结构如图 2-1 所示。

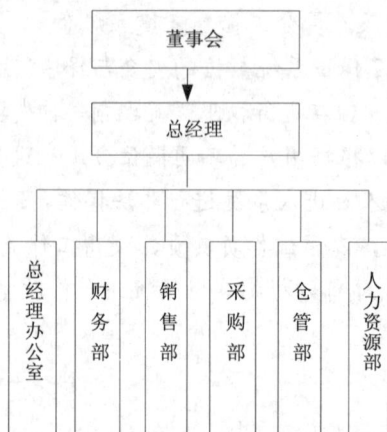

图 2-1 组织结构图

(二) 企业内部会计制度

(1) 会计科目编码采用 4-2-2 方式,即一级科目 4 位字长,二级科目 2 位字长,三级科目 2 位字长。

(2) 科目设置要求：应付账款科目下设暂估应付账款和一般应付账款两个二级科目，其中：一般应付账款设置为受控于应付款系统、暂估应付账款科目设置为不受控于应付款系统。

(3) 项目核算：设置在途物资、库存商品、主营业务收入、主营业务成本四个项目核算科目。项目大类名称为"商品项目管理"，项目分类定义为高档服装和一般服装，项目目录分为男式上衣、男式裤子、女式毛衣、女式套装(其中女式套装为高档服装，其他为一般服装)，该项目设置由上述四个科目进行核算。

(4) 会计核算的基本规定：采用科目汇总表账务处理程序，采用复式记账凭证，按单一格式填制凭证。

(5) 货币资金的核算方法：每日终了，对库存现金进行实地盘点。银行存款每月根据银行对账单进行核对清查，若发现不符，及时查明原因，做出处理。公司采用的结算方式包括现金、现金支票、转账支票、银行汇票、银行承兑汇票、电汇、同城特约委托收款等。

(6) 职工薪酬的核算方法：公司按照有关规定由单位承担并缴纳的养老保险、医疗保险、失业保险、工伤保险、生育保险、住房公积金分别按照上年度缴费职工月平均工资(上年度缴费职工月平均工资与本月应发工资数相同)的 20%、10%、1%、1%、0.8%、12%计算；职工个人承担的养老保险、医疗保险、失业保险、住房公积金分别按照本人上月平均工资总额的 8%、2%、0.2%、12%计算。各种社会保险金和住房公积金当月计提，下月缴纳。按照国家有关规定，单位代扣个人所得税。按工资总额的 2%计提工会经费，按工资总额的 2.5%计提职工教育经费。按照国家有关规定，单位代扣个人所得税，其扣除标准为3,500 元，附加费用 1,300 元。当月职工工资委托银行当月发放。工资分摊制单时，对科目和辅助项相同的采用合并制单。

(7) 固定资产的核算方法：公司的固定资产包括房屋及建筑物、机器设备、交通运输设备和电子设备，均为在用状态；按照企业会计制度规定，按月计提折旧，当月增加的固定资产，自下月开始计提，当月减少的固定资产，当月照提折旧；公司采用平均年限法计提折旧，使用年限严格按照企业会计准则规定。

(8) 存货的核算方法：企业存货包括各种服装(服装分为高档服装和一般服装两大类)、包装材料、办公用品等低值易耗品，各类存货按照实际成本核算，采用永续盘存制；在核算过程中，存货采用先进先出法计算成本。

(9) 税务的会计处理：本公司为增值税一般纳税人，税率为 17%，按月缴纳，运费按7%作进项税额抵扣；企业所得税采用资产负债表债务法，除应收账款外，假设资产、负债的账面价值与其计税基础一致，未产生暂时性差异。企业所得税的计税依据为应纳税所得额，税率为 25%，按月预计，按季预缴，全年汇算清缴。按当期应交增值税的 7%和 3%计算城市维护建设税和教育费附加。

(10) 财产清查的要求：公司每月末对存货进行清查，年末对固定资产进行清查，根据盘点结果编制"盘点表"，并与账面数据进行比较，报经主管领导审批后进行处理。

(11) 坏账损失的核算方法：除应收账款外，其他的应收款项不计提坏账准备。每年年末，按应收账款余额百分比法计提坏账准备，提取比例为期末余额的 0.5%。对于可能成为坏账的应收账款应当报告有关决策机构，由其进行审查和确认；发生的各种坏账应查明原因，及时做出会计处理；已注销的坏账又收回时应当及时入账。

(12) 利润分配规定：根据公司章程，公司税后利润按以下顺序及规定分配：A. 弥补亏损；B. 按 10% 提取法定盈余公积；C. 提取任意盈余公积；D. 向投资者分配利润。

(13) 月末将各损益类账户余额转入本年利润账户。

(三) 操作员权限

账套使用人员岗位分工与权限设置如表 2-1 所示。

表 2-1　账套使用人员岗位分工与权限设置

编码	人员姓名	隶属部门	职务	操作权限	权限设置
001	章宏斌	总经理办公室	总经理	系统初始设置、所有业务单据审核与批复	账套主管
002	陈志伟	财务部	财务经理	会计业务主管签字、审核凭证、审核销售发票和收款单及付款单、对账、结账、编制会计报表、财务指标分析	公共单据、应付款管理、应收款管理、总账、UFO 报表、销售管理
003	陈宏	财务部	会计	开销售发票、编制记账凭证、记账、固定资产折旧及增减变动业务、工资分摊、银行对账	公共单据、应付款管理、应收款管理、固定资产、总账、销售管理、薪资管理
004	王欢	财务部	出纳	填制收款单和付款单、出纳签字	应付款管理、应收款管理、总账
005	李飞	销售部	销售员	销售订单、发货	销售管理
006	夏雪	销售部	销售员	销售订单、发货	销售管理
007	刘越	采购部	采购员	采购订单、到货单、录入采购发票	采购管理
008	李丽	仓管部	库管员	采购结算、入库、出库、盘点、存货核算	公共单据、采购管理、库存管理、存货核算
009	王勇	人力资源部	经理	人员增减变动、工资变动、辅助系统初始设置	公用目录设置、薪资管理

注意：(操作指导参见"第四章/五、薪资管理/2. 工资类别/(3) 数据权限控制设置和数据权限分配")

(1) 打开"企业应用平台/系统服务/权限/数据权限控制设置"，不选中"用户"，陈志伟和陈宏即可以审核销售发票和制单。

(2) 打开"企业应用平台/系统服务/权限/数据权限分配",选中王勇和陈宏,在"业务对象"中选择"工资权限",选中工资类别主管,保存并重新登录生效后,王勇即可操作工资模块(注意:此设置在薪资账套建立后,才可设置成功)。

二、账套建立及管理

本账套建立时间为 2012 年 4 月 1 日,各子系统启用时间为 2012 年 4 月 1 日。本案例企业发生业务活动的时间均为 2012 年 4 月。

(一) 添加操作员

【操作要求】按照表 2-1 的资料添加操作员。

【操作指导】

(1) 执行"开始/所有程序/用友 ERP-U8.72/系统服务/系统管理"命令,进入系统管理界面,双击"系统"菜单中的"注册"命令,进入登录界面,如图 2-2 所示。操作员输入"admin",密码为空。单击"确定"按钮后进入系统管理界面,如图 2-3 所示。

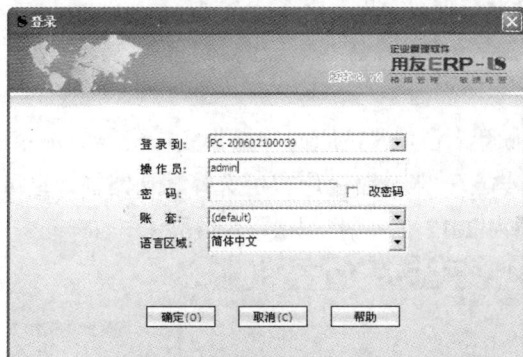

图 2-2　系统管理登录

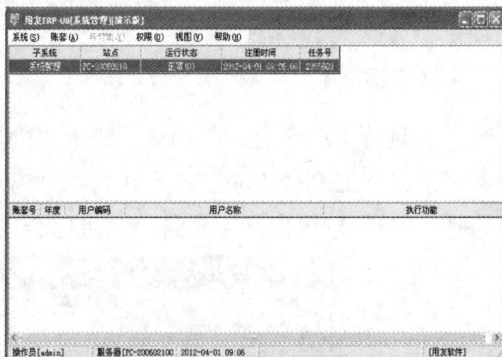

图 2-3　系统管理界面

提示:

用友 ERP-U8.72 管理软件默认的系统管理员(admin)密码为空,建议不要修改密码。

(2) 执行"权限/用户"命令,进入用户管理界面,单击"增加"按钮,首先增加"章宏斌"用户,输入其编号、姓名、口令以及所属部门等信息,单击"增加"按钮,完成操作员的添加,如图 2-4 所示。同理,将其他用户全部添加完成。

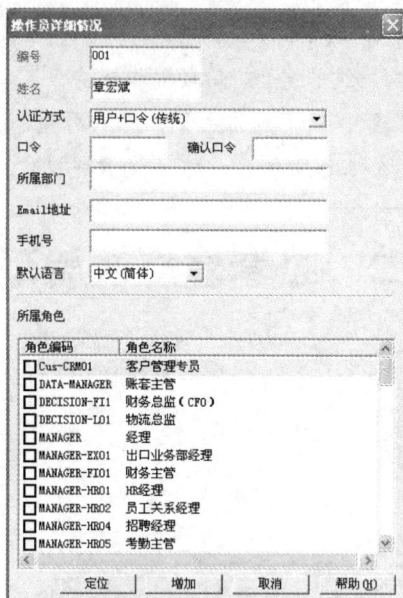

图 2-4　操作员设置

(二) 建立核算单位账套

【操作要求】建立核算单位账套，并启用"采购管理、销售管理、库存管理、存货核算、固定资产、薪资管理、应收款管理、应付款管理、总账"子系统。

【操作指导】

(1) 执行"账套/建立"命令，进入"创建账套"窗口，按照向导操作完成资料的录入。

(2) 录入账套号"001"；账套名称"锦绣公司"；账套路径用户可选择默认路径，也可以利用"…"按钮自行更改路径；启用会计期为 2012 年 4 月，如图 2-5 所示。

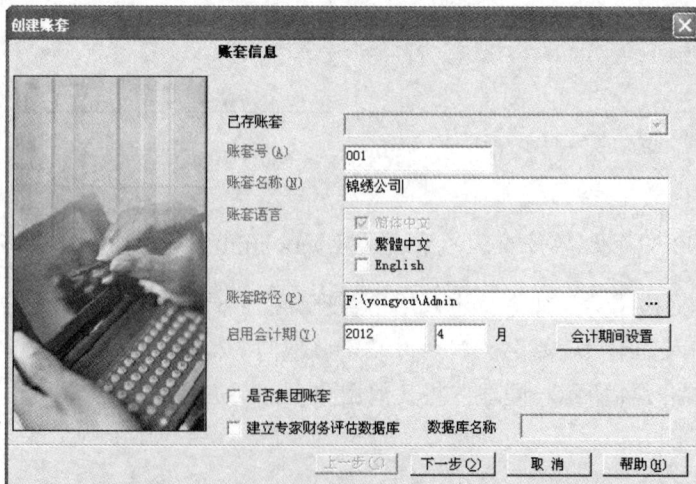

图 2-5　账套信息

(3) 单击"下一步"按钮，在"单位信息"窗中录入单位信息，如图 2-6 所示。

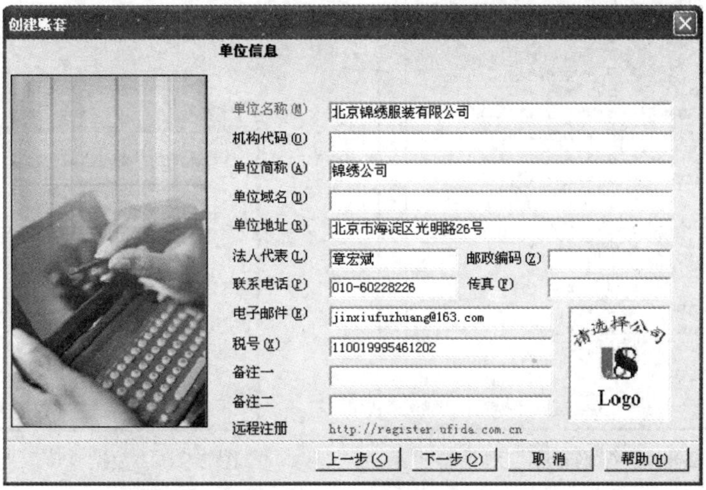

图 2-6 单位信息设置

(4) 单击"下一步"按钮，在"核算类型"窗中录入本币代码"RMB"；本币名称"人民币"；企业类型"商业"；行业性质"2007 年新会计制度科目"；账套主管选择"[001]章宏斌"；并选中"按行业性质预置科目"复选框，如图 2-7 所示。

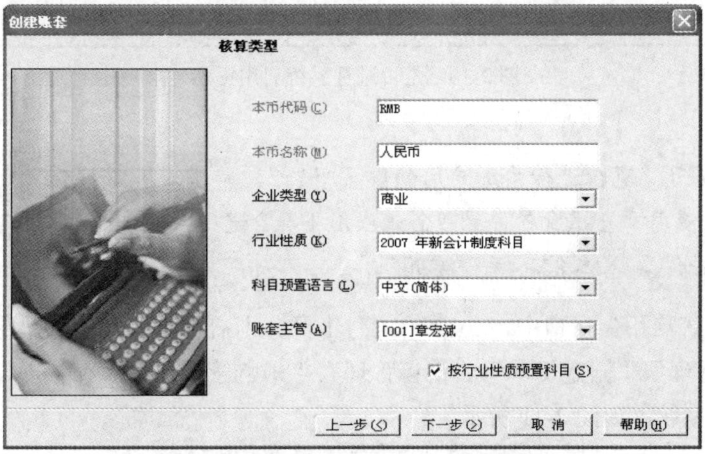

图 2-7 核算类型设置

(5) 单击"下一步"按钮，在"基础信息"窗中选中"存货是否分类"、"客户是否分类"、"供应商是否分类"3 个复选框。单击"完成"按钮，弹出"可以创建账套了么？"提示窗口，单击"是"按钮，进入"编码方案"对话框，对会计科目编码级次录入第 2 级和第 3 级的位长为"2"，其他编码分类采用系统默认值，如图 2-8 所示。

(6) 单击"确定"按钮，再单击"取消"按钮，打开"数据精度"对话框，数据精度采用系统默认值，如图 2-9 所示。

图 2-8 "编码方案"对话框

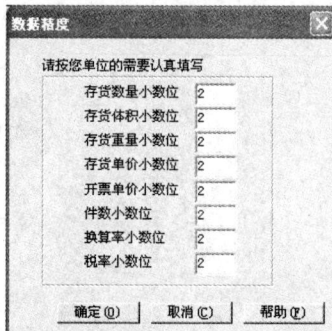

图 2-9 "数据精度"对话框

(7) 单击"确定"按钮，出现系统提示账套创建成功，并询问是否现在进行子系统启用的设置，如图 2-10 所示，若选择"是"按钮，则运行"系统启用"模块。

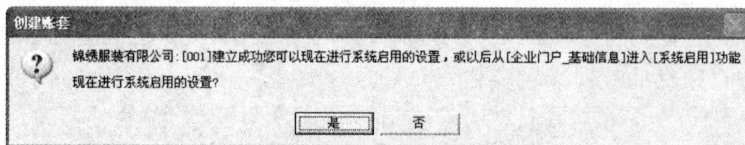

图 2-10 是否进行系统启用提示

提示：

弹出系统提示"现在进行系统启用的设置吗？"，单击"否"按钮，则提示账套创建成功。以后可以使用章宏斌身份登录"企业应用平台"进行系统启用设置，操作路径为"企业应用平台/基础设置/基本信息/系统启用"。

(8) 在"系统启用"窗口中，2012 年 4 月 1 日分别启用本账套的"总账"、"应收款管理"、"应付款管理"、"固定资产"、"销售管理"、"采购管理"、"库存管理"、"存货核算"、"薪资管理"子系统，如图 2-11 所示。

图 2-11 系统启用

(三) 设置操作员权限

【操作要求】按照表 2-1 资料的要求设置操作员权限。

【操作指导】

(1) 在系统管理界面中，运行"权限/权限"命令，进入操作员权限窗口，在窗体左侧选择操作员"陈志伟"，单击"修改"按钮，在窗体右侧选择对应账套"[001]锦绣公司"和年度"2012"，按照表 2-1 中的资料要求选中相应的功能项目，如图 2-12 所示。单击"保存"按钮，即可完成操作员功能权限的设置。

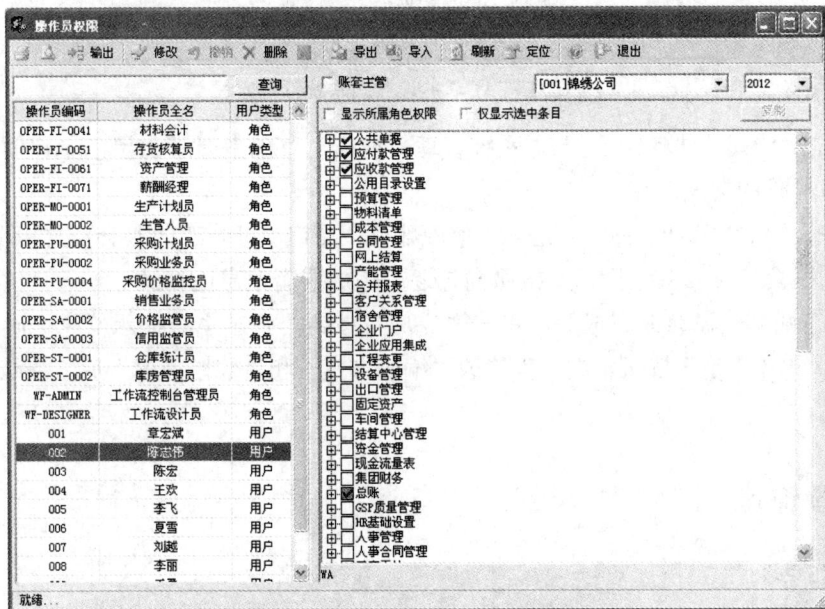

图 2-12　操作员功能权限设置

(2) 同理，按照表 2-1 资料的要求完成其他操作员的功能权限设置。

提示：

由于在建立账套时已指定"章宏斌"为账套主管，此处无需再设置；账套主管自动拥有该账套的所有功能权限。

(四) 修改账套信息

【操作指导】

(1) 以账套主管章宏斌(编号 001)的身份登录"系统管理"，执行"系统/注册"命令，进入"系统管理"登录对话框。输入操作员为"001"或"章宏斌"，密码为空。选择账套"[001]锦绣公司"；操作日期为当前日期"2012-04-01"，如图 2-13 所示。

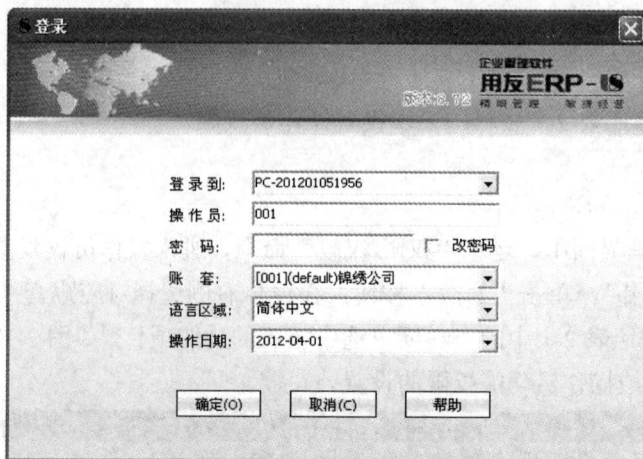

图 2-13　账套主管登录系统管理

(2) 单击"确定"按钮，进入"系统管理"窗口，菜单中显示为黑色字体的部分为账套主管可以操作的功能命令。

(3) 执行"账套/修改"命令，进入"修改账套"窗口，可修改的账套信息以白色显示，不可修改的账套信息以灰色显示。按照向导逐步完成账套信息的修改。

(4) 所有账套信息修改完成后，单击"完成"按钮，弹出系统提示信息"确认修改账套了么？"，单击"是"按钮，进一步修改"编码方案"和"数据精度"后，系统提示"修改账套成功！"。

(五) 账套输出

【操作指导】

(1) 以系统管理员(admin)的身份注册进入系统管理。

(2) 执行"账套/输出"命令，打开"账套输出"对话框，选择需要输出的账套"[001]锦绣公司"，如图 2-14 所示。

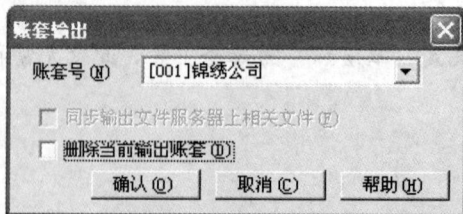

图 2-14　"账套输出"对话框

(3) 单击"确认"按钮，系统压缩完成所选账套数据后，弹出"选择备份目标"对话框，单击下拉列表框，选择需要将账套数据输出的目标驱动器和文件夹，单击"确认"按钮。系统开始进行备份，备份完成后，弹出"备份完毕！"提示，单击"确定"按钮返回即可。

提示：

- 只有系统管理员(admin)才能对账套进行输出。账套备份文件名为"UFDATA.BAK"和"UfErpAct.Lst"。
- 正在使用的账套是不允许删除的。若要删除选中账套数据，则在输出账套以后，选中"删除当前输出账套"即可。
- 年度账是指账套中某年度的账，年度账的输出和引入只能由账套主管身份操作。若要输出年度账，则需要以账套主管身份登录系统管理，执行"年度账/输出"功能，选择相应年度，单击"确认"按钮后即可完成。年度账的账套备份文件名为"UFDATA.BAK"和"UfErpYer.Lst"。需要注意的是，在账套已经存在的基础上，才能引入某年的年度账；若账套不存在，则年度账引入不能成功。

(六) 账套引入

【操作指导】

(1) 以系统管理员(admin)的身份注册进入系统管理。

(2) 执行"账套/引入"命令，选择账套文件"UfErpAct.Lst"，选择需要引入的账套路径(可以选择默认路径，也可以新建路径)，若要覆盖原来的账套则单击"是"按钮，引入成功后，系统将弹出"引入成功"提示。

提示：

只有系统管理员(admin)才能对账套进行引入；账套备份文件名为"UFDATA.BAK"和"UfErpAct.Lst"。

第三章

企业基础档案设置

内容概述

本章的主要内容是在企业应用平台中进行操作的。企业应用平台是用友 ERP-U8.72 管理软件的集成应用平台，它是访问系统的唯一入口，可以实现企业基础档案和基础数据的设置和维护、信息的及时沟通和传递、资源的有效利用等。

本章的主要内容是设置企业的基础档案信息、单据信息和会计科目期初余额。

- 基础档案设置：设置用友 ERP-U8.72 管理软件各个子系统公用的基础档案信息。主要包括企业部门档案、人员档案、客商信息、存货档案、财务信息、收付结算信息、业务信息的设置等。

- 单据设置：包括单据格式设置、单据编号设置、单据打印控制，可以根据实际情况添加或删除单据的某些设置，提供了个性化单据显示及打印格式的定义。

- 会计科目期初余额：期初余额以上期期末余额为基础，反映了以前期间的交易和上期采用的会计政策的结果。期初已存在的账户余额是由上期结转至本期的金额，或是上期期末余额调整后的金额。本章需要在总账系统中录入上月的会计科目期末余额数据信息作为本月会计科目期初余额数据，以保证数据的完整性和连贯性。

目的与要求

掌握在企业应用平台中建立企业的各项基础档案、进行单据设置及期初余额录入的操作方法，理解各项企业基础档案设置在实际操作中所起的作用和含义，了解会计科目期初余额的录入在用友 ERP-U8.72 系统中的重要作用。

企业"基础档案"资料由账套主管章宏斌(人员编码 001)登录企业应用平台进行设置。

【实验数据准备】

(1) 系统时间为 2012 年 4 月 1 日。

(2) 引入光盘"实验数据"文件夹中"第三章数据准备"的数据账套。

一、部门档案设置

完成企业各个职能部门的档案设置，锦绣公司部门档案资料如表 3-1 所示。

【操作路径】企业应用平台/基础设置/基础档案/机构人员/部门档案。

表 3-1 部门档案

部门编码	部门名称	成立时间
1	总经理办公室	2009.03.01
2	财务部	2009.03.01
3	销售部	2009.03.01
4	采购部	2009.03.01
5	仓管部	2009.03.01
6	人力资源部	2009.03.01

二、企业人员类别设置

完成企业各个部门的人员类别设置，锦绣公司人员类别编码资料如表 3-2 所示。

【操作路径】企业应用平台/基础设置/基础档案/机构人员/人员类别/在职人员。

表 3-2 人员类别

人员类别编码与名称	档案编码	档案名称
10 在职人员	1001	企管人员
10 在职人员	1002	财务人员
10 在职人员	1003	采购人员
10 在职人员	1004	销售人员
10 在职人员	1005	库管人员
10 在职人员	1006	研发人员
10 在职人员	1007	后勤人员
10 在职人员	1008	合同工
10 在职人员	1009	临时工
10 在职人员	1010	其他人员

三、人员档案设置

完成企业各个部门的人员档案设置，锦绣公司人员档案资料如表 3-3 所示。

【操作路径】企业应用平台/基础设置/基础档案/机构人员/人员档案。

表 3-3　人员档案

人员编码	人员姓名	部门名称	人员类别	性别	银行名称	银行账号	是否业务员	是否操作员
001	章宏斌	总经理办公室	企管人员	男	中国工商银行	11022033001	是	否
002	陈志伟	财务部	财务人员	男	中国工商银行	11022033002	是	否
003	陈宏	财务部	财务人员	男	中国工商银行	11022033003	是	否
004	王欢	财务部	财务人员	女	中国工商银行	11022033004	是	否
005	李飞	销售部	销售人员	男	中国工商银行	11022033005	是	否
006	夏雪	销售部	销售人员	女	中国工商银行	11022033006	是	否
007	刘越	采购部	采购人员	男	中国工商银行	11022033007	是	否
008	李丽	仓管部	库管人员	女	中国工商银行	11022033008	是	否
009	王勇	人力资源部	企管人员	男	中国工商银行	11022033009	是	否

【操作指导】

按照上述操作路径进入"人员档案"窗口，单击"增加"按钮，对人员档案信息进行设置。以"章宏斌(编码001)"为例，如图 3-1 所示。

图 3-1　人员档案信息的设置

四、地区分类设置

完成企业的地区分类设置，锦绣公司地区分类设置资料如表 3-4 所示。

【操作路径】企业应用平台/基础设置/基础档案/客商信息/地区分类。

表 3-4　地区分类

分类编码	分类名称
01	华北
02	东北
03	华南

五、供应商分类设置

完成企业的供应商分类设置，锦绣公司供应商分类资料如表 3-5 所示。

【操作路径】企业应用平台/基础设置/基础档案/客商信息/供应商分类。

表 3-5　供应商分类

一级分类编码与名称	二级分类编码与名称
01 服装商	01001 批发商
	01002 代销商
02 材料商	02001 批发商
03 汽车商	

六、供应商档案设置

完成企业的供应商档案设置，锦绣公司供应商档案资料如表 3-6 所示。

【操作路径】企业应用平台/基础设置/基础档案/客商信息/供应商档案。

表 3-6　供应商档案

编码	供应商名称	供应商简称	所属分类	币种	货物/委外/服务	所属地区	税号	开户银行	银行账号	地址	电话	发展日期
001	广州大悦有限公司	大悦公司	服装批发商	人民币	货物	03	44005555 6666677	中国工商银行广州市天河分理处	020000501 0106130625	广州市天河区天河路 8 号	020-52012825	2009-09-01

(续表)

编码	供应商名称	供应商简称	所属分类	币种	货物/委外/服务	所属地区	税号	开户银行	银行账号	地址	电话	发展日期
002	广州正祥有限公司	正祥公司	服装批发商	人民币	货物	03	440605763367651	中国建设银行广州市湖滨分理处	4600005006110621053	广州市湖滨北路98号	020-48201246	2009-09-01
003	北京演东有限公司	演东公司	材料批发商	人民币	货物	01	440681179012330	招商银行北京市致民分理处	5532505362105312	北京市海淀区致民东路6号	010-62241268	2009-09-01
009	北京南方汽车有限责任公司	南方汽车公司	汽车商	人民币	货物	01	440574987577588355	招商银行北京市明光分理处	5532505362106783	北京市海淀区明光东路11号	010-62273685	2012-04-01

【操作指导】

按照上述操作路径进入"修改供应商档案"窗口，进行供应商档案信息的设置。以"大悦公司(编码001)"为例，结果如图3-2所示。

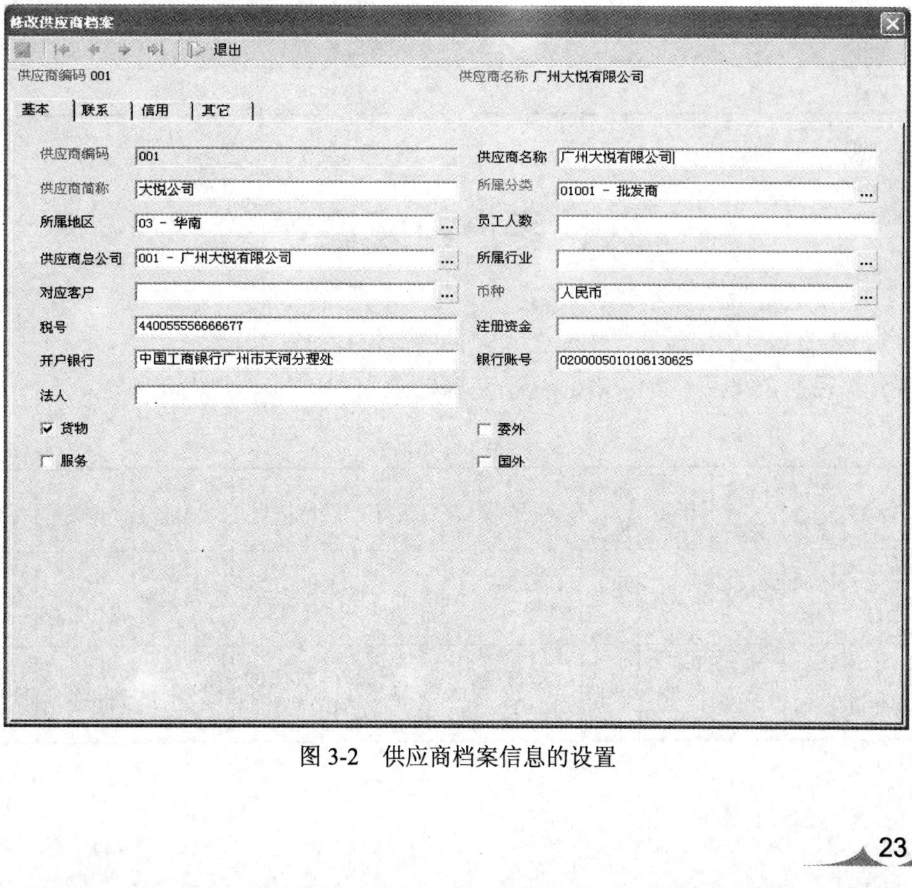

图3-2　供应商档案信息的设置

七、客户分类设置

完成企业的客户分类设置,锦绣公司客户分类资料如表 3-7 所示。

【操作路径】企业应用平台/基础设置/基础档案/客商信息/客户分类。

表 3-7　客户分类

一级分类编码	名称
01	零售商
02	批发商

八、客户级别设置

完成企业的客户级别设置,锦绣公司客户级别资料如表 3-8 所示。

【操作路径】企业应用平台/基础设置/基础档案/客商信息/客户级别。

表 3-8　客户级别

分类编码	名称
01	VIP 客户
02	重要客户
03	一般客户

九、客户档案设置

完成企业的客户档案设置,锦绣公司客户档案资料如表 3-9 所示。

【操作路径】企业应用平台/基础设置/基础档案/机构人员/客户档案。

表 3-9　客户档案

客户编码	客户名称	客户简称	所属分类	币种	所属地区	税号	开户银行	银行账号	地址	电话	发展日期
001	北京华联商贸有限公司	华联商场	零售商	人民币	华北	110120379378101	中国工商银行北京市上地分理处	0200001004105321350	北京市海淀区上地路1号	010-62106248	2009-09-01
002	北京嘉兴有限公司	嘉兴公司	批发商	人民币	华北	110612796101033	中国工商银行北京市华苑分理处	0200001005102501883	北京市朝阳区华苑路1号	010-65624101	2009-09-01

(续表)

客户编码	客户名称	客户简称	所属分类	币种	所属地区	税号	开户银行	银行账号	地址	电话	发展日期
003	河北华润有限公司	华润公司	批发商	人民币	华北	110876970363112	中国工商银行保定市天平分理处	0200001006625010513	河北省保定市南市区天平路18号	0312-45317201	2009-09-01

十、存货分类设置

完成企业的存货分类设置,锦绣公司存货分类资料如表 3-10 所示。

【操作路径】企业应用平台/基础设置/基础档案/存货/存货分类。

表 3-10　存货分类

一级分类编码与名称	二级分类编码与名称
01 商品	0101 服装
	0102 包装材料
02 劳务	

十一、存货计量单位组与计量单位设置

完成企业的存货计量单位组设置,锦绣公司存货计量单位组与计量单位资料分别如表 3-11 和表 3-12 所示。

【操作路径】企业应用平台/基础设置/基础档案/存货/计量单位。

表 3-11　存货计量单位组

计量单位组编码	计量单位组名称	计量单位组类别
01	无固定换算率	无换算率

表 3-12　存货计量单位

计量单位编码	计量单位名称	计量单位组	主单位标志	换算率
01	套	01 无固定换算率		
02	件	01 无固定换算率		
03	元	01 无固定换算率		
04	条	01 无固定换算率		
05	次	01 无固定换算率		

【操作指导】

按照上述操作路径，进入"计量单位-计量单位组"窗口，单击"分组"按钮，进入"计量单位组"界面，单击"增加"按钮，添加组编号和名称，然后单击"保存"按钮即完成设置。以"无固定换算率(编码 01)"为例，如图 3-3 所示。

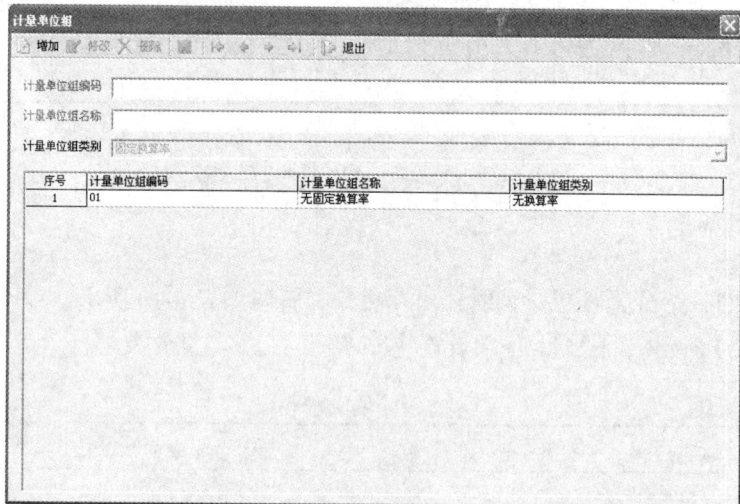

图 3-3　存货计量单位组设置

十二、存货档案设置

完成企业的存货档案设置，锦绣公司存货档案资料如表 3-13 所示。

【操作路径】企业应用平台/基础设置/基础档案/存货/存货档案。

表 3-13　存货档案

基　　本						成　　本		
存货编码	存货名称	主计量单位	税率(%)	存货分类	存货属性	参考成本	参考售价	售价(批发价)
00001	男式上衣	件	17	0101 服装	外购、内销、外销			
00002	男式裤子	条	17	0101 服装	外购、内销、外销			
00003	女式毛衣	件	17	0101 服装	外购、内销、外销			
00004	女式套装	套	17	0101 服装	外购、内销、外销			
00005	运输费	次	7	02 劳务	应税劳务			

十三、会计科目及其期初余额设置及录入

完成企业会计科目设置及录入，锦绣公司会计科目设置及录入资料如表3-14所示。

会计科目设置路径如下：

【操作路径】企业应用平台/基础设置/基础档案/财务/会计科目。

期初余额录入路径如下：

【操作路径】企业应用平台/业务工作/财务会计/总账/设置/期初余额。

表3-14　会计科目设置及其余额

科目编码	科目名称	辅助账类型	余额方向	年初余额	累计借方	累计贷方	期初余额
1001	库存现金	日记账	借	8,996	34,415.48	15,000	28,411.48
1002	银行存款		借	280,597	972,257	920,000	332,854
100201	工行存款	银行账、日记账	借	280,597	972,257	920,000	332,854
100202	建行存款	银行账、日记账	借				
1012	其他货币资金		借				
101201	银行汇票		借				
1121	应收票据		借				
112101	银行承兑汇票		借				
112102	商业承兑汇票		借				
1122	应收账款	客户往来	借	45,600	50,000	71,700	23,900
1123	预付账款	供应商往来	借				
1221	其他应收款		借				
1231	坏账准备		贷	800			800
1402	在途物资	项目核算	借				
1403	原材料		借				
1405	库存商品	项目核算	借	200,000	900,000	825,000	275,000
1406	发出商品		借	100,200	50,000	112,650	37,550
1409	委托代销商品		借				
1511	长期股权投资		借				
151101	其他股权投资		借				
1531	长期应收款		借				
1601	固定资产		借	290,000			290,000
1602	累计折旧		贷	54,576		9,747	64,323
1603	固定资产减值准备		贷				

(续表)

科目编码	科目名称	辅助账类型	余额方向	年初余额	累计借方	累计贷方	期初余额
1604	在建工程		借				
1606	固定资产清理		借				
1701	无形资产		借				
1703	无形资产减值准备		贷				
1801	长期待摊费用		借				
1901	待处理财产损溢		借				
190101	待处理流动资产损溢		借				
190102	待处理固定资产损溢		借				
2001	短期借款		贷				
2201	应付票据		贷				
220101	银行承兑汇票		贷				
220102	商业承兑汇票		贷				
2202	应付账款		贷	149,460	216,460	200,500	133,500
220201	暂估应付账款	供应商往来	贷	90,000	140,000	125,000	75,000
220202	一般应付账款	供应商往来	贷	59,460	76,460	75,500	58,500
2203	预收账款	客户往来	贷				
2211	应付职工薪酬		贷	8,234	177,772	188,272	18,734
221101	工资	部门核算	贷		130,000	130,000	
221102	职工福利	部门核算	贷				
221103	社会保险费	部门核算	贷	5,664	30,592	37,392	12,464
221104	住房公积金	部门核算	贷	2,160	11,280	13,680	4,560
221105	工会经费	部门核算	贷	360	2,800	3,200	760
221106	职工教育经费	部门核算	贷	50	3,100	4,000	950
221107	其他	部门核算	贷				
2221	应交税费		贷	13,370	50,000.96	57,996.44	21,365.48
222101	应交增值税		贷				
22210101	进项税额		贷				
22210102	进项税额转出		贷				
22210103	销项税额		贷				
22210104	已交税金		贷				
22210105	出口退税		贷				
22210106	转出未交增值税		贷				

(续表)

科目编码	科目名称	辅助账类型	余额方向	年初余额	累计借方	累计贷方	期初余额
222102	未交增值税		贷	3,000	18,000	24,000	9,000
222103	应交所得税		贷	10,000	30,000	31,400	11,400
222104	应交个人所得税		贷	70	200.96	196.44	65.48
222105	应交城市维护建设税		贷	210	1,260	1,680	630
222106	应交教育费附加		贷	90	540	720	270
2231	应付利息		贷				
2241	其他应付款		贷	3,996	20,868	25,308	8,436
224101	应付社会保险费		贷	1,836	9,588	11,628	3,876
224102	应付住房公积金		贷	2,160	11,280	13,680	4,560
2501	长期借款		贷				
2701	长期应付款		贷				
4001	实收资本		贷	435,100			435,100
4002	资本公积		贷				
4101	盈余公积		贷	59,857			59,857
4103	本年利润		贷		1,267,347	1,312,947	45,600
4104	利润分配		贷	200,000			200,000
410401	提取法定盈余公积		贷				
410402	提取任意盈余公积		贷				
410403	应付现金股利或利润		贷				
410404	转作股本的股利		贷				
410405	盈余公积补亏		贷				
410406	未分配利润		贷	200,000			200,000
6001	主营业务收入	项目核算	贷		1,312,947	1,312,947	
6051	其他业务收入		贷				
6301	营业外收入		贷				
6401	主营业务成本	项目核算	借		1,030,500	1,030,500	
6402	其他业务成本		借				
6403	营业税金及附加		借		2,400	2,400	
6601	销售费用		借		57,589.02	57,589.02	
660101	包装费		借				
660102	广告费		借				
660103	运杂费		借		3,600	3,600	

(续表)

科目编码	科目名称	辅助账类型	余额方向	年初余额	累计借方	累计贷方	期初余额
660104	职工薪酬		借		42,446.02	42,446.02	
660105	业务招待费		借				
660106	折旧费		借		7,803	7,803	
660107	差旅费		借				
660108	其他		借		3,740	3,740	
6602	管理费用		借		141,629.98	141,629.98	
660201	职工薪酬	部门核算	借		135,325.98	135,325.98	
660202	办公费	部门核算	借				
660203	差旅费	部门核算	借				
660204	业务招待费	部门核算	借				
660205	折旧费	部门核算	借		1,944	1,944	
660206	其他	部门核算	借		4,360	4,360	
6603	财务费用		借				
6701	资产减值损失		借				
6711	营业外支出		借				
6801	所得税费用		借		33,000	33,000	
6901	以前年度损益调整		借				

会计科目期初余额明细资料如下：

应收账款期初往来明细表如表 3-15 所示。应收账款期初余额为华润公司购买女式毛衣的货款 23,400 元和代垫运费 500 元，合计 23,900 元。

表 3-15 应收款期初往来明细表

日期	客户	业务员	摘要	方向	金额	票号	票据日期
2011-06-20	华润公司	夏雪	购买女式毛衣	借	23,400	12400056	2011-06-20
2011-06-20	华润公司	夏雪	代垫运费	借	500		

【操作指导】

(1) 双击"应收账款"科目的"期初余额"栏，进入"辅助期初余额"窗口，双击"往来明细"按钮，进入"期初往来明细"窗口，双击"增行"按钮，按照表 3-15 录入期初往来明细，结果如图 3-4 所示。

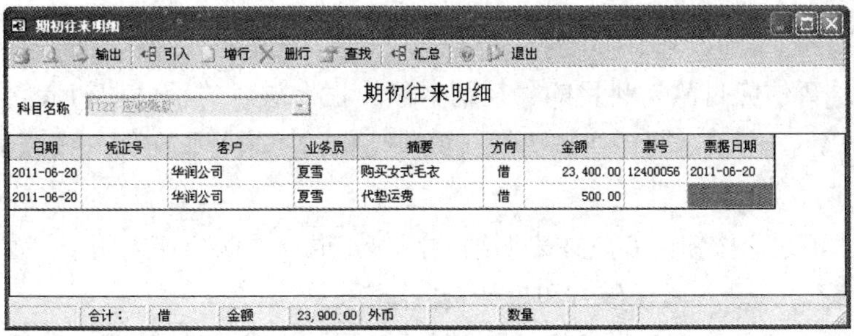

图 3-4　期初往来明细

(2) 双击"汇总"按钮，完成往来明细的汇总，退出"期初往来明细"窗口。返回"辅助期初余额"窗口，录入累计借方和累计贷方金额，结果如图 3-5 所示。

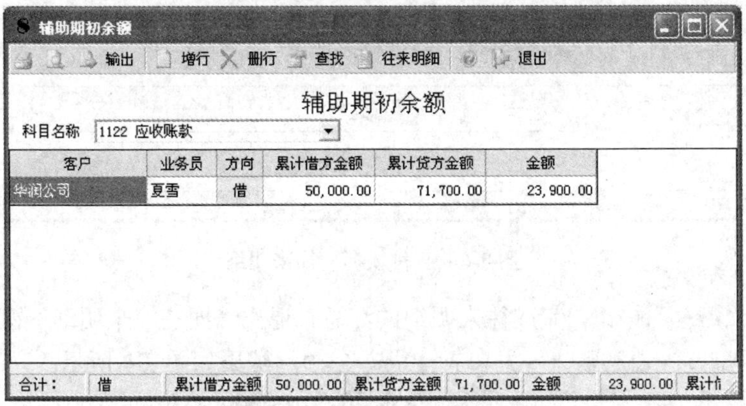

图 3-5　辅助期初余额

(3) "一般应付账款"科目设置为应付系统受控科目；"暂估应付账款"科目设置为应付系统不受控。

(4) 库存商品期初余额与累计发生额明细表信息如表 3-16 所示。

表 3-16　库存商品期初余额与累计发生额明细表

库存商品	累计借方金额	累计贷方金额	期初余额
男式裤子	450,000	400,000	200,000
女式套装	450,000	425,000	75,000
合计	900,000	825,000	275,000

(5) 应付款期初往来明细表信息如表 3-17 所示。此笔业务为与大悦公司的供应商往来金额 133,500 元，其中女式套装为暂估应付账款 75,000 元，男式裤子为一般应付账款 58,500 元。

表 3-17　应付款期初往来明细表

日期	供应商	业务员	摘要	方向	金额	票号	票据日期
2012-03-15	正祥公司	刘越	购买男式裤子	贷	58,500	C0001	2012-3-15
2012-03-18	大悦公司	刘越	购买女式套装暂估入库	贷	75,000		

【操作指导】

(1) 双击"暂估应付款"科目的"期初余额"栏，进入"辅助期初余额"窗口，单击"往来明细"按钮，进入"期初往来明细"窗口，单击"增行"按钮，按照表 3-17 录入期初往来明细。

(2) 双击"汇总"按钮，完成往来明细的汇总，退出"期初往来明细"窗口。返回"辅助期初余额"窗口，录入累计借方和累计贷方金额。

(3) 双击"一般应付款"科目的"期初余额"栏，进入"辅助期初余额"窗口，单击"往来明细"按钮，进入"期初往来明细"窗口，单击"增行"按钮，按照表 3-17 录入期初往来明细，结果如图 3-6 所示。

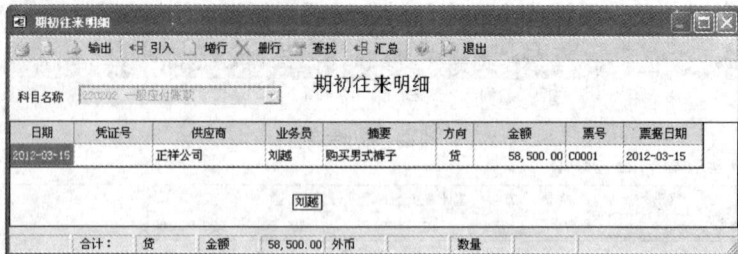

图 3-6 应付款期初往来明细

(4) 双击"汇总"按钮，完成往来明细的汇总，退出"期初往来明细"窗口。返回"辅助期初余额"窗口，录入累计借方和累计贷方金额，结果如图 3-7 所示。

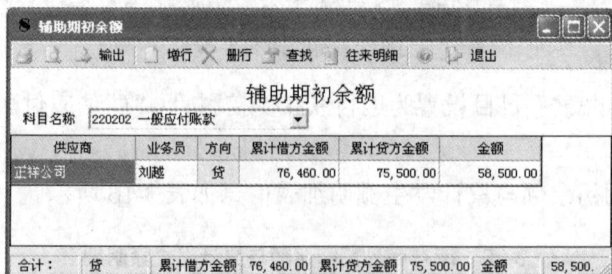

图 3-7 应付款辅助期初余额

(5) 主营业务收入、主营业务成本均设置为男式上衣的收入和成本。

(6) 应付职工薪酬科目期初余额与累计发生额明细表如表 3-18 所示。

表 3-18 应付职工薪酬科目期初余额与累计发生额明细表

	累计借方金额	累计贷方金额	期初余额
应付职工薪酬—工资	130,000	130,000	
总经理办公室	40,000	40,000	
财务部	30,000	30,000	
销售部	30,000	30,000	
采购部	10,000	10,000	

（续表）

	累计借方金额	累计贷方金额	期初余额
仓管部	10,000	10,000	
人力资源部	10,000	10,000	
应付职工薪酬——社会保险费	30,592	37,392	12,464
总经理办公室	4,830.32	5,904	1,968
财务部	9,902.15	12,103.2	4,034.4
销售部	7,970.02	9,741.6	3,247.2
采购部	2,656.67	3,247.2	1,082.4
仓管部	2,576.17	3,148.8	1,049.6
人力资源部	2,656.67	3,247.2	1,082.4
应付职工薪酬——住房公积金	11,280	13,680	4,560
总经理办公室	1,781	2,160	720
财务部	3,651	4,428	1,476
销售部	2,939	3,564	1,188
采购部	980	1,188	396
仓管部	949	1,152	384
人力资源部	980	1,188	396
应付职工薪酬——工会经费	2,800	3,200	760
总经理办公室	442	505	120
财务部	906	1,036	246
销售部	729	834	198
采购部	243	278	66
仓管部	237	269	64
人力资源部	243	278	66
应付职工薪酬——职工教育经费	3,100	4,000	950
总经理办公室	489	632	150
财务部	1,003	1,295	307.5
销售部	808	1,042	247.5
采购部	269	347	82.5
仓管部	262	337	80
人力资源部	269	347	82.5

（7）管理费用和销售费用科目累计发生额明细表如表 3-19 所示。

表 3-19　管理费用科目累计发生额明细表

	累计借方金额	累计贷方金额
管理费用——职工薪酬	135,325.98	135,325.98
总经理办公室	47,542.32	47,542.32
财务部	45,462.15	45,462.15
采购部	14,148.67	14,148.67
仓管部	14,024.17	14,024.17
人力资源部	14,148.67	14,148.67
管理费用——折旧费	1,944.00	1,944.00
总经理办公室	972	972
财务部	972	972
管理费用——其他	4,360.00	4,360.00
总经理办公室	1,744.00	1,744.00
财务部	1,308.00	1,308.00
采购部	436	436
仓管部	436	436
人力资源部	436	436

十四、项目目录设置

完成"商品项目管理"的目录设置，相关资料如表 3-20 所示。

【操作路径】企业应用平台/基础设置/基础档案/财务/项目目录。

表 3-20　项目目录

项目设置步骤	设置内容	设置内容	设置内容	设置内容
项目大类	商品项目管理	商品项目管理	商品项目管理	商品项目管理
核算科目	在途物资	库存商品	主营业务收入	主营业务成本
项目分类	1 高档服装 2 一般服装	1 高档服装 2 一般服装	1 高档服装 2 一般服装	1 高档服装 2 一般服装
项目目录	201 男式上衣 202 男式裤子 203 女式毛衣 101 女式套装	201 男式上衣 202 男式裤子 203 女式毛衣 101 女式套装	201 男式上衣 202 男式裤子 203 女式毛衣 101 女式套装	201 男式上衣 202 男式裤子 203 女式毛衣 101 女式套装

【操作指导】

(1) 定义项目大类

按照上述操作路径进入"项目档案"窗口，单击"增加"按钮，打开"项目大类定义增加"对话框，输入新项目大类名称"商品项目管理"，单击"下一步"按钮，其他设置均采用系统默认值。最后单击"完成"按钮，返回"项目档案"窗口。

(2) 指定核算科目

在"项目档案"窗口中选择"核算科目"选项卡，选择项目大类"商品项目管理"，单击">"按钮分别选择要参加核算的科目"库存商品"、"在途物资"、"主营业务收入"和"主营业务成本"，单击"确定"按钮，如图3-8所示。

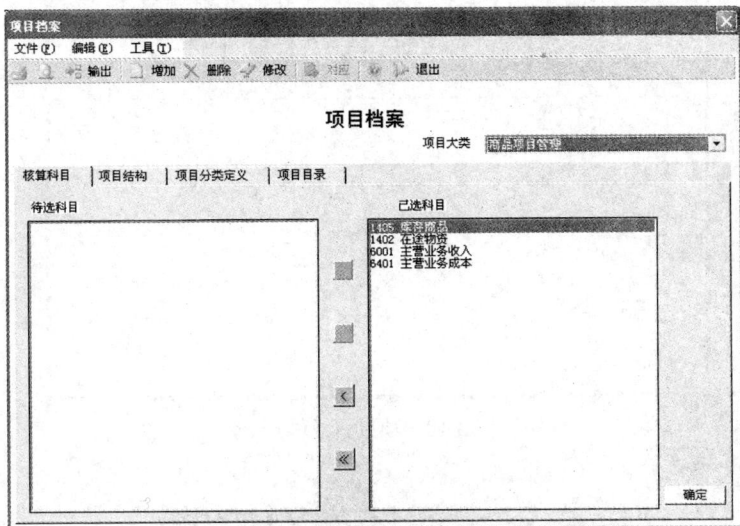

图 3-8　项目档案设置

(3) 定义项目分类

在"项目档案"窗口中选择"项目分类定义"选项卡，单击右下角的"增加"按钮，输入分类编码"1"；输入分类名称"高档服装"，单击"确定"按钮，同理定义"2 一般服装"项目分类，如图3-9所示。

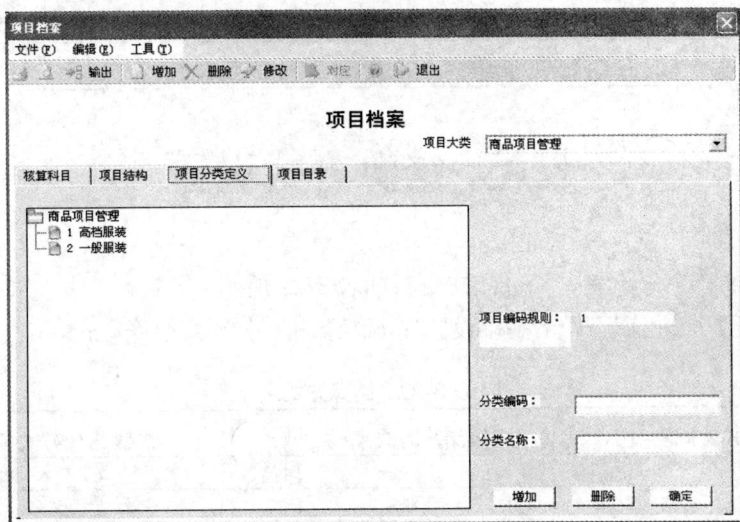

图 3-9　项目分类定义

(4) 定义项目目录

在"项目档案"窗口中选择"项目目录"选项卡，单击"维护"按钮，进入"项目目录维护"窗口，单击"增加"按钮，输入项目编号"201"；输入项目名称"男式上衣"；选择所属分类码"2"，同理，参照表 3-20 继续增加"男式裤子"、"女式毛衣"、"女式套装"项目，结果如图 3-10 所示。

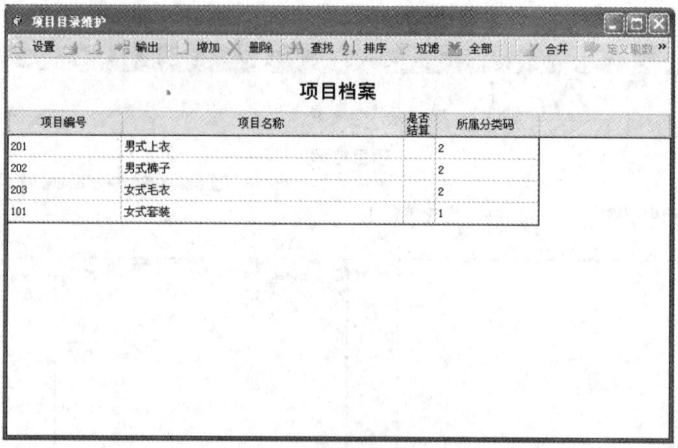

图 3-10　项目目录维护

十五、凭证类别设置

完成企业凭证类别设置，凭证类别资料如表 3-21 所示。

【操作路径】企业应用平台/基础设置/基础档案/财务/凭证类别。

表 3-21　凭证类别

类别字	类别名称	限制类型	限制科目
记	记账凭证	无限制	

十六、结算方式设置

完成企业结算方式设置，结算方式资料如表 3-22 所示。

【操作路径】企业应用平台/基础设置/基础档案/收付结算/结算方式。

表 3-22　结算方式

一级结算方式编码及名称	二级结算方式编码	二级结算方式名称
1 现金		
2 支票	201	现金支票
	202	转账支票

(续表)

一级结算方式编码及名称	二级结算方式编码	二级结算方式名称
3 银行汇票		
4 商业汇票	401	银行承兑汇票
	402	商业承兑汇票
5 电汇		
6 同城特约委托收款		

十七、付款条件设置

完成企业付款条件设置，付款条件资料如表 3-23 所示。

【操作路径】企业应用平台/基础设置/基础档案/收付结算/付款条件。

表 3-23 付款条件

付款条件编码	付款条件名称	信用天数	优惠天数 1	优惠率 1	优惠天数 2	优惠率 2
01	2/10, n/30	30	10	2	30	0

【操作指导】

按照上述操作路径进入"付款条件"界面，录入相关信息，如图 3-11 所示。

图 3-11 付款条件

十八、开户银行设置

完成企业开户银行设置，锦绣公司开户银行资料如表 3-24 所示。

【操作路径】企业应用平台/基础设置/基础档案/收付结算/本单位开户银行。

表 3-24 本单位开户银行

编码	银行账号	开户银行	所属银行编码	签约标志
01	0200001000106653251	中国工商银行北京市海淀支行	01 中国工商银行	检查收付账号

十九、仓库档案设置

完成企业仓库档案设置，仓库档案资料如表 3-25 所示。

【操作路径】企业应用平台/基础设置/基础档案/业务/仓库档案。

表 3-25　仓库档案

仓库编码	仓库名称	部门	计价方式	仓库属性	记入成本	参与 MRP 运算、参与 ROP 计算	货位管理
0010	男装仓库	仓管部	先进先出法	普通仓	是	否、否	否
0020	女装仓库	仓管部	先进先出法	普通仓	是	否、否	否
0030	材料仓库	仓管部	先进先出法	普通仓	是	否、否	否

二十、收发类别设置

完成企业收发类别设置，收发类别资料如表 3-26 所示。

【操作路径】企业应用平台/基础设置/基础档案/业务/收发类别。

表 3-26　收发类别

收发类别编码	收发类别名称	收发类别标志
1	正常入库	
11	采购入库	
12	采购退货	
13	调拨入库	
14	其他入库	收
2	非正常入库	
21	盘盈入库	
22	其他入库	
6	正常出库	
61	销售出库	
62	销售退货	
63	调拨出库	
64	其他出库	发
7	非正常出库	
71	盘亏出库	
72	其他出库	

二十一、采购类型设置

完成企业采购类型设置，采购类型资料如表 3-27 所示。

【操作路径】企业应用平台/基础设置/基础档案/业务/采购类型。

表 3-27 采购类型

采购类型编码	采购类型名称	入库类别
01	厂家供货	11(采购入库)
02	批发商供货	11(采购入库)
03	代销商供货	11(采购入库)
04	采购退回	12(采购退货)

二十二、销售类型设置

完成企业销售类型设置，销售类型资料如表 3-28 所示。

【操作路径】企业应用平台/基础设置/基础档案/业务/销售类型。

表 3-28 销售类型

销售类型编码	销售类型名称	出库类别
01	批发	61(销售出库)
02	零售	61(销售出库)
03	销售退回	61(销售出库)

二十三、费用项目分类设置

完成企业费用项目分类设置，费用项目分类资料如表 3-29 所示。

【操作路径】企业应用平台/基础设置/基础档案/业务/费用项目分类。

表 3-29 费用项目分类

分类编码	分类名称
1	销售费用
2	管理费用

二十四、费用项目设置

完成企业费用项目设置，费用项目资料如表 3-30 所示。

【操作路径】企业应用平台/基础设置/基础档案/业务/费用项目。

表 3-30 费用项目

费用项目编码	费用项目名称	费用项目分类名称
01	运杂费	1 销售费用
02	包装费	1 销售费用
03	业务招待费	2 管理费用

二十五、发运方式设置

完成企业发运方式设置，发运方式资料如表 3-31 所示。

【操作路径】企业应用平台/基础设置/基础档案/业务/发运方式。

表 3-31 发运方式

发运方式编码	发运方式名称
01	送货
02	提货
03	发货

二十六、单据编号设置

将"采购订单"、"采购专用发票"、"采购普通发票"、"采购运费发票"、"销售订单"、"销售专用发票"和"销售普通发票"的单据编号设置修改为"手工改动，重号时自动重取"。

【操作路径】企业应用平台/基础设置/单据设置/单据编号设置。

【操作指导】

按照上述操作路径进入"单据编号设置"窗口，进行相关设置。以"采购订单"为例，在单据类型中查到采购订单，单击"修改"按钮，选中"手工改动，重号时自动重取"复选框，单击"保存"按钮，结果如图 3-12 所示。

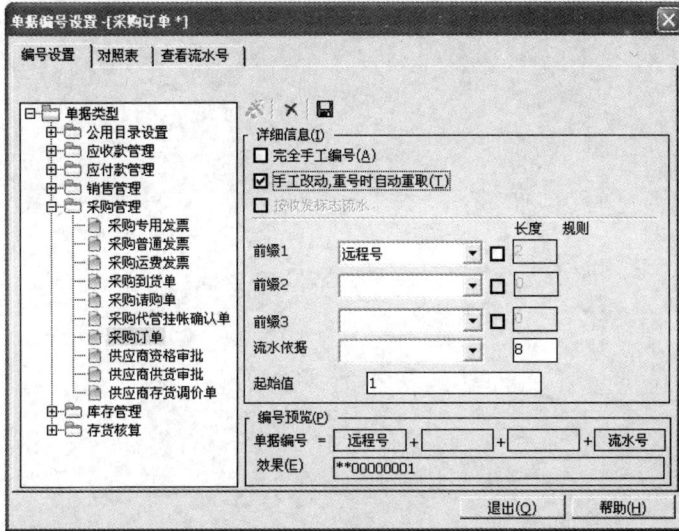

图 3-12　单据编号设置

第四章

业务子系统初始设置

内容概述

本章的主要内容是在企业应用平台中进行操作的。本章的主要内容是设置各业务子系统的初始参数及进行期初数据的录入。期初数据的完整准确可以保证手工业务与软件处理的衔接和数据的连贯。

- 采购管理与应付款管理：采购管理系统及应付款管理系统的参数包括其子系统选项参数设置、应付款管理系统的科目设置等。期初数据包括采购与应付款业务上月期末尚未结算完成的采购发票、应付单、预付单据、应付票据等。期初数据录入完成后，应付款管理系统要与总账系统进行对账处理，完成账账核对。
- 销售管理与应收款管理：销售管理系统及应收款管理系统的参数包括其子系统选项参数设置、应收款管理系统的科目设置等。期初数据包括销售与应收款业务上月期末尚未结算完成的销售发票、应收单、预收单据、应收票据等。期初数据录入完成后，应收款管理系统要与总账系统进行对账处理，完成账账核对。
- 库存管理与存货核算管理：库存管理系统和存货核算管理系统的参数包括其子系统选项设置、存货核算系统的科目设置等。期初数据包括各仓库存货的期初结存数量和各存货的期初结存金额，并进行记账、对账处理。
- 固定资产管理：期初设置主要针对固定资产系统的各项参数、折旧科目、折旧方法、增减方式等，以及企业固定资产原始卡片。
- 薪资管理：期初设置主要针对薪资管理系统的账套参数、工资类别、工资项目、工资公式等，以及在职人员信息、企业员工期初工资数据等。
- 总账系统：期初设置包括设置总账系统各项参数、指定会计科目等，以及与各业务子系统进行期初数据对账。

目的与要求

掌握在企业应用平台中各项子系统初始设置和期初数据录入的操作方法，理解各项子系统初始设置在实际操作中所起的作用和含义。

业务子系统初始资料设置由账套主管章宏斌(人员编码001)登录企业应用平台进行设置。

【实验数据准备】

(1) 系统时间为 2012 年 4 月 1 日。
(2) 引入光盘"实验数据"文件夹中"第四章数据准备"的数据账套。

一、采购管理与应付款管理

(一) 参数设置与核算规则设置

1. 采购管理系统参数设置

除系统默认设置之外，还需进行如下参数设置：

业务及期限控制：将"订单/到货单/发票单价录入方式"设置为"取自供应商存货价格表价格"。

【操作指导】

(1) 在企业应用平台中，执行"业务工作/供应链/采购管理/设置/采购选项"命令，打开"采购系统选项设置"对话框。

(2) 在"业务及权限控制"选项卡中，修改"订单/到货单/发票单价录入方式"为"取自供应商存货价格表价格"，其他选项按系统默认设置，如图 4-1 所示。单击"确定"按钮，保存系统参数的设置，即关闭"采购系统选项设置"对话框。

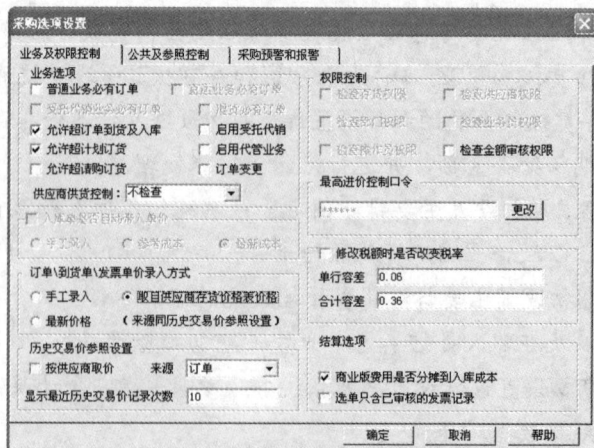

图 4-1　采购管理系统基本参数设置

2. 应付款管理系统参数设置

除系统默认设置之外，还需进行如下参数设置：

常规："单据审核日期依据"选择"单据日期"。

凭证："受控科目制单方式"选择"明细到单据"，"采购科目依据"选择"按存货分类"，勾选"红票对冲生成凭证"。

【操作指导】

(1) 在企业应用平台中，执行"业务工作/财务会计/应付款管理/设置/选项"命令，打开"账套参数设置"对话框。

(2) 在"常规"选项卡中，单击"编辑"按钮，使所有参数处于可修改状态，"单据审核日期依据"选择"单据日期"，其他选项按系统默认设置(其中"应付账款核算模型"默认为"详细核算")，如图4-2所示。

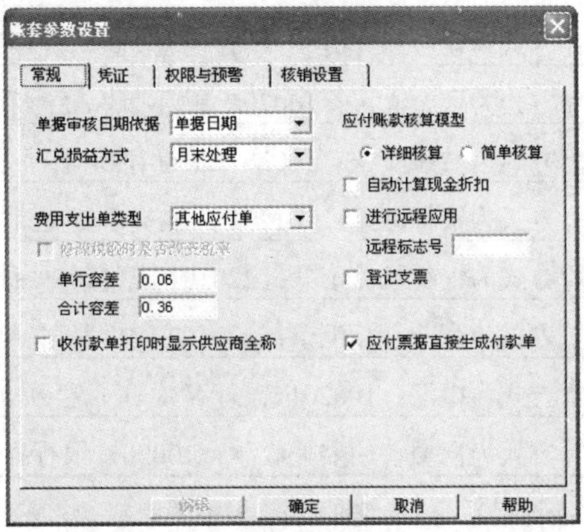

图4-2　应付款管理系统"常规"参数设置

(3) 在"凭证"选项卡中，"受控科目制单方式"选择"明细到单据"，"采购科目依据"选择"按存货分类"，勾选"红票对冲生成凭证"选项，其他选项按系统默认设置，结果如图4-3所示。单击"确定"按钮，保存系统参数的设置，关闭应付款管理的"账套参数设置"对话框。

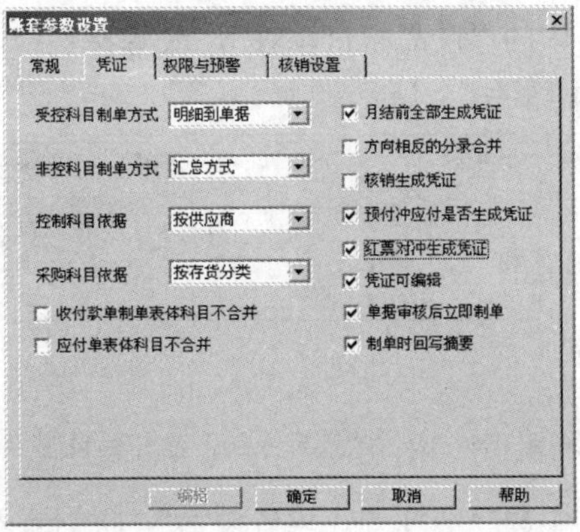

图4-3　应付款管理系统"凭证"参数设置

3. 应付款管理系统科目设置

完成应付款管理系统相应科目设置，资料如表 4-1 所示。

【**操作路径**】业务工作/财务会计/应付款管理/设置/初始设置/基本科目设置。

表 4-1　应付款管理系统科目设置

科目类别	设置方式
基本科目设置	应付科目(本币)：220202　应付账款/一般应付账款
	预付科目(本币)：1123　　预付账款
	采购科目：1405　　库存商品
	税金科目：22210101　应交税费/应交增值税/进项税额
产品科目设置	0101　服装　　采购科目：1405 库存商品 税金科目：22210101 应交税费/应交增值税/进项税额
结算方式科目设置	结算方式为现金；1001　　库存现金
	结算方式为现金支票；100201 银行存款/工行存款
	结算方式为转账支票；100201 银行存款/工行存款
	结算方式为银行汇票；101201 其他货币资金/银行汇票
	结算方式为银行承兑汇票；220101 应付票据/银行承兑汇票
	结算方式为商业承兑汇票；220102 应付票据/商业承兑汇票
	结算方式为电汇；100201 银行存款/工行存款
	结算方式为同城特约委托收款；100201 银行存款/工行存款

注：a) 基本科目设置：在应付款管理系统中，按照表 4-1 中的资料录入基本会计科目。

b) 产品科目与结算方式科目设置：在应付款管理系统中，按照表 4-1 中的资料录入对应的会计科目，结算方式科目设置币种均为人民币。

【**操作指导**】

(1) 在企业应用平台中，执行"业务工作/财务会计/应付款管理/设置/初始设置"命令，打开"初始设置"窗口，根据表 4-1 中的内容，完成应付款管理系统基本科目的设置。

(2) 单击"设置科目"中的"产品科目设置"，根据表 4-1 中的内容，完成应付款管理系统相应科目的设置，结果如图 4-4 所示。

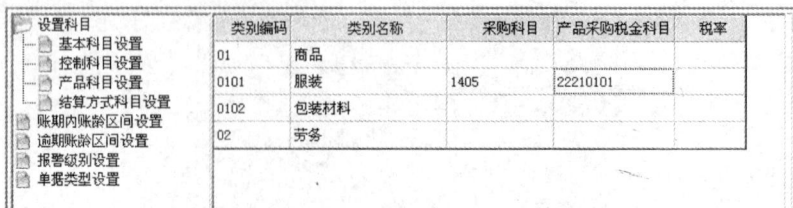

图 4-4　应付款管理系统产品科目设置

(3) 单击"设置科目"中的"结算方式科目设置"，根据表 4-1 中的内容，完成对应付款管理系统结算方式科目的设置，操作结果如图 4-5 所示。

图 4-5　应付款管理系统结算方式科目设置

提示：

● 应付款和预付款科目已经在科目档案中指定为应付系统的受控科目。

● 应付票据科目设置为不受控科目，在结算方式科目设置中录入其对应的应付票据明细科目。

● 如果需要为不同的供应商(供应商分类、地区分类)分别设置应付款核算科目和预付款核算科目，则在"控制科目设置"中设置。

4. 账龄区间与逾期账龄区间设置

完成账龄区间与逾期账龄区间设置，资料如表 4-2 所示。

【操作路径】业务工作/财务会计/应付款管理/设置/初始设置/账期内账龄区间设置。

表 4-2　账龄区间与逾期账龄区间设置

序号	起止天数	总天数
01	1-30	30
02	31-60	60
03	61-90	90
04	91-120	120
05	121 以上	

【操作指导】

(1) 在企业应用平台中，执行"业务工作/财务会计/应付款管理/设置/初始设置"命令，打开"初始设置"窗口。

(2) 单击"账期内账龄区间设置"，根据表 4-2 账龄区间与逾期账龄区间设置中的内容，在"总天数"栏录入相应的天数，完成对应付款管理账龄区间的设置，如图 4-6 所示。

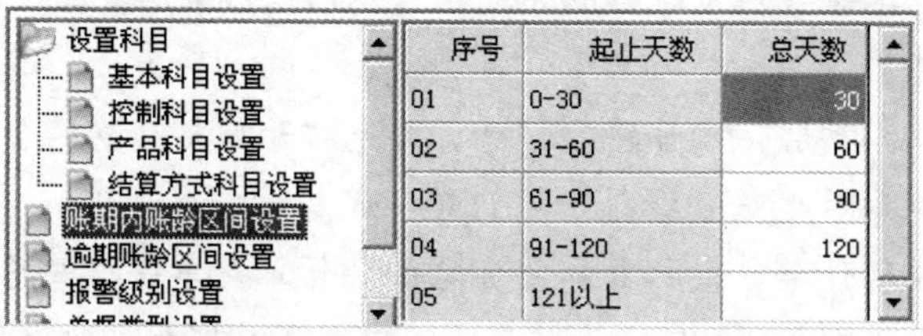

图 4-6　应付款管理系统账龄区间设置

(3) 单击"逾期账龄区间设置"，根据表 4-2 中的内容，在"总天数"栏录入相应的天数，完成对应付款管理逾期账龄区间的设置。

(二) 期初数据录入

1. 采购管理系统期初采购入库单

上月 18 日，采购部刘越签订合同购入大悦公司女式套装 100 套，暂估单价 750 元，验收合格后入女装仓库，发票未收到。

【操作指导】

(1) 在企业应用平台中，执行"业务工作/供应链/采购管理/采购入库/采购入库单"命令，打开"期初采购入库单"窗口。

(2) 单击"增加"按钮，修改新增入库单表头的"入库日期"为"2012-03-18"，仓库为"女装仓库"，"供货单位"为"大悦公司"，"部门"为"采购部"，"业务员"为"刘越"，"入库类别"为"采购入库"，其他项按系统默认设置。

(3) 双击表体第一行的"存货编码"栏，并在打开的"采购存货档案"窗口中选择"女式套装"后返回"期初采购入库单"窗口，完成存货的参照生成。

(4) 在表体第一行的"数量"栏输入"100"，"本币单价"栏输入"750"，结果如图 4-7 所示。单击"保存"按钮，完成暂估入库单信息的录入。

图 4-7 期初暂估入库单信息

提示：

- 采购管理系统的期初数据，都必须在采购期初记账之前进行录入。
- 期初暂估入库单由采购管理系统的"采购入库"功能录入。当采购期初记账以后，采购入库单只能在"库存管理"系统的"入库业务/采购入库单"录入或生成。
- 暂估入库单在采购管理系统期初记账前可以修改和删除，但在期初记账后，则不允许修改和删除。
- 如果需要修改期初暂估入库单的信息，可先打开需要修改的暂估单，单击"修改"按钮，修改完毕后单击"保存"按钮即可。
- 如果需要删除暂估单，则打开需要删除的暂估单，单击"删除"按钮即可。
- 若企业有"票到货未到"的在途物资，则可先录入期初采购发票，待货物运达后再办理采购结算。

2. 采购管理系统期初采购专用发票

上月 15 日,购买正祥公司 500 条男式裤子的采购专用发票(票号 C0001),如表 4-3 所示。

表 4-3　采购期初专用发票

发票类型	发票号	开票日期	供应商	采购类型	部门名称	业务员	发票日期	存货名称	数量	原币单价	价税合计
专用发票	C0001	2012-03-15	正祥公司	批发商供货	采购部	刘越	2012-03-15	男式裤子	500	100	58,500

【操作指导】

打开"业务工作/供应链/采购管理/采购发票/专用采购发票",新增一张期初专用发票,设置"发票号"为"C0001","开票日期"为"2012-03-15","供应商"为"正祥公司","采购类型"为"批发商供货","部门名称"为"采购部","业务员"为"刘越","发票日期"为"2012-03-15"。表体中的"存货编码"选择"00002","数量"为"500","原币单价"为"100"。单击"保存"按钮即完成录入,如图 4-8 所示。

图 4-8　期初采购专用发票

3. 采购管理系统期初记账

【操作指导】

(1) 在企业应用平台中,执行"业务工作/供应链/采购管理/设置/采购期初记账"命令,打开"期初记账"对话框,如图 4-9 所示。

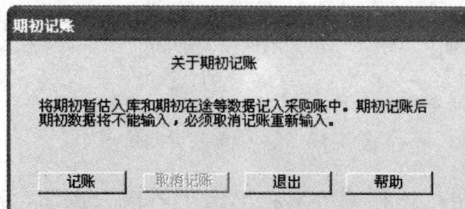

图 4-9　采购管理系统期初记账

(2) 单击"记账"按钮，系统弹出"期初记账完毕"信息提示框，单击"确定"按钮，完成采购管理系统期初记账。

提示：

● 采购期初记账是表明采购管理业务的往期单据录入工作已完成之后，进行的期初记账业务工作。

● 如果没有期初单据，可以不输入期初单据数据，但必须执行记账操作功能。

4. 供应商存货调价表

供应商存货调价表如表 4-4 所示。

表 4-4　供应商存货调价表

供应商	存货名称	原币单价	含税单价	数量下限	生效日期	是否促销价	税率	币种
正祥公司	男式上衣	300	351	100	2012-04-01	否	17.00	人民币
正祥公司	男式裤子	100	117	100	2012-04-01	否	17.00	人民币
大悦公司	女式毛衣	150	175.5	300	2012-04-01	否	17.00	人民币
大悦公司	女式套装	800	936	100	2012-04-01	否	17.00	人民币

【操作指导】

(1) 在企业应用平台中，执行"业务工作/供应链/采购管理/供应商管理/供应商供货信息/供应商存货调价单"命令，打开"供应商存货调价单"窗口。

(2) 单击"增加"按钮，确认表头的"价格标识"为"含税价"，然后进行表体的价格维护，操作结果如图 4-10 所示。

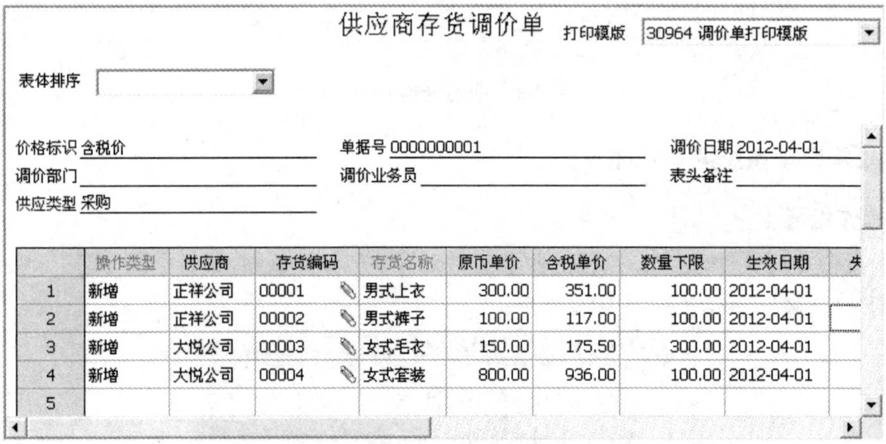

图 4-10　供应商存货调价单

(3) 单击"保存"按钮，保存调价单。单击"审核"按钮，审核通过调价单，系统将自动更新供应商存货价格表，完成存货的"定价"操作，价格生效。

提示：

● 供应商存货价格表用于供应商存货价格的查询和调价，由供应商存货调价单审批通过后生成。

● 供应商的属性可能为货物、委外、服务或国外。在采购管理系统中，单据取价只取供应类型为采购的相应记录。

5. 应付账款期初余额与对账

2012 年 3 月 15 日购买正祥公司男式裤子的应付账款余额为 58,500 元，如表 4-5 所示。

表 4-5　应付账款期初余额

单据名称	方向	开票日期	发票号	供应商名称	采购部门	科目	货物名称	数量(条)	原币单价	价税合计
采购专用发票	正	2012-03-15	C0001	正祥公司	采购部	220202	男式裤子	500	100	58,500

【操作指导】

(1) 在企业应用平台中，执行"业务工作/财务会计/应付款管理/设置/期初余额"命令，打开"期初余额-查询"对话框。

(2) 在"期初余额-查询"对话框中，设置完成查询条件后单击"确定"按钮，进入"期初余额明细表"窗口。

(3) 单击"增加"按钮，打开如图 4-11 所示的"单据类别"对话框。选择单据类型以后，单击"确定"按钮，进入"采购专用发票"窗口。

(4) 单击"增加"按钮后，修改表头的 "开票日期"为"2012-03-15"、"供应商"为"正祥公司"、"科目"为"220202"、"部门"为"采购部"、"业务员"为"刘越"。

(5) 在表体的第一行"存货编码"栏选择"00002"(男式裤子)，在"数量"栏输入"500"，在"原币单价"栏输入"100"，其他栏位的数据由系统自动计算带出，结果如图 4-12 所示。

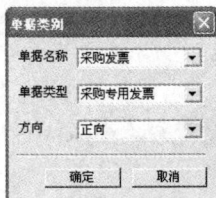

图 4-11　"单据类别"对话框　　　　图 4-12　录入期初采购专用发票

(6) 单击"保存"按钮，完成期初采购专用发票的录入。

(7) 单击"对账"按钮，与总账管理系统进行对账，显示差额都为零，如图 4-13 所示。

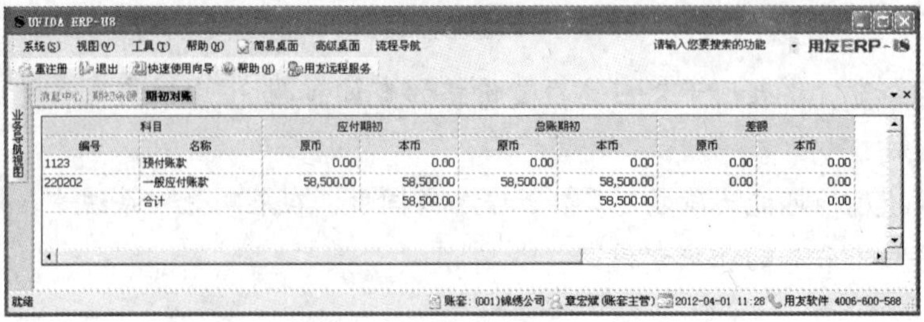

图 4-13　期初对账

提示：

● "单据名称"包括采购发票、应付单、预付款和应付票据 4 种，以实现应付款期初余额的录入，包括未结算完的发票和应付单、预付款单据、未结算完的应付票据以及未结算完的合同金额。这些期初数据必须是账套启用会计期间前的数据。

● 初次使用本系统时，要将上一会计期未处理完的单据都录入到本系统，以保证记账的连续性。当进入第二年度处理时，系统自动将上年度未处理完成的单据结转为下一年度的期初余额。在下一年度的第一个会计期间里，可直接进行期初余额的调整。

二、销售管理与应收账款管理

(一) 参数设置与核算规则设置

1. 销售管理系统参数设置

除系统默认设置之外，还需进行如下参数设置：

● 业务控制：选择"有委托代销业务"、"委托代销必有订单"、"销售生成出库单"和"允许超发货量开票"选项。

● 其他控制："新增退货单默认"选择"参照订单"；"新增发票默认"选择"参照发货"。

● 可用量控制："发货单/发票非追踪型存货可用量控制公式"的"预计出库"不选中"待发货量"复选框。

【操作指导】

(1) 在企业应用平台中，执行"业务工作/供应链/销售管理/设置/销售选项"命令，打开"销售选项"对话框。

(2) 在"业务控制"选项卡中，选中"有委托代销业务"、"委托代销必有订单"、"销售生成出库单"和"允许超发货量开票"选项，结果如图 4-14 所示。

(3) 在"其他控制"选项卡中，选择"新增退货单默认"方式为"参照订单"，选择"新增发票默认"方式为"参照发货"，结果如图 4-15 所示。

(4) 在"可用量控制"选项卡中，"发货单/发票非追踪型存货可用量控制公式"的"预计出库"不选中"待发货量"复选框，结果如图 4-16 所示。

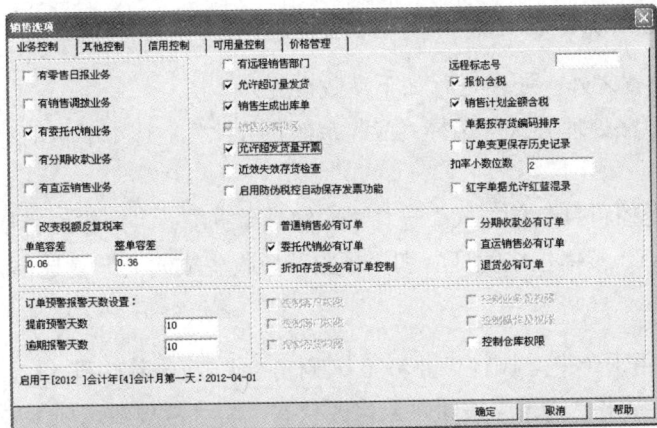

图 4-14　销售管理系统业务控制参数设置

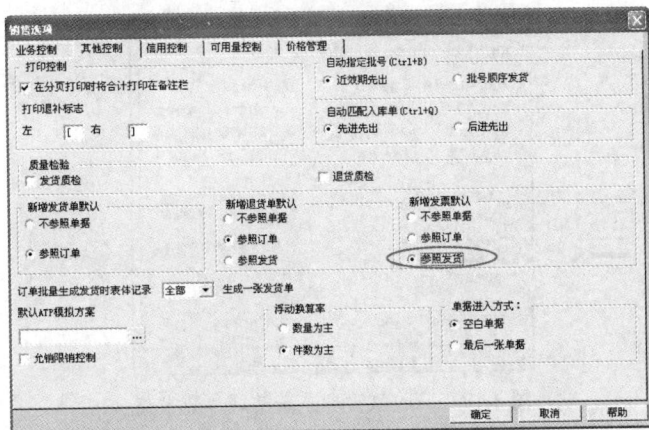

图 4-15　销售管理系统其他控制参数设置

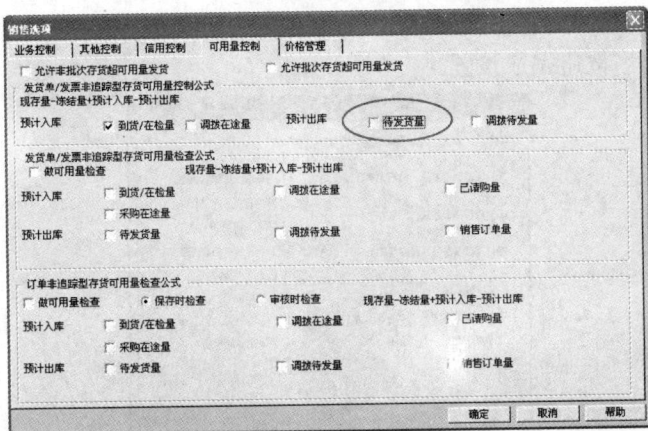

图 4-16　销售管理系统可用量控制参数设置

(5) 其他选项按系统默认设置，单击"确定"按钮，保存系统参数的设置，即关闭"销售选项"对话框。

2. 应收款管理系统参数设置

除系统默认设置之外，还需进行如下参数设置：

- 常规："坏账处理方式"选择"应收余额百分比"；选中"自动计算现金折扣"复选框。
- 凭证："受控科目制单方式"选择"明细到单据"；"销售科目依据"选择"按存货"；选中"核销生成凭证"和"预收冲应收生成凭证"复选框。

【操作指导】

(1) 在企业应用平台中，执行"业务工作/财务会计/应收款管理/设置/选项"命令，打开"选项"窗口，单击"编辑"按钮进入修改状态，将"常规"选项卡中的"坏账处理方式"选择为"应收余额百分比法"，并选中"自动计算现金折扣"，结果如图4-17所示。

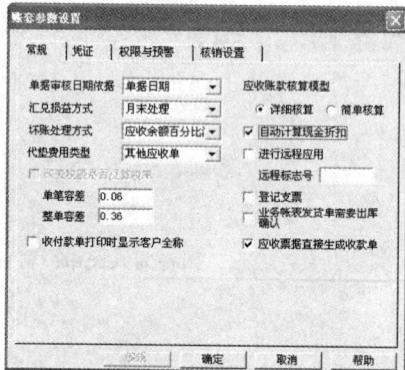

图 4-17　应收款管理系统常规参数设置

(2) 在"凭证"选项卡中，将"受控科目制单方式"选择为"明细到单据"，并选中"核销生成凭证"和"预收冲应收生成凭证"复选框，其他选项按系统默认设置，结果如图4-18所示，单击"确定"按钮完成设置。

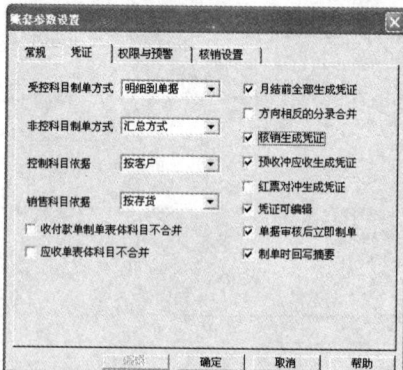

图 4-18　应收款管理系统凭证参数设置

3. 应收款管理系统科目设置

应收款管理系统科目设置如表4-6所示。

表4-6　应收款管理系统科目设置

科目类别	设置方式
基本科目设置	应收科目(本币)：1122　　应收账款
	预收科目(本币)：2203　　预收账款
	销售收入科目：6001　　主营业务收入
	销售退回科目：660206　　管理费用/其他
	代垫费用科目：1001　　库存现金
	现金折扣科目：6603　　财务费用
	税金科目：22210103　　应交税费/应交增值税/销项税额
结算方式科目设置	结算方式为现金；币种为人民币；科目为1001库存现金
	结算方式为现金支票；币种为人民币；科目为100201银行存款/工行存款
	结算方式为转账支票；币种为人民币；科目为100201银行存款/工行存款
	结算方式为银行汇票；币种为人民币；科目为101201其他货币资金/银行汇票
	结算方式为银行承兑汇票；币种为人民币；科目为112101应收票据/银行承兑汇票
	结算方式为商业承兑汇票；币种为人民币；科目为112102应收票据/银行承兑汇票
	结算方式为电汇；币种为人民币；科目为100201银行存款/工行存款
	结算方式为同城特约委托收款；币种为人民币；科目为100201银行存款/工行存款

【操作指导】

(1) 在企业应用平台中，执行"业务工作/财务会计/应收款管理/设置/初始设置"命令，打开"基本科目设置"窗口，在"应收科目(本币)"中输入"1122"，在"预收科目(本币)"中输入"2203"，在"销售收入科目"中输入"6001"，在"销售退回科目"中输入"660206"，在"现金折扣科目"中输入"6603"，在"代垫费用科目"中输入"1001"，在"税金科目"中输入"22210103"，结果如图4-19所示。

图4-19　应收款管理系统基本科目设置

(2) 在企业应用平台中,执行"业务工作/财务会计/应收款管理/设置/初始设置"命令,打开"结算方式科目设置"窗口,然后根据表 4-6 中的内容,完成对应收款管理结算方式科目的设置,操作结果如图 4-20 所示。

图 4-20 应收款管理系统结算方式科目设置

4. 坏账准备、账期内账龄区间和逾期账龄区间设置

坏账准备,应收款账期内账龄区间和逾期账龄区间设置分别如表 4-7、表 4-8 和表 4-9 所示。

表 4-7 坏账准备

控制参数	参数设置
提取比例	0.5%
坏账准备期初余额	800
坏账准备科目	1231(坏账准备)
对方科目	6701(资产减值损失)

表 4-8 账期内账龄区间

序号	起止天数	总天数
01	1-30	30
02	31-60	60
03	61-90	90
04	91-120	120
05	121 以上	

表 4-9 逾期账龄区间

序号	起止天数	总天数
01	1-30	30
02	31-60	60
03	61-90	90

(续表)

序号	起止天数	总天数
04	91-120	120
05	121 以上	

5. 报警级别设置

报警级别设置如表 4-10 所示。

表 4-10 报警级别

级别	A	B	C	D	E	F
总比率	10%	20%	30%	40%	50%	
起止比率	0-10%	10-20%	20-30%	30-40%	40-50%	50%以上

【操作指导】

(1) 在企业应用平台中,执行"业务工作/财务会计/应收款管理/设置/初始设置"命令,打开"初始设置"窗口,双击"坏账准备设置",在"提取比率"中输入"0.5%",在"坏账准备期初余额"中输入"800",在"坏账准备科目"中输入"1231",在"对方科目"中输入"6701",如图 4-21 所示,单击"确定"按钮完成设置。

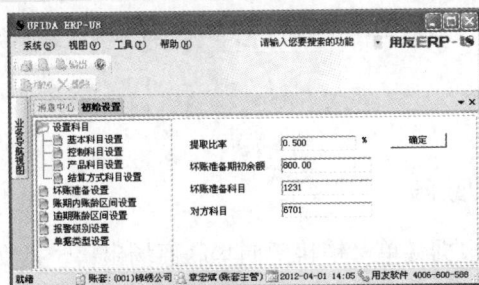

图 4-21 应收款管理系统坏账准备设置

(2) 单击"账期内账龄区间设置",在总天数中由上至下依次输入"30"、"60"、"90"、"120",如图 4-22 所示。

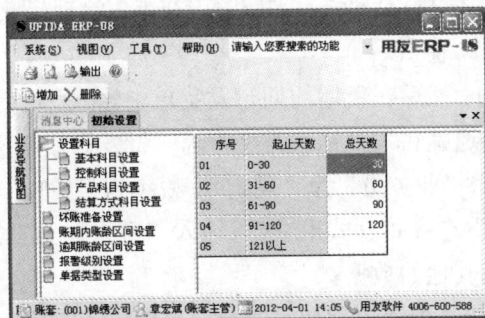

图 4-22 应收款管理系统账期内账龄区间设置

(3) 单击"逾期账龄区间设置",在总天数中由上至下依次输入"30"、"60"、"90"、"120",如图 4-23 所示。

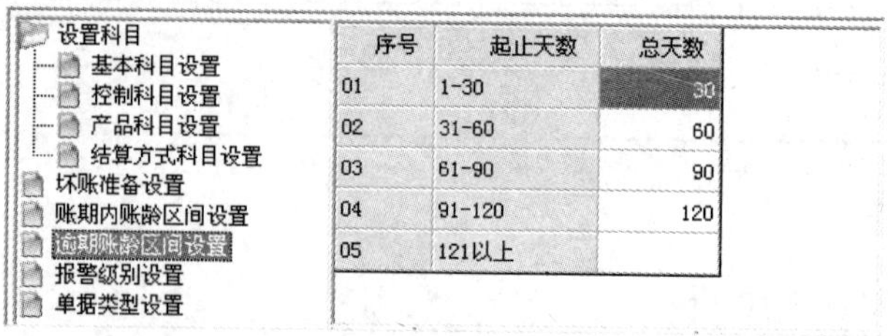

图 4-23　应收款管理系统账逾期账龄区间设置

(4) 单击"报警级别设置",在总比率中从上到下依次输入"10"、"20"、"30"、"40"、"50",在级别名称中从上到下依次输入"A"、"B"、"C"、"D"、"E"、"F",如图 4-24 所示。

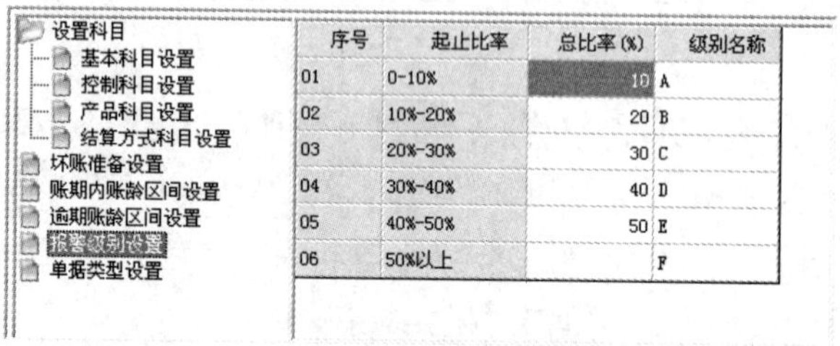

图 4-24　应收款管理系统报警级别设置

(二) 期初数据录入

1. 销售管理系统期初数据

2012 年 3 月 20 日,根据订单,销售部向华联商场出售一批女式毛衣,数量为 75 件,无税单价为 200 元,增值税为 17%,价税合计 17,550 元。货已发出,发票尚未开出,款项均未收。

【操作指导】

(1) 在企业应用平台中,执行"业务工作/供应链/销售管理/设置/期初录入/期初发货单"命令,进入"期初发货单"窗口。

(2) 单击"增加"按钮,然后在新增的期初发货单中输入"发货日期"为"2012-03-20",选择"业务类型"为"普通销售"、"销售类型"为"批发"、"客户简称"为"华联商场"、"销售部门"为"销售部"、"业务员"为"夏雪"、税率为"17%",在"仓库名称"中选择"女装仓库","存货名称"选择"女式毛衣",输入"数量"为"75"件,"无税单价"为"200"元,系统自动填充其他的数据。

(3) 单击"保存"按钮,保存该期初发货单,再单击"审核"按钮,如图 4-25 所示。最后,单击"退出"按钮,退出该窗口。

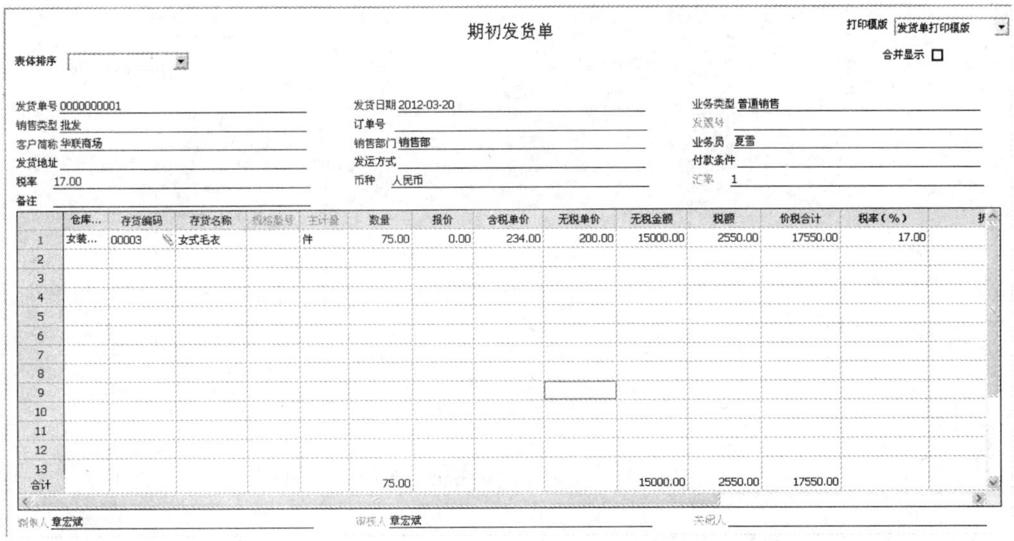

图 4-25　销售管理期初发货单录入

2. 设置存货销售调价单

存货销售调价单如表 4-11 所示。

表 4-11　存货调价单

存货名称	数量下限	无税价	批发价 1	零售价 1	生效日期	是否促销价
男式上衣	100	400	468		2012-04-01	否
男式裤子	100	130	152.1		2012-04-01	否
女式毛衣	100	200	234		2012-04-01	否
女式套装	100	1200	1404		2012-04-01	否

注："批发价 1"为含税单价。

【操作指导】

(1) 在企业应用平台中，执行"业务工作/供应链/销售管理/价格管理/存货价格/存货调价单"命令，进入"存货调价单"窗口。

(2) 单击"增加"按钮，然后在新增的存货调价单中输入"存货编码"为"00001"、"数量下限"为"100"、"批发价 1"为"468"；在新的一行中输入"存货编码"为"00002"、"数量下限"为"100"、"批发价 1"为"152.1"；在新的一行中输入"存货编码"为"00003"、"数量下限"为"100"、"批发价 1"为"234"；在新的一行中输入"存货编码"为"00004"、"数量下限"为"100"、"批发价 1"为""1404"，系统自动填充其他的数据。

(3) 单击"保存"按钮，保存该存货调价单，再单击"审核"按钮，结果如图 4-26 所示。最后，单击"退出"按钮，退出该窗口。

图 4-26　销售管理存货调价单录入

3. 应收账款期初余额与对账

2011 年向华润公司发货 100 件女式毛衣，已开具发票，代垫运费 500 元，应收账款余额 23,900 元，如表 4-12、表 4-13 所示。

表 4-12　销售专用发票

开票日期	发票号	客户	销售部门	科目	货物名称	数量	无税单价	税率	价税合计
2011-06-20	12400056	华润公司	销售部	应收账款	女式毛衣	100	200	17%	23,400

表 4-13　其他应收单

日期	部门	客户	科目	单价	摘要
2011-06-20	销售部	华润公司	应收账款	500	代垫运费

【操作指导】

(1) 在企业应用平台中，执行"业务工作/财务会计/应收款管理/设置/期初余额"命令，打开"期初余额—查询"窗口。单击"确定"按钮，进入"期初余额明细表"窗口。

(2) 单击"增加"按钮，打开"单据类别"窗口。选择"单据名称"为"销售发票"、"单据类型"为"销售专用发票"，然后单击"确定"按钮，进入"销售专用发票"窗口。

(3) 单击"增加"按钮，在新增的销售专用发票中修改"开票日期"为"2011-06-20"、"发票号"为"12400056"、"客户"为"华润公司"、"销售部门"为"销售部"、税率为"17%"、"货物编码"为"00003"、"数量"为"100"、"无税单价"为"200"，系统自动填充其他的数据，结果如图 4-27 所示。单击"保存"按钮，完成录入。

(4) 同理，在企业应用平台中，执行"业务工作/财务会计/应收款管理/设置/期初余额"命令，打开"期初余额—查询"窗口。单击"确定"按钮，进入"期初余额明细表"窗口。

(5) 单击"增加"按钮，打开"单据类别"窗口。选择"单据名称"为"应收单"、"单据类型"为"其他应收单"，然后单击"确定"按钮，进入"应收单"窗口。

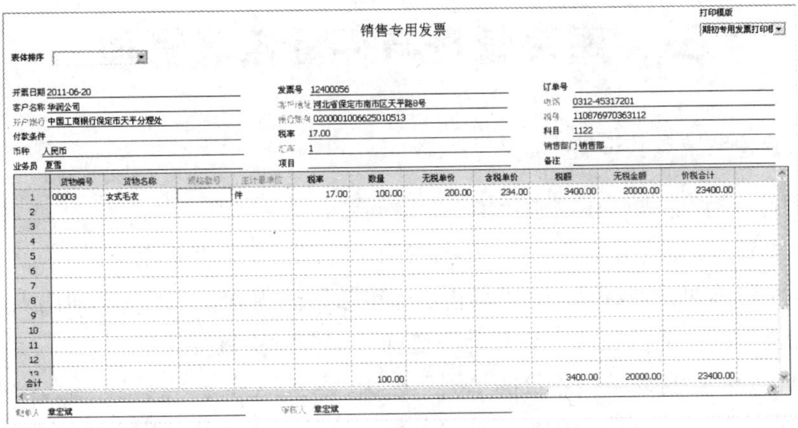

图 4-27 应收款管理期初发票录入

(6) 单击"增加"按钮，在新增的其他应收单中修改"单据日期"为"2011-06-20"、"客户"为"华润公司"、"金额"为"500"，系统自动填充其他的数据，结果如图4-28所示。

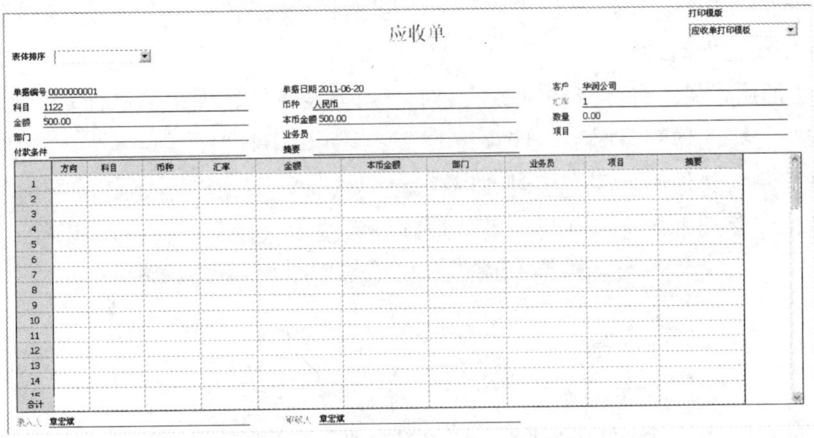

图 4-28 应收款管理期初应收单录入

(7) 单击"保存"按钮，保存该应收单。

(8) 关闭"应收单"，返回"期初对账"窗口，再单击"对账"按钮，与总账管理系统进行对账，显示差额均为零，即对账相符，如图4-29所示。

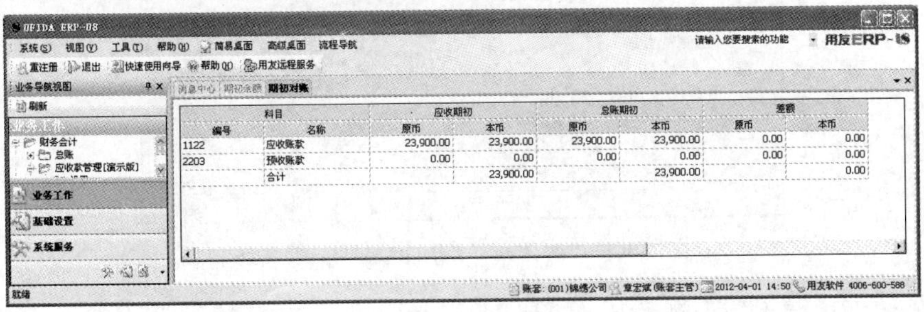

图 4-29 对账相符

三、库存管理与存货核算管理

1. 库存管理系统参数设置

除系统默认设置之外，还需进行如下参数设置：

- 通用设置："业务设置"选择"有无委托代销业务"；"修改现存量时点"选择"采购入库审核时改现存量"、"销售出库审核时改现存量"和"其他出入库审核时改现存量"；"业务校验"设置为不选择"审核时检查货位"。
- 专用设置："自动带出单价的单据"选择"采购入库单"、"采购入库取价按采购管理选项"、"销售出库单"、"其他入库单"、"其他出库单"和"调拨单"。
- 可用量检查："可用量检查公式"设置为"出入库检查可用量"。

【操作指导】

(1) 在企业应用平台中，执行"业务工作/供应链/库存管理/初始设置/选项"命令，打开"库存选项设置"对话框。

(2) 在"通用设置"选项卡中，确认选中"业务设置"选项组的"有无委托代销业务"复选框，选中"修改现存量时点"选项组的"采购入库审核时改现存量"、"销售出库审核时改现存量"和"其他出入库审核时改现存量"复选框，取消"业务校验"选项组的"审核时检查货位"复选框的选中状态，其他选项按系统默认设置，如图 4-30 所示。

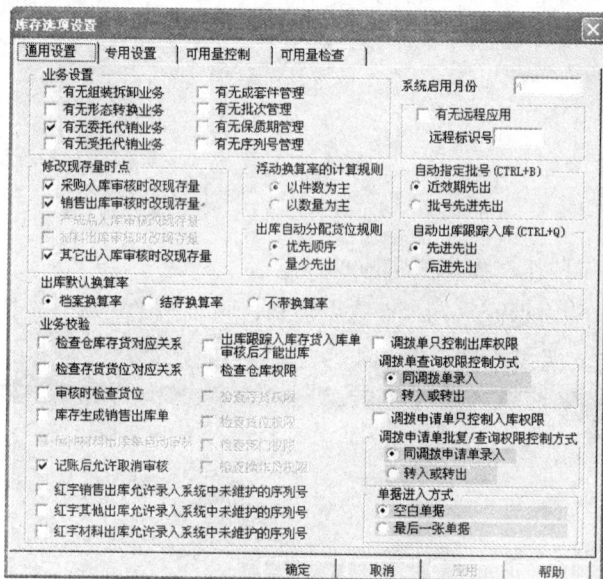

图 4-30　库存管理"通用设置"参数设置

(3) 在"专用设置"选项卡中，选中"自动带出单价的单据"选项组的"采购入库单"及其子项"采购入库取价按采购管理选项"、"销售出库单"、"其他入库单"、"其他出库单"和"调拨单"复选框，其他选项按系统默认设置，如图 4-31 所示。

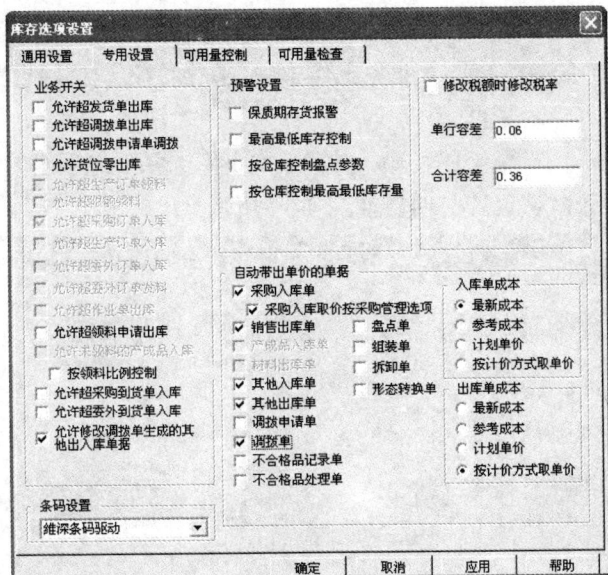

图 4-31 库存管理"专用设置"参数设置

(4) 在"可用量检查"选项卡中,选中"可用量检查公式"选项组的"出入库检查可用量"复选框,其他选项按系统默认设置,如图 4-32 所示。单击"确定"按钮,关闭"库存选项设置"对话框。

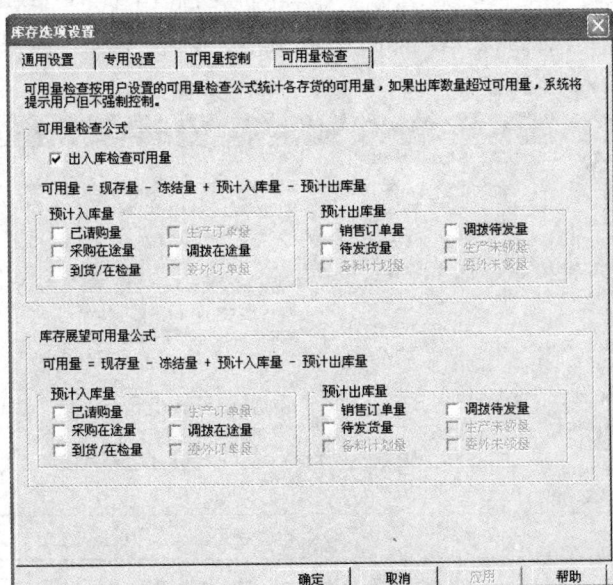

图 4-32 库存管理"可用量检查"参数设置

2. 存货管理系统参数设置

除系统默认设置之外,在"核算方式"中:"零成本出库选择"选择"参考成本"。
控制方式:选择"结算单价与暂估单价不一致是否调整出库成本"。

【操作指导】

(1) 在企业应用平台中，执行"业务工作/供应链/存货核算/初始设置/选项/选项录入"命令，打开"选项录入"对话框。

(2) 在"核算方式"选项卡中，选中"零成本出库选择"选项组的"参考成本"单选按钮，其他选项按系统默认设置，结果如图 4-33 所示。

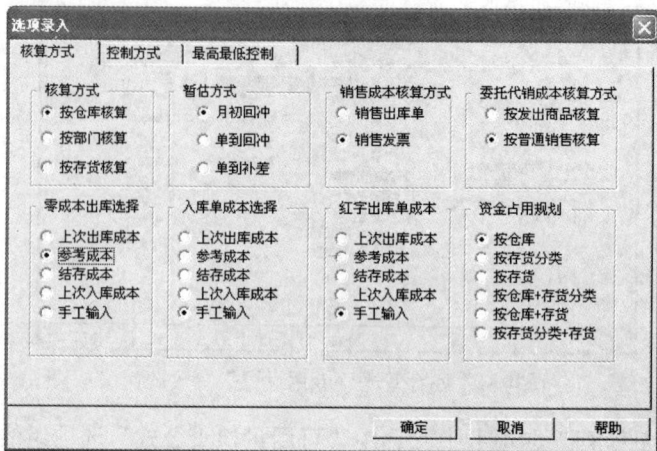

图 4-33 存货"核算方式"参数设置

(3) 在"控制方式"选项卡中，选中"结算单价与暂估单价不一致是否调整出库成本"复选框，其他选项按系统默认设置，如图 4-34 所示。单击"确定"按钮，保存系统参数的设置，关闭"选项录入"对话框。

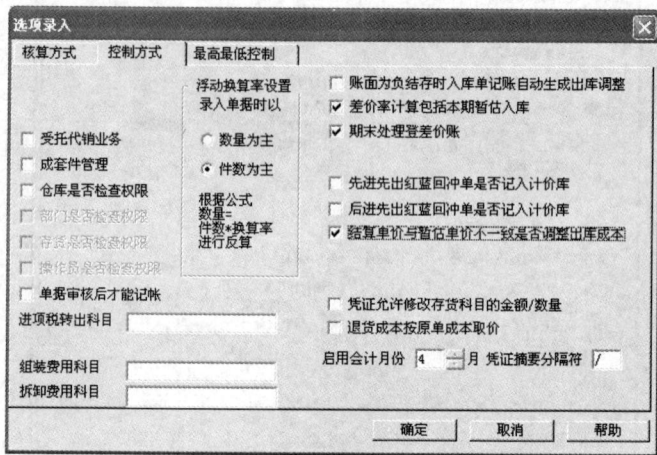

图 4-34 存货"控制方式"参数设置

3. 存货管理系统科目设置

【操作路径】 业务工作/供应链/存货核算/初始设置/科目设置/存货科目。

【操作路径】 业务工作/供应链/存货核算/初始设置/科目设置/对方科目。

存货科目和存货对方科目设置分别如表 4-14 和表 4-15 所示。

表 4-14　存货科目

仓库	存货编码	存货名称	存货科目编码	存货科目名称
0010	00001	男式上衣	1405	库存商品
0010	00002	男式裤子	1405	库存商品
0020	00003	女式毛衣	1405	库存商品
0020	00004	女式套装	1405	库存商品

表 4-15　存货对方科目

收发类别编码	收发类别名称	对方科目编码	对方科目名称	暂估科目编码及名称
11	采购入库	1402	在途物资	220201 暂估应付账款
61	销售出库	6401	主营业务成本	
21	盘盈入库	190101	待处理财产损溢/待处理流动资产损溢	
71	盘亏出库	190101	待处理财产损溢/待处理流动资产损溢	

4. 库存管理系统期初数据

男装仓库男式裤子期初库存数量 2000 条，无税单价 100 元。女装仓库女式套装期初库存数量 100 套，暂估单价 750 元。

【操作指导】

(1) 在企业应用平台中，执行"业务工作/供应链/库存管理/初始设置/期初结存"命令，打开"库存期初"窗口。

(2) 选择"仓库"为"男装仓库"后，单击"修改"按钮，然后选择表体第一行的"存货编码"为"00002"(男式裤子)，在"数量"栏输入"2000"、"单价"栏输入"100"，"入库类别"为"采购入库"。

(3) 单击"保存"按钮，保存录入的存货信息；然后"审核"或"批审"存货信息，库存现存量即被更新，如图 4-35 所示。

图 4-35　库存期初余额录入

(4) 同理，在"库存期初"窗口中，选择"仓库"为"女装仓库"。单击"修改"按钮，然后参照选择表体第一行的"存货编码"为"00004"(女式套装),在"数量"栏输入"100"、"单价"栏输入"750","入库类别"为"采购入库"。单击"保存"、"审核"按钮。

提示:

● 库存期初结存数据必须按照仓库分别录入,且录入完成后必须审核。期初结存数据的审核实际是期初记账的过程,表明该仓库期初数据录入工作的完成。

● 库存期初数据审核是分仓库分存货进行的,即"审核"功能仅针对当前仓库的某存货进行审核;"批审"功能是对当前仓库的所有存货执行审核,而非针对所有仓库的存货。

● 审核后的库存期初数据不能修改、删除,但可以"弃审"后进行修改或删除。

● 由库存管理模块输入的期初数据,可以被存货核算系统中的"期初余额"的"取数"功能记录到存货核算模块中,以便存货核算模块和库存管理模块在对账时能够相符。

5. 存货期初数据生成与记账

【操作指导】

(1) 在企业应用平台中,执行"业务工作/供应链/存货核算/初始设置/期初数据/期初余额"命令,进入"期初余额"窗口,在"仓库"下拉列表中选择"男装仓库",单击"取数"按钮,如图 4-36 所示。同理,选择仓库为"女装仓库",单击"取数"按钮,完成期初取数。

图 4-36　男装仓库期初余额

(2) 单击"对账"按钮,系统弹出"库存与存货期初对账查询条件"对话框,单击"确定"按钮,系统弹出"对账成功!"提示信息!,如图 4-37 所示。单击"确定"按钮,即完成库存与存货期初对账。

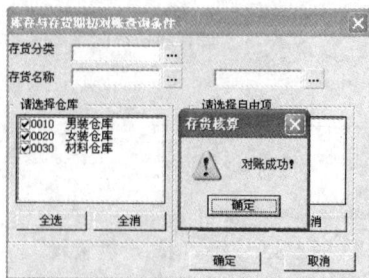

图 4-37　库存与存货期初对账

(3) 单击"记账"按钮，系统弹出"期初记账成功"提示框，如图 4-38 所示。单击"确定"按钮完成存货期初记账。

图 4-38　存货期初记账

(4) 单击"汇总"按钮，系统弹出"期初汇总条件选择"对话框，仓库默认为全选，选择"存货级次"为"明细"，如图 4-39 所示。

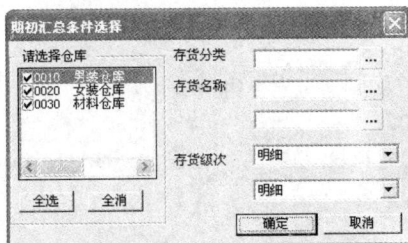

图 4-39　期初汇总条件选择

(5) 单击"确定"按钮，进入"期初数据汇总"窗口。在"期初数据汇总表"中列出了期初结存明细数据，如图 4-40 所示。单击"退出"按钮，完成期初数据汇总。

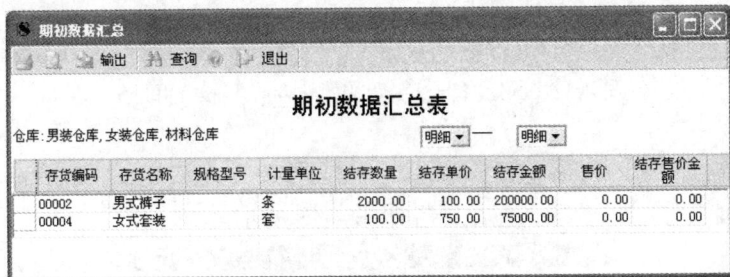

图 4-40　期初数据汇总表

四、固定资产管理

1. 系统参数与规则

启用月份为当前日期；固定资产采用"平均年限法(一)"计提折旧，折旧汇总分配周期为一个月；当"月初已计提月份=可使用月份–1"时将剩余折旧全部提足。资产类别编码方式为 2112，固定资产编码方式按"类别编码+序号"采用自动编码方法，序号长度为 5 位。要求固定资产系统与总账进行对账，固定资产对账科目为"1601 固定资产"，累计折旧对账科目为"1602 累计折旧"，若对账不平衡，允许固定资产系统月末结账。固定资产默认入账科目为"固定资产"，累计折旧默认入账科目为"累计折旧"，减值准备默认入账科目为"固定资产减值准备"。

【操作指导】

(1) 在企业应用平台中，执行"业务工作/财务会计/固定资产"命令，系统弹出如图 4-41 所示的信息提示框，单击"是"按钮，打开"初始化账套向导"对话框，当前显示"1. 约定与说明"。

图 4-41　固定资产系统初始化信息提示框

(2) 阅读条款后，选中"我同意"单选按钮，单击"下一步"按钮，进入"2. 启用月份"界面，如图 4-42 所示。

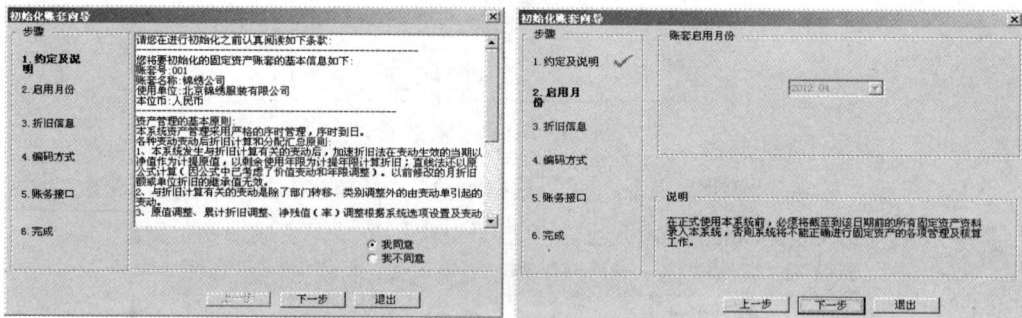

图 4-42　固定资产"账套初始化向导"—启用月份

(3) 单击"下一步"按钮，进入"3. 折旧信息"界面，选择主要折旧方法为"平均年限法(一)"，其他选项为系统默认值，结果如图 4-43 所示。

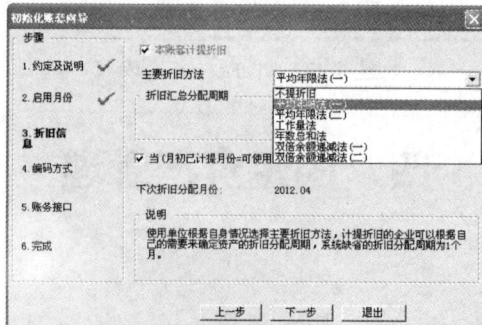

图 4-43　固定资产"账套初始化向导"—折旧信息

(4) 单击"下一步"按钮，进入"4. 编码方式"界面，选择"固定资产编码方式"为"自动编码"的"类别编码+序号"，其他选项为系统默认值，结果如图 4-44 所示。

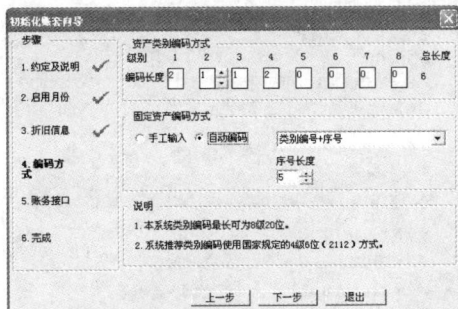

图 4-44　固定资产"账套初始化向导"—编码方式

(5) 单击"下一步"按钮，进入"5. 账务接口"界面，在"固定资产对账科目"录入"1601(固定资产)"，在"累计折旧对账科目"录入"1602(累计折旧)"，其他选项为系统默认值，如图 4-45 所示。

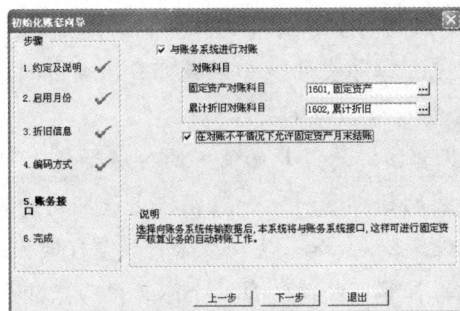

图 4-45　固定资产"账套初始化向导"—账务接口

(6) 单击"下一步"按钮，进入"6. 完成"界面，如图 4-46 所示，单击"完成"按钮，系统弹出信息提示框，单击"是"按钮，系统弹出"已成功初始化本固定资产账套!"信息提示框，单击"确定"按钮后，即完成固定资产的初始化工作。

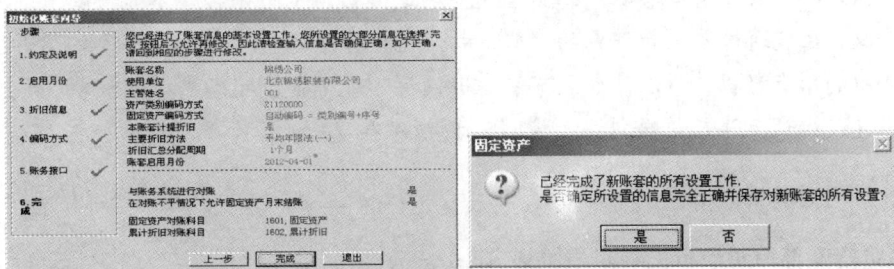

图 4-46　固定资产账套初始化完成信息提示框

(7) 执行"业务工作/财务会计/固定资产/设置/选项"命令，系统打开"选项"对话框，单击"与账务系统接口"选项卡，然后单击"编辑"按钮，参照生成"[固定资产]缺省入账科目"为"1601(固定资产)"、"[累计折旧]缺省入账科目"为"1602(累计折旧)"，"[减值准备]缺省入账科目"为"1603(固定资产减值准备)"，结果如图 4-47 所示。单击"确定"

按钮，完成固定资产账套参数设置工作。

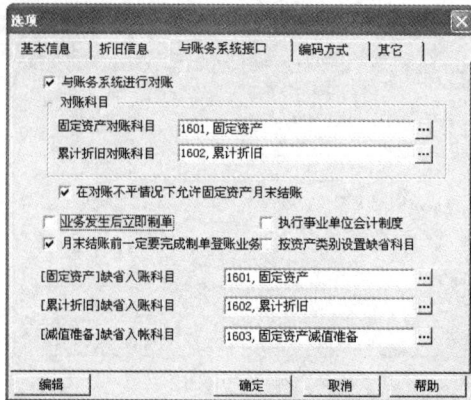

图 4-47   固定资产账套选项设置

提示：

● 在用友 ERP 系统中，固定资产账套与企业账套是不同层次的概念。企业账套是在系统管理中建立的，是针对整个企业的业务数据；而固定资产账套是在固定资产管理系统中创建的，是企业账套的一个组成部分。类似的，工资账套(在薪资管理中创建)也是企业账套的一个组成部分。

● 启用月份：查看本账套固定资产开始使用的年份和会计期间，启用日期只能查看不可修改。要录入系统的期初资料，一般指截止该期间的期初资料。

● 资产类别编码方式设定以后，如果某一级资产设置了类别，则该级的长度不能修改，没有使用过的各级的长度可修改；每一个账套中资产的自动编码方式只能有一种，一经设定，该自动编码方式不得修改。

● 只有存在对应总账系统的情况下才要与账务系统对账。对账的含义是将固定资产系统内所有资产的原值、累计折旧与总账系统中的固定资产科目和累计折旧科目的余额核对，查看数值是否相等。

● 系统初始化中有些参数一旦设置完成，退出初始化向导后就不能修改了。如果要修改，只能通过系统管理中的"重新初始化"功能实现，重新初始化将清空企业账套中的所有数据。所以，如果有些参数设置不能确定，可单击"上一步"按钮重新设置。确认无误后，再单击"完成"按钮保存退出。

2. 部门对应折旧科目

固定资产部门对应折旧科目表如表 4-16 表示。

表 4-16   固定资产部门对应折旧科目表

部门名称	对应折旧科目
总经理办公室	管理费用/折旧费(660205)
财务部	管理费用/折旧费(660205)

(续表)

部门名称	对应折旧科目
销售部	销售费用/折旧费(660106)
采购部	管理费用/折旧费(660205)
仓管部	管理费用/折旧费(660205)
人力资源部	管理费用/折旧费(660205)

　　固定资产计提折旧后必须把折旧归入成本或费用，本账套需要按部门归集。部门对应折旧科目设置就是给部门选择一个折旧科目。录入卡片时，该科目自动显示在卡片中，不必逐一输入，可提高工作效率。在生成部门折旧分配表时，每一部门按折旧科目汇总，生成记账凭证。

　　【操作指导】

　　(1) 在企业应用平台中，执行"业务工作/财务会计/固定资产/设置/部门对应折旧科目"命令，进入"部门对应折旧科目-列表视图"窗口。

　　(2) 在右窗格双击"总经理办公室"所在行，窗口中将仅显示"总经理办公室"，此时单击"修改"按钮，系统将打开"部门对应折旧科目-单张视图"窗口。在"折旧科目"栏录入或参照生成"660205，折旧费"，如图4-48所示。

　　(3) 单击"保存"按钮，返回"部门对应折旧科目-列表视图"窗口，但此时仅显示"财务部"。单击左窗格的"固定资产部门编码目录"选项，"部门对应折旧科目-列表视图"窗口中将显示所有的部门及相应的折旧科目。

　　(4) 重复步骤(2)~(3)，完成表4-16中其他部门对应的折旧科目设置，结果如图4-49所示。

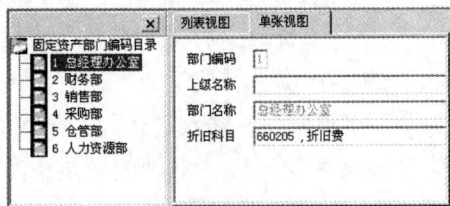

图4-48　部门对应折旧科目-单张视图　　　　图4-49　部门对应折旧科目-列表视图

3. 固定资产类别与折旧方法

固定资产类别与折旧方法如表4-17所示。

表4-17　固定资产类别与折旧方法

编码	类别名称	使用年限	净残值率	计提属性	折旧方法	卡片样式
01	房屋及建筑物			正常计提	平均年限法(一)	通用样式
011	办公楼	30	2%	正常计提	平均年限法(一)	通用样式

(续表)

编码	类别名称	使用年限	净残值率	计提属性	折旧方法	卡片样式
012	厂房	30	2%	正常计提	平均年限法(一)	通用样式
02	机器设备			正常计提	平均年限法(一)	通用样式
021	生产线	10	3%	正常计提	平均年限法(一)	通用样式
022	办公设备	5	3%	正常计提	平均年限法(一)	通用样式
03	运输工具	8	5%	正常计提	平均年限法(一)	通用样式

【操作指导】

(1) 在企业应用平台中，执行"业务工作/财务会计/固定资产/设置/资产类别"命令，进入"资产类别-列表视图"窗口。单击"增加"按钮，打开"资产类别-单张视图"窗口。

(2) 在"类别名称"栏录入"房屋及建筑物"，"计提属性"为"正常计提"，"折旧方法"为"平均年限法(一)"，"卡片样式"为"通用样式"，如图 4-50 所示。

图 4-50　资产类别-单张视图

(3) 单击"保存"按钮，根据表 4-17 中的相关信息，继续录入和保存 02 号"机器设备"和 03 号"运输工具"的相关信息。单击"是"按钮，返回"资产类别-列表视图"窗口。

(4) 单击选中左窗格的"固定资产分类编码表"的"01 房屋及建筑物"分类，再单击"增加"按钮，在"类别名称"栏录入"办公楼"、"使用年限"栏输入"30"，"净残值率"为"2"。单击"保存"按钮，即完成录入。同理，继续录入表 4-17 中其他的固定资产类别资料，结果如图 4-51 所示。

图 4-51　资产类别-列表视图

提示：

● 应先建立上级固定资产类别后再建立下级类别，且下级类别继承上级的使用年限、净残值率，可修改。只有在最新会计期间时可以增加，月末结账后则不能增加。

- 资产类别编码不能重复，同级的类别名称不能相同。
- 类别编码、名称、计提属性、卡片样式不能为空。
- 使用过的类别的计提属性不能修改。未使用过的明细级类别编码修改时只能修改本级的编码。
- 系统已使用(录入卡片时选用过)的类别不允许删除。

4. 增减方式

固定资产增减方式如表 4-18 所示。

表 4-18 固定资产增减方式

增加方式	对应入账科目	减少方式	对应入账科目
直接购入	银行存款/工行存款(100201)	出售	固定资产清理(1606)
投资者投入	实收资本(4001)	投资转出	长期股权投资/其它股权投资(151101)
捐赠	营业外收入(6301)	捐赠转出	固定资产清理(1606)
盘盈	以前年度损益调整(6901)	盘亏	待处理财产损溢/待处理固定资产损溢(190102)
在建工程转入	在建工程(1604)	报废	固定资产清理(1606)
融资租入	长期应付款(2701)	毁损	固定资产清理(1606)
		融资租出	长期应收款(1531)
		拆分减少	固定资产清理(1606)

【操作指导】

(1) 在企业应用平台中，执行"业务工作/财务会计/固定资产/设置/增减方式"命令，进入"增减方式目录表"的"列表视图"窗口。

(2) 单击选中"1 增加方式"下的"直接购入"方式，单击"单张视图"窗口，再单击"修改"按钮，在"对应入账科目"栏中直接录入或参照录入"100201，工行存款"科目，单击"保存"按钮即完成。结果如图 4-52 所示。

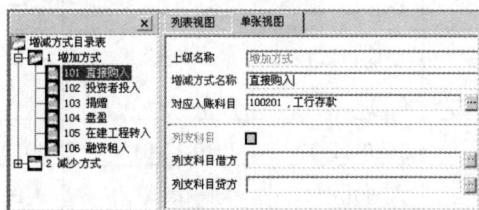

图 4-52 增减方式目录表-单张视图

(3)同理，继续录入表 4-18 中其他增减方式对应的入账科目，结果如图 4-53 所示。

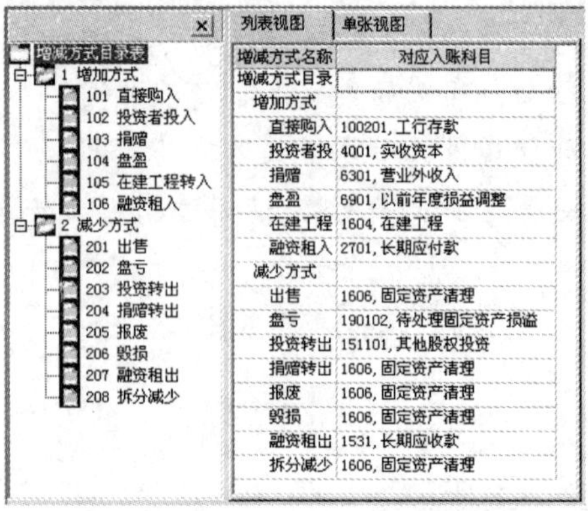

图 4-53 增减方式目录表-列表视图

提示：

- 固定资产增减方式中设置的对应入账科目是系统生成凭证时的默认科目。
- 已使用(卡片已选用过)的方式不能删除。非明细级方式不能删除。
- 系统默认的增减方式"盘盈"、"盘亏"和"毁损"不能删除。

5. 固定资产原始卡片录入

固定资产原始卡片录入如表 4-19 所示。

表 4-19 固定资产原始卡片

卡片编号	00001	00002	00003	00004	00005
固定资产编号	02200001	02200002	02200003	02200004	0300001
固定资产名称	华硕 A8 电脑	IBMX60 电脑	联想 T4202 电脑	联想 T4202 电脑	丰田汽车
类别编号	022	022	022	022	03
类别名称	办公设备	办公设备	办公设备	办公设备	运输工具
部门名称	总经理办公室	财务部	销售部	销售部	销售部
增加方式	直接购入	直接购入	直接购入	直接购入	直接购入
使用状况	在用	在用	在用	在用	在用
使用年限	5 年	5 年	5 年	5 年	8 年
折旧方法	平均年限法(一)	平均年限法(一)	平均年限法(一)	平均年限法(一)	平均年限法(一)
开始使用日期	2009-06-01	2010-11-01	2010-11-01	2010-11-01	2010-08-01
币种	人民币	人民币	人民币	人民币	人民币
原值	20,000	20,000	10,000	10,000	230,000
净残值率	3%	3%	3%	3%	5%
净残值	600	600	300	300	11,500
累计折旧	10,692	5,184	2,592	2,592	43,263

（续表）

卡片编号	00001	00002	00003	00004	00005
月折旧率	0.0162	0.0162	0.0162	0.0162	0.0099
月折旧额	324	324	162	162	2,277
净值	9,308	14,816	7,408	7,408	186,737
对应折旧科目	660205 管理费用/折旧费	660205 管理费用/折旧费	660106 销售费用/折旧费	660106 销售费用/折旧费	660106 销售费用/折旧费

【操作指导】

(1) 在企业应用平台中，执行“业务工作/财务会计/固定资产/卡片/录入原始卡片”命令，系统打开“固定资产类别档案”窗口。

(2) 双击“022 办公设备”所在行，进入“固定资产卡片”窗口，“卡片编号”默认为“00001”；在“固定资产名称”栏录入“华硕 A8 电脑”，单击“使用部门”栏，此时出现“使用部门”按钮，单击该按钮，系统打开如图 4-54 所示的“固定资产-本资产部门使用方式”对话框，选择“单部门使用”单选按钮，单击“确定”按钮，在系统打开的“部门基本参照”窗口中，双击“总经理办公室”所在行，选择“总经理办公室”并返回“固定资产卡片”窗口。

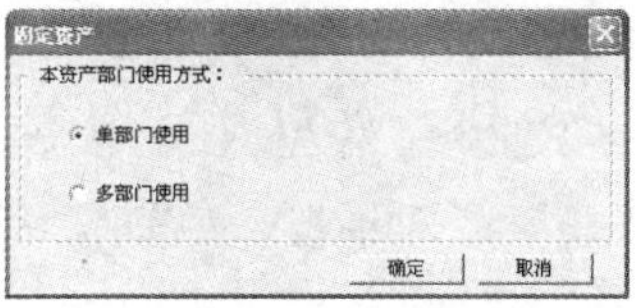

图 4-54　固定资产-本资产部门使用方式

(3) 单击“增加方式”栏，此时出现“增加方式”按钮，单击该按钮，系统打开“固定资产增减方式”对话框，双击“直接购入”所在行，返回“固定资产卡片”窗口。

(4) 单击“使用状况”栏，此时出现“使用状况”按钮，单击该按钮，系统打开“使用状况参照”对话框，双击“在用”所在行，返回“固定资产卡片”窗口。

(5) 在“开始使用日期”栏录入“2009-06-01”，在“原值”栏录入“20000”，在“累计折旧”栏录入“10692”，结果如图 4-55 所示。

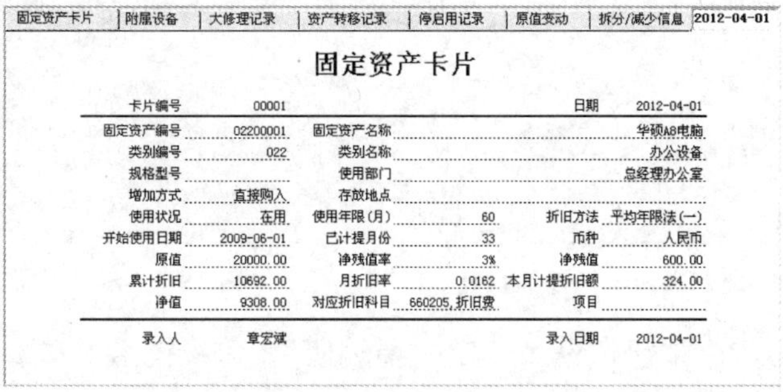

图 4-55　固定资产卡片-主卡片

(6) 单击"保存"按钮，系统提示"数据成功保存！"，单击"确定"按钮。同理，继续录入并完成表 4-19 中其他的固定资产卡片的信息录入工作。

提示：

- 原始卡片是指已使用过并已计提折旧的固定资产卡片。
- 在"固定资产卡片"窗口中，除了主卡片外，还有若干的附属选项卡。在录入主卡片信息后，可编辑附属设备和录入以前卡片发生的各种变动。但附属选项卡上的信息只供参考，不参与计算。
- 可以为一个资产选择多个"使用部门"，并且当资产为多部门使用时，录入各部门使用的比例，累计折旧采用与使用比例相同的比例在多部门间分摊。

五、薪资管理

1. 账套参数

启用日期为当前日期(2012.04.01)；工资类别个数为多个；要求从工资中代扣个人所得税；进行扣零至元；人员编码长度为 3 位。

【操作指导】

(1) 在企业应用平台中，执行"业务工作/人力资源/薪资管理"命令，系统提示"请先设置工资类别"，并弹出"建立工资套"对话框，当前显示"1. 参数设置"，界面如图 4-56 所示。

(2) 选择本工资套所需的工资类别个数为"多个"后，单击"下一步"按钮，进入"2. 扣税设置"，选中"是否从工资中代扣个人所得税"复选框，要求从工资中代扣个人所得税。

(3) 单击"下一步"按钮，进入步骤"3. 扣零设置"，先选中"扣零"复选框，然后选中"扣零至元"单选按钮，如图 4-57 所示。

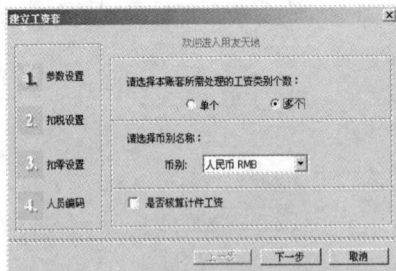

图 4-56　建立工资套—参数设置　　　图 4-57　建立工资套—扣零设置

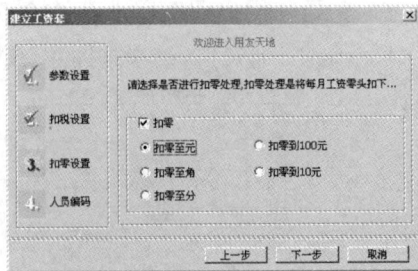

(4) 单击"下一步"按钮，进入"4. 人员编码"，系统提示"本系统要求您对员工进行统一编码，人员编码同公共平台的人员编码保持一致"；单击"完成"按钮，完成工资账套的建立。

提示：

- 工资类别个数：若单位按周或按月发多次工资，或者是单位中有多种不同类别(部门)的人员，工资发放项目不尽相同，则计算公式亦不相同，但需进行统一工资核算管理，应选择"多个"工资类别；如果单位中所有人员的工资统一管理，而人员的工资项目、工资计算公式全部相同，则选择"单个"工资类别。
- 若选择进行扣零处理，系统在计算工资时将依据所选择的扣零类型将零头扣下，并在积累成整时在下一期补上。

2. 工资类别

本企业工资类别只有"在职人员"。

工资类别指一套工资账中，根据不同情况而设置的工资数据管理类别。同一工资类别中，将使用同一币种，并统一计算个人所得税。

【操作指导】

(1) 在企业应用平台中，执行"业务工作/人力资源/薪资管理/工资类别/新建工资类别"命令，打开"新建工资类别"对话框。输入新建工资类别名称"在职人员"，如图4-58所示。

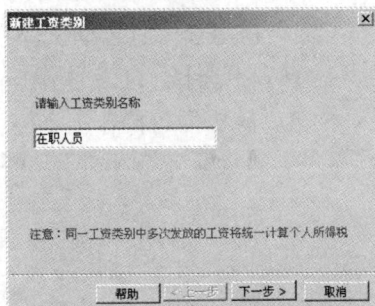

图4-58　"新建工资类别"对话框

(2) 单击"下一步"按钮，系统打开"新建工资类别-请选择部门"对话框，单击"选定全部部门"按钮，然后单击"完成"按钮，系统提示"是否以2012-04-01为当前工资类别的启用日期？"，单击"是"按钮，完成"在职人员"工资类别的设置。

(3) 数据权限控制设置和数据权限分配。需要将数据权限控制设置为不选中"用户"复选框，对王勇和陈宏分配"工资类别主管"权限。

① 数据权限控制设置

【操作路径】 企业应用平台/系统服务/权限/数据权限控制设置。

【操作指导】

按照上述操作路径进入"数据权限控制设置"窗口，在"记录级"选项卡不选中"用户"复选框，单击"确定"按钮，如图4-59所示。

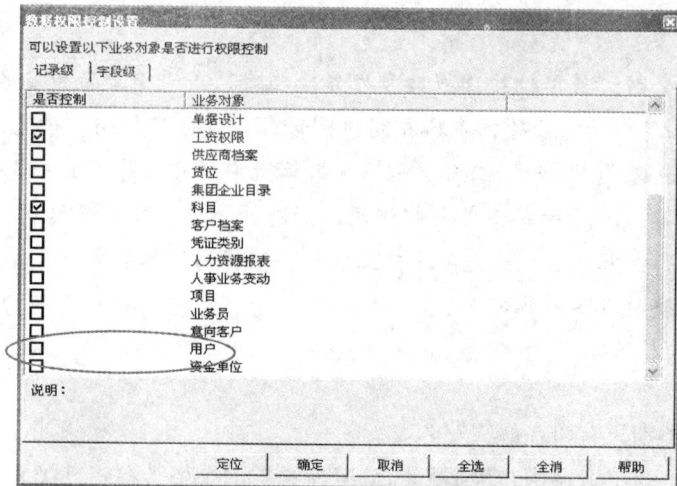

图 4-59　数据权限控制设置

② 王勇和陈宏的"工资权限"分配为"工资类别主管"。

【操作路径】企业应用平台/系统服务/权限/数据权限分配。

【操作指导】

按照上述操作路径进入"权限浏览"界面，在"业务对象"中选择"工资权限"，选中王勇，单击"修改"，选中"工资类别主管"复选框，保存并重新登录生效，王勇即可操作工资模块。同理，在"业务对象"中选择"工资权限"，选中陈宏，选中"工资类别主管"复选框，保存并重新登录生效，陈宏即可操作工资模块，如图 4-60 所示。

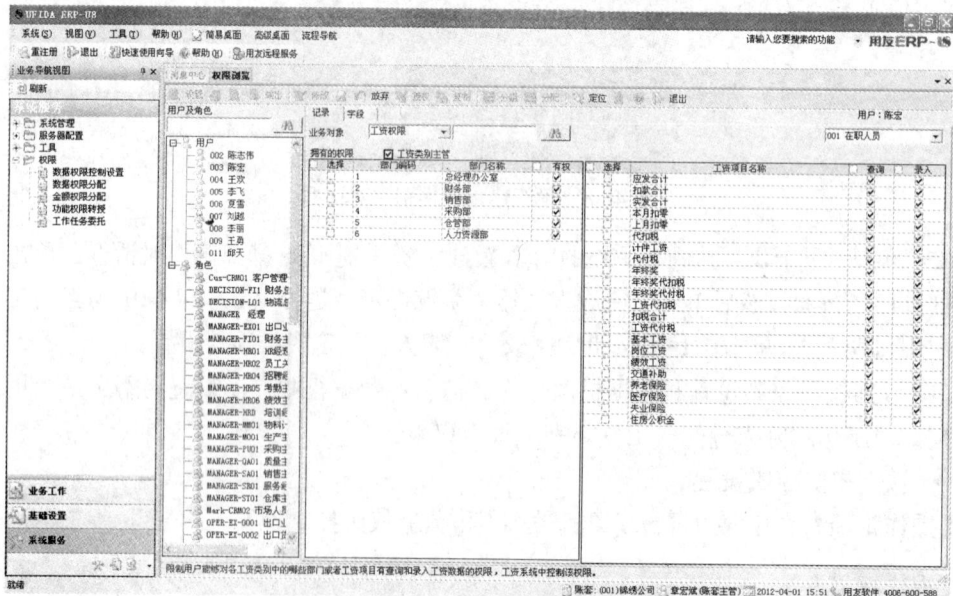

图 4-60　数据权限分配

3. 在职人员设置(人员档案)

在职人员设置如表 4-20 所示。

表 4-20　在职人员设置

人员编码	人员姓名	行政部门名称	人员类别	工资代发银行名称	银行代发账号
001	章宏斌	总经理办公室	企管人员	中国工商银行	11022033001
002	陈志伟	财务部	财务人员	中国工商银行	11022033002
003	陈宏	财务部	财务人员	中国工商银行	11022033003
004	王欢	财务部	财务人员	中国工商银行	11022033004
005	李飞	销售部	销售人员	中国工商银行	11022033005
006	夏雪	销售部	销售人员	中国工商银行	11022033006
007	刘越	采购部	采购人员	中国工商银行	11022033007
008	李丽	仓管部	库管人员	中国工商银行	11022033008
009	王勇	人力资源部	企管人员	中国工商银行	11022033009

人员档案用于登记工资发放人员的姓名、职工编号、所在部门、人员类别等信息，处理员工的增减变动等。

【操作指导】

(1) 在企业应用平台中，执行"业务工作/人力资源/薪资管理/工资类别/打开工资类别"命令，选择在职人员类别，单击"确定"后，即在窗口底部状态行显示出相应的工资类别。

(2) 执行"业务工作/人力资源/薪资管理/设置/人员档案"命令，打开"人员档案"窗口。单击"批增"按钮，系统打开"人员批量增加"对话框，在窗口左侧单击相应的"选择"栏选中相应的人员类别，此时，对窗口右侧列示的人员，系统已默认全选，如图 4-61 所示。

(3) 直接单击"确定"按钮，系统返回"人员档案"窗口，列示出所有选中的人员信息，完成了人员档案的添加，如图 4-62 所示。然后，关闭"人员档案"窗口，可以继续进行其他设置。

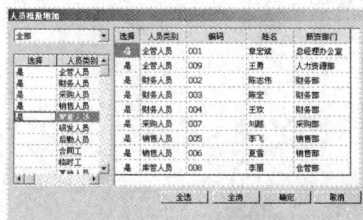

图 4-61　人员批量增加操作界面

图 4-62　人员档案列表

4. 工资项目设置

增项：基本工资、岗位工资、绩效工资、交通补助。

减项：养老保险、医疗保险、失业保险、住房公积金、代扣税。

其他：本月扣零、上月扣零。

应发合计＝增项之和；扣款合计＝减项之和；实发合计＝应发合计－扣款合计。

【操作指导】

(1) 先需要关闭工资类别，再对工资项目进行设置。在企业应用平台中，执行"业务工作/人力资源/薪资管理/工资类别/关闭工资类别"命令，关闭工资类别。

(2) 执行"业务工作/人力资源/薪资管理/设置/工资项目设置"命令，进入"工资项目设置"对话框。单击"增加"按钮，从"名称参照"下拉列表中选择"基本工资"，其默认类型为"数字"、长度为"8"、小数位数为"2"、增减项为"增项"，即完成"基本工资"项目的添加，如图 4-63 所示。

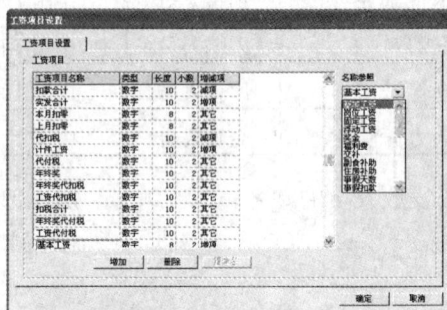

图 4-63　工资项目设置—添加增项

(3) 单击"增加"按钮，从"名称参照"下拉列表中选择"奖金"，默认数字型、长度和小数位数及增项。单击"重命名"按钮将"原项目名称"的"奖金"修改为"绩效工资"。

(4) 参照步骤(2)和(3)，完成其他属于"增项"的工资项目的添加。

(5) 单击"增加"按钮，从"名称参照"下拉列表中选择"保险费"，默认数字型、长度和小数位数，单击"重命名"按钮将"原项目名称"的内容修改为"养老保险"，将"增减项"选择为"减项"，如图 4-64 所示。

图 4-64　工资项目设置—添加减项

(6) 重复步骤(5)，完成其他"减项"工资项目的添加。单击"确定"按钮，系统弹出如图 4-65 所示的信息提示框。单击"确定"按钮后，即完成工资项目的设置。

图 4-65　工资项目设置完成后的信息提示框

提示:

● 系统提供的固定工资项目,如本实验中的本月扣零、上月扣零,不能修改和删除。

● 工资项目名称必须唯一。工资项目一经使用,数据类型不允许修改。

● 增项直接计入应发合计,减项直接计入扣款合计,若工资项目类型为字符型,则小数位不可用,增减项为其他。

● 单击界面上的向上、向下移动箭头可调整工资项目的排列顺序。

● 单击"重命名"按钮,可修改工资项目名称。

● 选择要删除的工资项目,单击"删除"按钮,确认后即可删除。

5. 在职人员工资项

本企业在职人员工资项目包括基本工资、岗位工资、绩效工资、交通补助、应发合计、养老保险、医疗保险、失业保险、住房公积金、代扣税、扣款合计、实发合计。

公式设置:

住房公积金 = (基本工资 + 岗位工资 + 绩效工资 + 交通补助) × 0.12

养老保险 = (基本工资 + 岗位工资 + 绩效工资 + 交通补助) × 0.08

医疗保险 = (基本工资 + 岗位工资 + 绩效工资 + 交通补助) × 0.02

失业保险 = (基本工资 + 岗位工资 + 绩效工资 + 交通补助) × 0.002

【操作指导】

(1) 在职人员工资项目设置

① 在企业应用平台中,执行"业务工作/人力资源/薪资管理/设置/工资类别/打开工资类别"命令,选择"001 在职人员",单击"确定"按钮,则在窗口底部状态行显示出在职人员工资类别。

② 执行"业务工作/人力资源/薪资管理/设置/工资项目设置"命令,打开"工资项目设置"对话框,从"名称参照"下拉列表中依次选择"基本工资、岗位工资、绩效工资、交通补助、养老保险、医疗保险、失业保险、住房公积金"等项目进行添加。

③ 单击选中"基本工资"所在行,再单击"上移"按钮,将"基本工资"移动到工资项目栏的第 1 行,并以此方法移动其他的工资项目到相应的位置,结果如图 4-66 所示,单击"确定"按钮完成设置。

提示:

● 工资项目不能重复选择。

● 没有被选择的工资项目不能在计算公式中使用。

● 使用"公式设置"选项卡可定义工资项目的计算公式。
● 不能删除已输入数据或已设置计算公式的工资项目。

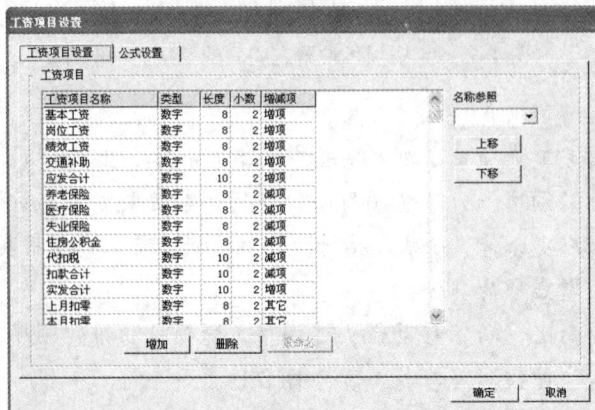

图 4-66　在职人员工资项目设置

(2) 公式设置

① 在企业应用平台中，执行"业务工作/人力资源/薪资管理/设置/工资项目设置"命令，打开"工资项目设置"对话框，再单击打开"公式设置"选项卡。

② 单击"增加"按钮，并从左上角的"工资项目"列表中选择"养老保险"。

③ 单击"养老保险公式定义"区域，单击选中运算符区域的"("，然后从"工资项目"列表中选择"基本工资"；单击选中运算符区域的"+"，从"工资项目"列表中选择"岗位工资"；单击选中运算符区域的"+"，从"工资项目"列表中选择"绩效工资"；单击选中运算符区域的"+"，从"工资项目"列表中选择"交通补助"；单击选中运算符区域的")"和运算符区域的"*"，最后在"养老保险公式定义"区域输入"0.08"，结果如图 4-67 所示。

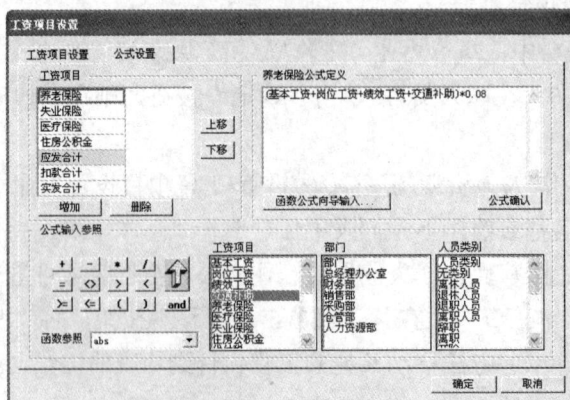

图 4-67　养老保险公式定义

④ 单击"公式确认"按钮，完成"养老保险"的公式定义。

⑤ 重复步骤②～④，完成"医疗保险"、"失业保险"和"住房公积金"的公式定义。最后，单击"确定"按钮完成公式设置。

6. 代发工资银行的设置

本企业委托代发工资的银行为中国工商银行，个人账号定长为 11 位，录入时自动带出账号 8 位。

【操作指导】

(1) 在企业应用平台中，执行"基础设置/基础档案/收付结算/银行档案"命令，进入"银行档案"窗口。双击"中国工商银行"所在行，打开"修改银行档案"窗口。

(2) 选中"个人账户规则"区域的"定长"前的复选框，并修改"账号长度"为"11"，"自动带出账号长度"为"8"，如图 4-68 所示，检查无误后单击"退出"按钮。

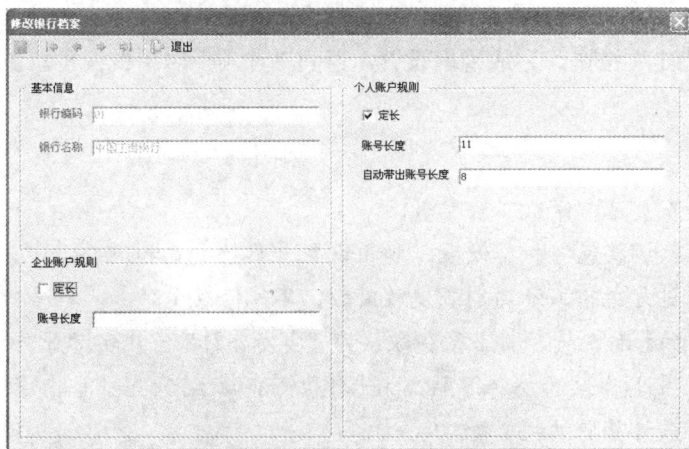

图 4-68 代发工资银行的设置

7. 代扣个人所得税

计税基数为 3,500 元，附加费用 1,300 元。

【操作指导】

(1) 在企业应用平台中，执行"业务工作/人力资源/薪资管理/设置/选项"命令，打开"选项"对话框，单击"扣税设置"选项卡，再单击"编辑"按钮，如图 4-69 所示。

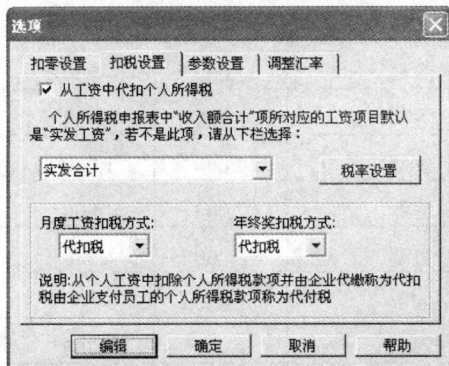

图 4-71 薪资管理"选项"对话框的"扣税设置"选项卡

(2) 单击"税率设置"按钮，打开"个人所得税申报表-税率表"对话框。修改并确认

"基数"、"附加费用"和税率表的相应数据，如图 4-70 所示。

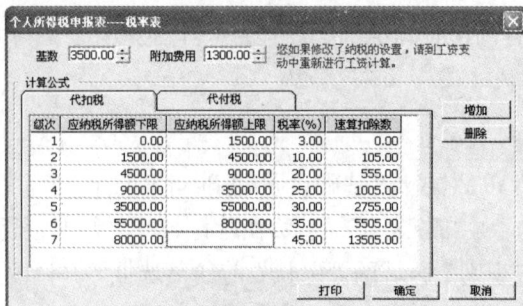

图 4-70 个人所得税申报表-税率表

(3) 单击"确定"按钮，完成税率设置，返回"选项"对话框；再单击"确定"按钮，完成设置。

提示：

- 只有主管人员可以修改工资参数。
- 工资账参数调整包括扣零设置、扣税设置、参数设置和调整汇率。
- 已经进行过月结的工资类别或发放次数，不能修改币种。
- 设置工资的扣税工资项目，系统默认为"实发合计"。在实际业务中，因可能存在免税收入项目(如政府特殊津贴、院士津贴等)和税后列支项目，可以单独设置一个工资项目来计算应纳税工资。
- 如果修改了"扣税设置"，则需要进入"工资变动"，执行"计算"和"汇总"功能，以保证"代扣税"工资项目正确地反映单位实际代扣个人所得税的金额。

8. 期初工资数据录入

期初工资数据如表 4-21 所示。

表 4-21 期初工资数据

人员编码	人员姓名	行政部门名称	基本工资	岗位工资	绩效工资	人员类别
001	章宏斌	总经理办公室	2,000	1,000	3,000	企管人员
002	陈志伟	财务部	2,000	900	2,000	财务人员
003	陈宏	财务部	2,000	900	1,000	财务人员
004	王欢	财务部	2,000	1,000	500	财务人员
005	李飞	销售部	2,000	1,000	2,000	销售人员
006	夏雪	销售部	2,000	900	2,000	销售人员
007	刘越	采购部	2,000	500	800	采购人员
008	李丽	仓管部	2,000	700	500	库管人员
009	王勇	人力资源部	2,000	500	800	企管人员

【操作指导】

(1) 在企业应用平台中,执行"业务工作/人力资源/薪资管理/设置/人员档案"命令,进入"人员档案"列表窗口。双击"001 章宏斌"所在行,系统打开"人员档案明细"对话框,并显示章宏斌的详细档案,如图 4-71 所示。

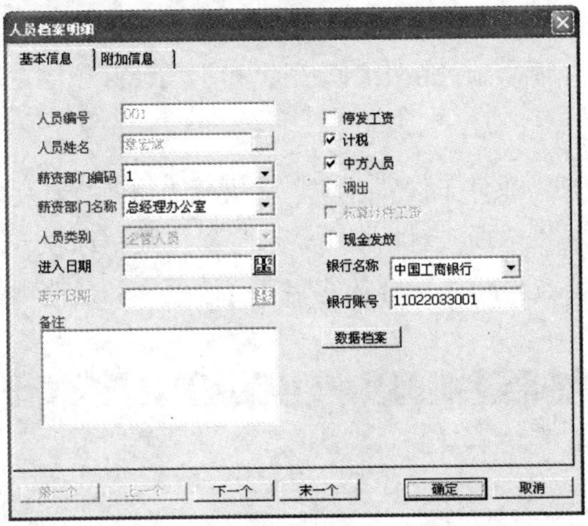

图 4-71 "人员档案明细"对话框

(2) 单击"数据档案"按钮,打开"工资数据录入—页编辑"对话框,在"基本工资"编辑栏录入"2,000"、"岗位工资"栏录入"1,000"、"绩效工资"栏录入"3,000",其他数据项系统自动算出,结果如图 4-72 所示。

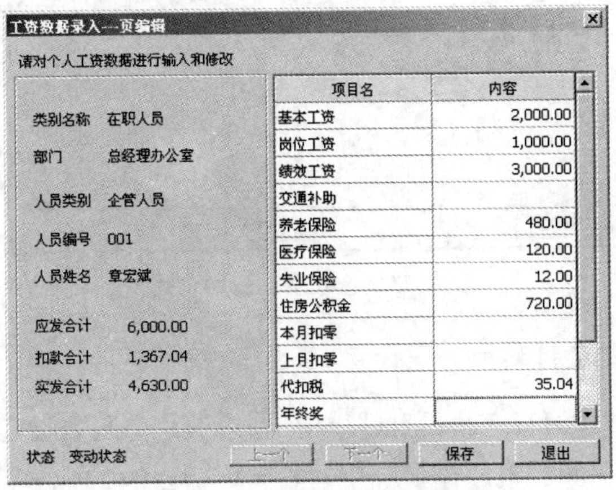

图 4-72 工资数据录入—页编辑

(3) 单击"保存"按钮,返回"人员档案明细"对话框。单击"确定"按钮,系统提示"写入该人员档案信息吗?",单击"确定"按钮,返回"人员档案明细"对话框。

(4) 系统自动打开的"人员档案明细"对话框中显示陈志伟的详细档案。

(5) 重复步骤(2)~(4),将表 4-21 中其他人员的期初工资数据录入并保存;单击"取消"按钮,退出"人员档案明细"对话框。

六、总账

1. 参数设置与核算规则设置

除系统默认设置之外，还需进行如下参数设置：

权限：选择"出纳凭证必须经由出纳签字"和"凭证必须经由主管会计签字"。

【操作指导】

在系统管理中，打开"业务工作"选项卡，执行"财务会计/总账/设置/选项"命令，进入"选项"对话框。在"选项"对话框中，选择"权限"选项卡，选中"出纳凭证必须经由出纳签字"、"凭证必须经由主管会计签字"复选框，其余选项设置为默认状态，如图4-73所示。

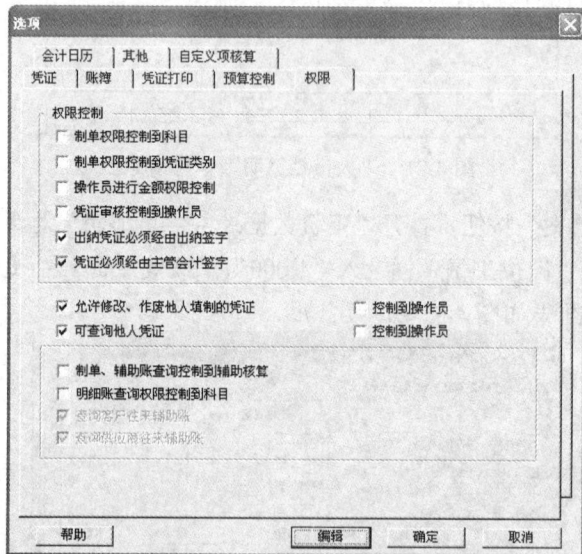

图 4-73　总账系统初始设置

2. 指定出纳管理的会计科目

对出纳管理的现金和银行存款科目进行指定。现金总账科目指定为"1001 库存现金"；银行总账科目指定为"1002 银行存款"。

【操作指导】

(1) 打开"基础设置"选项卡，执行"基础档案/财务/会计科目"命令，进入"会计科目"窗口。

(2) 执行"编辑/指定科目"命令，弹出"指定科目"对话框。

(3) 选中"现金科目"选项，在"待选科目"栏选择"1001 库存现金"，单击">"按钮，"1001 库存现金"将显示在"已选科目"栏，如图4-74所示。

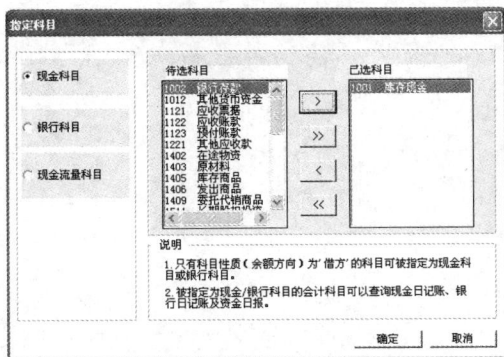

图 4-74　指定会计科目

(4) 选中"银行科目"选项，在"待选科目"栏选择"1002 银行存款"，单击">"按钮，"1002 银行存款"将显示在"已选科目"栏；单击"确定"按钮。

3. 会计科目期初余额对账

【操作路径】企业应用平台/业务工作/财务会计/总账/设置/期初余额。

【岗位说明】章宏斌(001)负责设置。

【操作指导】

(1) 按照所给操作路径，进入总账"期初余额"窗口，单击"对账"按钮，系统弹出"期初对账"对话框，如图 4-75 所示。

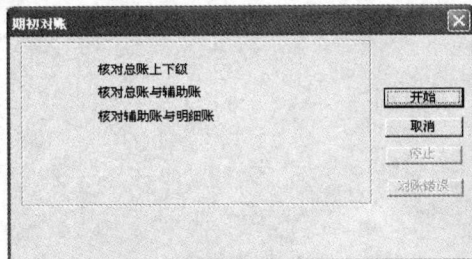

图 4-75　"期初对账"对话框

(2) 单击"开始"按钮，系统开始对总账与应付账款、应收账款，总账与辅助账，辅助账与明细账进行核对，结果如图 4-76 所示。

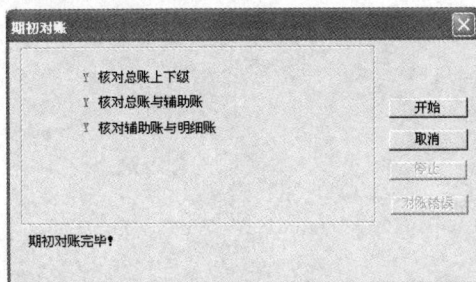

图 4-76　对账完毕窗口

第五章

企业日常业务处理

内容概述

本章的主要内容是处理企业本期发生的各项日常经营业务活动，涉及到用友 ERP-U8.72 管理系统的采购管理系统、销售管理系统、库存管理系统、存货核算系统、固定资产系统、薪资管理系统、应收款管理系统、应付款管理系统、总账系统、UFO 报表系统等多个模块，具体包括以下内容:

- 采购管理与应付款管理: 处理企业与供应商之间的业务往来关系的系统。在采购管理系统中，主要处理的业务包括签订采购合同、到货、退货、登记采购发票等。在应付款管理系统中，以采购发票、其他应付单据等原始单据为依据，记录采购业务所形成的往来账款，处理应付账款的支付、转账等情况。

- 销售管理与应收款管理: 处理企业与客户之间的业务往来关系的系统。在销售管理系统中，主要处理的业务包括签订销售合同、发货、开具销售发票等。在应收款管理系统中，以销售发票、代垫运费单等原始单据为依据，记录销售业务及其他业务所形成的往来账款，处理应收账款的收回、坏账、转账等情况。

- 库存管理与存货核算: 库存管理系统主要处理存货的入库、出库及结存数据，以及对存货进行盘点的工作。存货核算系统主要核算和分析所有业务中的存货耗用情况，包括检查存货入库单，进行采购成本结算、正常单据记账及存货制单处理，为企业提供成本核算的基础数据。

- 固定资产管理: 是处理固定资产变动、折旧计提等业务以及制单处理。

- 薪资管理: 是以职工个人的薪资原始数据为基础，计算本月应发工资和实发工资等数据，编制工资结算单，计算个人所得税，委托银行代发工资，提供多种方式的查询、打印薪资发放表、各种汇总表及个人工资条等功能。

- 总账系统: 根据已建立的会计科目体系，输入和处理各种记账凭证，完成记账、对账、结账等工作，输出总分类账、日记账、明细账以及有关辅助账。主要处理的日常业务包括填制凭证、出纳签字、主管签字、审核凭证、记账、期末处理、银行对账等。

目的与要求

系统地学习和掌握处理日常业务活动及其相应的财务活动的操作方法。理解和掌握各业务子系统与总账系统的关系。

本案例企业发生业务活动的时间均为 2012 年 4 月。

如果使用本书所提供的实验数据准备账套，则可以导入相应账套，灵活地进行不同任务的练习。如果不使用本书所提供的各任务段的实验数据准备账套，则只需在做企业日常业务处理之前，导入"任务一数据准备"账套，然后，按照各项任务的顺序自行操作即可，可以自行备份账套。

实训一　缴纳上一季度税费

【任务一】

2012 年 4 月 2 日，交纳第一季度企业所得税 11,400 元，向税务部门缴纳上月代扣代缴个人所得税 65.48 元，交纳增值税 9,000 元、城市维护建设税 630 元、教育费附加 270 元。

【业务说明】

本笔业务是缴纳上一季度税费业务，通过自定义转账方式生成凭证，并对记账凭证进行出纳签字、审核和主管签字。

【岗位说明】

会计陈宏负责自定义转账凭证的设置和生成；出纳王欢负责出纳签字；财务经理陈志伟负责审核和主管签字。

【实验数据准备】

(1) 系统时间为 2012 年 4 月 2 日。

(2) 引入光盘"实验数据"文件夹中"第五章任务一数据准备"的数据账套。

【操作指导】

(1) 自定义转账设置

① 4 月 2 日，会计陈宏在企业应用平台中，双击"业务工作/财务会计/总账/期末/转账定义/自定义转账"命令，进入"自定义转账设置"窗口。

② 单击"增加"按钮，弹出"转账目录"对话框，输入"转账序号"为"0001"，"转账说明"为"缴纳税费"，"凭证类别"默认"记 记账凭证"，如图 5-1 所示。

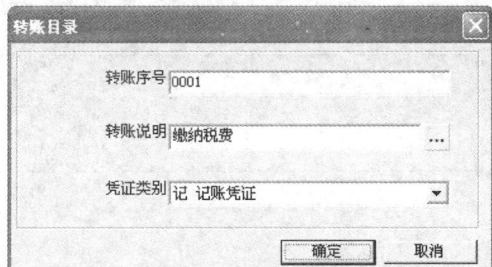

图 5-1　转账目录设置

③ 单击"确定"按钮，返回"自定义转账设置"窗口。单击命令栏中的"增行"按钮，在"科目编码"栏输入"222103"或单击参照按钮选择"222103 应交税费/应交所得税"，"方向"为"借"，单击"金额公式"参照按钮，弹出"公式向导"对话框。

④ 选择公式名称"期初余额"，单击"下一步"按钮，选择科目为"222103"，其他选项为默认，单击"完成"按钮，返回自定义转账设置窗口。

⑤ 单击"增行"按钮，在"科目编码"栏输入"222104"或单击参照按钮选择"222104 应交税费/应交个人所得税"，"方向"为"借"，单击"金额公式"参照按钮，弹出"公式向导"对话框。

⑥ 选择公式名称为"期初余额"，单击"下一步"按钮，选择科目为"222104"，其他选项为默认，单击"完成"按钮，返回自定义转账设置窗口。

⑦ 单击"增行"按钮，在"科目编码"栏输入"222102"或单击参照按钮选择"222102 应交税费/未交增值税"，"方向"为"借"，单击"金额公式"参照按钮，弹出"公式向导"对话框。

⑧ 选择公式名称为"期初余额"，单击"下一步"按钮，选择科目为"222102"，其他选项为默认，单击"完成"按钮，返回自定义转账设置窗口。

⑨ 单击"增行"按钮，在"科目编码"栏输入"222105"或单击参照按钮选择"222105 应交税费/应交城市维护建设税"，"方向"为"借"，单击"金额公式"参照按钮，弹出"公式向导"对话框。

⑩ 选择公式名称为"期初余额"，单击"下一步"按钮，选择科目为"222105"，其他选项为默认，单击"完成"按钮，返回自定义转账设置窗口。

⑪ 单击"增行"按钮，在"科目编码"栏输入"222106"或单击参照按钮选择"222106 应交税费/应交教育费附加"，"方向"为"借"，单击"金额公式"参照按钮，弹出"公式向导"对话框。

⑫ 选择公式名称"期初余额"，单击"下一步"按钮，选择科目为"222106"，其他选项为默认，单击"完成"按钮，返回自定义转账设置窗口。

⑬ 单击"增行"按钮，在"科目编码"栏输入"100201 银行存款/工行存款"，"方向"为"贷"，选择公式名称"取对方科目计算结果"或"函数名"为"JG()"，如图 5-2 所示，

单击"保存"按钮。

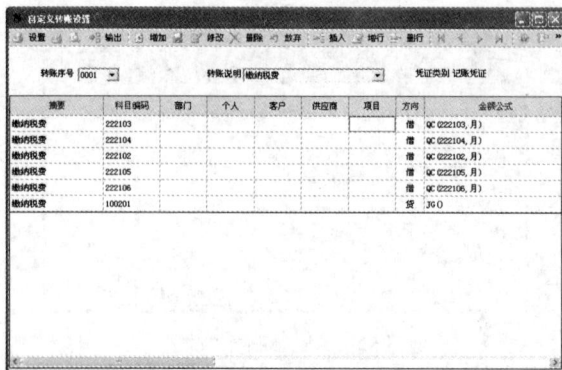

图 5-2　自定义转账设置

(2) 自定义转账凭证生成

① 双击"业务工作/财务会计/总账/期末/转账生成",进入"转账生成"对话框。

② 选择"自定义转账"选项,选中编号为"0001"的记录行,双击"是否结转"栏,出现"Y",如图 5-3 所示。

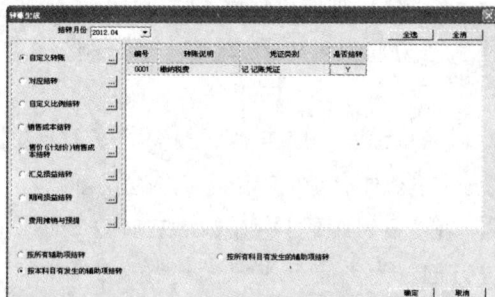

图 5-3　自定义结转

③ 单击"确定"按钮,弹出"转账"窗口,生成自定义结转凭证,如图 5-4 所示。单击"保存"按钮,凭证左上角出现"已生成"字样。

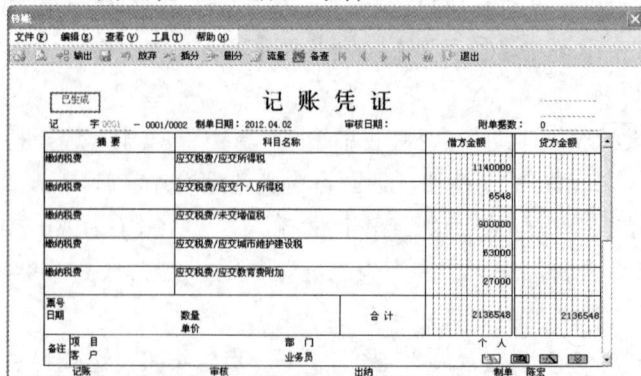

图 5-4　生成自定义结转凭证

(3) 出纳签字

① 出纳王欢在企业应用平台中双击"业务工作/财务会计/总账/凭证/出纳签字",进入"出纳签字"过滤条件窗口。单击"确定"按钮,显示"出纳签字"凭证列表窗口。单击"确定"按钮,进入"出纳签字"窗口,单击"签字"按钮,即在凭证下方出纳处显示王欢的名字,表示出纳签字完成。

② 单击"退出"按钮。

提示:

在"出纳签字"窗口可直接执行"出纳/成批出纳签字"命令,完成所有待签字凭证的成批出纳签字。

(4) 审核凭证

① 财务经理陈志伟在企业应用平台中双击"业务工作/财务会计/总账/凭证/审核凭证",进入"凭证审核"过滤条件窗口。单击"确定"按钮,进入"凭证审核"列表窗口。单击"确定"按钮,在"审核凭证"窗口中对未审核凭证,单击"审核"按钮,即在凭证下方"审核"处显示陈志伟名字,表示审核完成。

② 单击"退出"按钮。

提示:

在"审核凭证"窗口可直接执行"审核/成批审核凭证"命令,完成所有凭证的成批审核。

(5) 主管签字

① 财务经理陈志伟在企业应用平台中双击"业务工作/财务会计/总账/凭证/主管签字",进入"主管签字"过滤条件窗口。单击"确定"按钮,显示"主管签字"凭证列表窗口。单击"确定"按钮,进入"主管签字"窗口,单击"签字"按钮,即在凭证右上方处显示陈志伟红字印章,表示主管签字完成,如图5-5所示。

② 单击"退出"按钮。

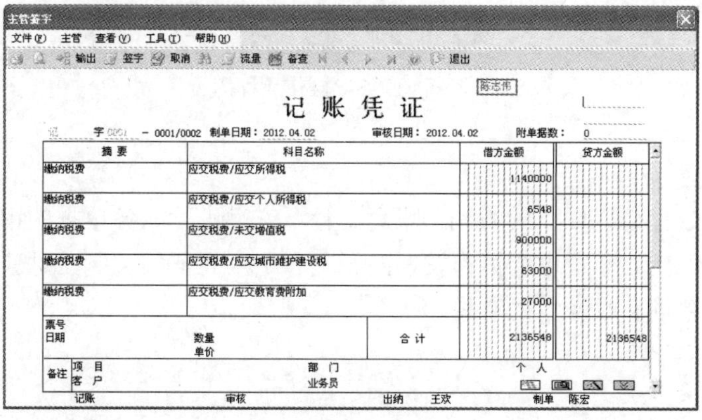

图5-5　主管签字

提示：

在"主管签字"窗口可直接执行"主管/成批主管签字"命令，完成所有待签字凭证的成批主管签字。

实训二　收取定金的销售业务

【任务二】

2012 年 4 月 2 日，销售部夏雪与华联商场签订销售合同(合同编号：XS0701)，出售一批女式毛衣数量为 400 件，无税单价为 200 元，增值税为 17%。合同签订当日华联商场用转账支票(票号为 13100651)支付定金 10,000 元，同时给客户开具全款增值税发票(票号：00274895)。合同约定 16 号发货，待客户验收合格后用为期两个月的商业承兑汇票方式结算剩余货款。

【业务说明】

本笔业务是签订销售合同、开具销售发票和预收货款的业务。需要进行录入和审核销售订单和销售发票，录入和审核预收类型的收款单，进行应收单据及收款单据的审核，并进行制单处理。本业务的操作流程如图 5-6 所示。

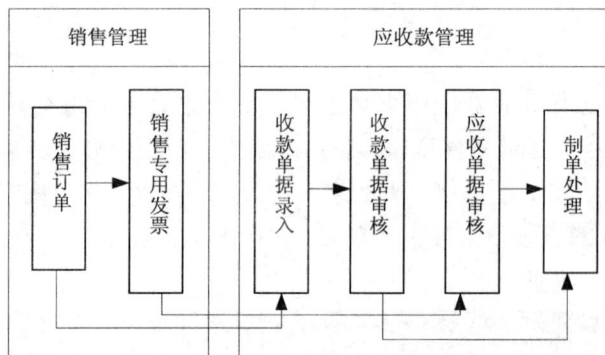

图 5-6　任务二操作流程图

【岗位说明】

销售员夏雪进行销售订单的填制，账套主管章宏斌进行业务单据的审核，出纳王欢进行收款单的填制，会计陈宏进行销售发票的开具和记账凭证的编制，财务经理陈志伟进行销售发票、应收单据和收款单的审核。

【操作指导】

(1) 填制并审核销售订单

① 4 月 2 日，销售部夏雪在企业应用平台中双击"业务工作/供应链/销售管理/销售订

货/销售订单"，进入"销售订单"窗口。

② 单击"增加"按钮，修改"订单号"为"XS0701"，选择"业务类型"为"普通销售"、"销售类型"为"批发"、"销售部门"为"销售部"、"客户简称"为"华联商场"、"业务员"为"夏雪"，"税率"为"17"；在表体中选择"存货名称"为"女式毛衣"，输入"数量"为"400"，系统自动计算出其他信息，修改预发货日期为"2012-04-16"。单击"保存"完成该笔销售订单的录入。

③ 账套主管章宏斌在企业应用平台中双击"业务工作/供应链/销售管理/销售订货/销售订单"，进入"销售订单"窗口。单击"上张"按钮，找到此笔业务录入的销售订单，章宏斌审核确认信息无误后单击"审核"按钮完成对销售订单的审核，如图5-7所示。

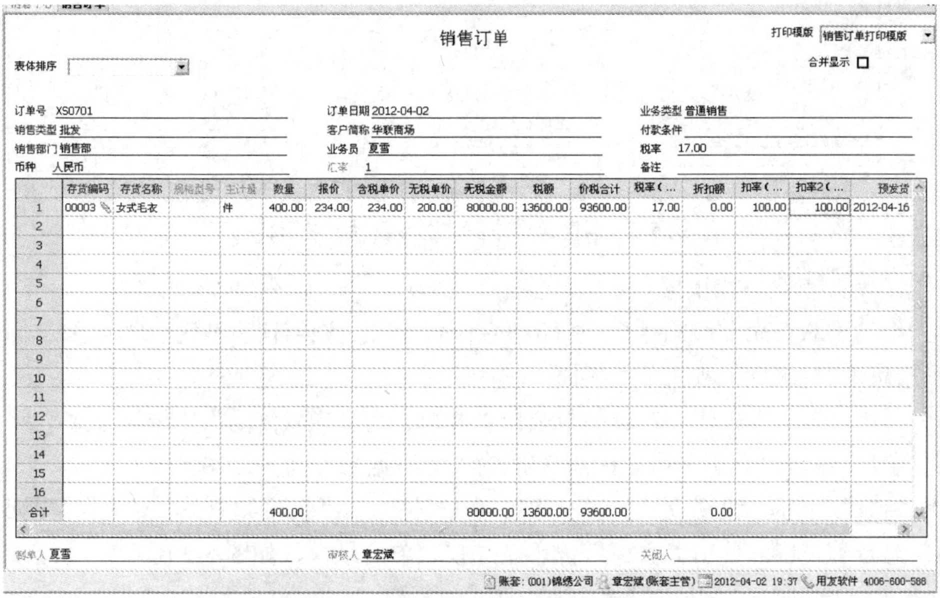

图 5-7　销售管理销售订单录入及审核

(2) 填制并复核销售专用发票

① 会计陈宏在企业应用平台中执行"业务工作/供应链/销售管理/销售开票/销售专用发票"命令，进入"销售专用发票"窗口，单击"增加"按钮，取消参照发货单生成发票。

② 单击"生单"下拉列表中的"参照订单"命令，进入"过滤条件选择"窗口，单击"过滤"按钮，进入"参照生单"窗口，选择对应的销售订单，单击"确定"按钮，在销售专用发票窗口中自动带出相关信息，在表头中修改发票号为"00274895"，在表体中选择仓库名称为"女装仓库"，单击"保存"按钮，完成销售专用发票的录入。

③ 财务经理陈志伟在企业应用平台中双击"业务工作/供应链/销售管理/销售开票/销售专用发票"，进入"销售专用发票"窗口，找到此笔业务录入的销售专用发票，确认信息无误后，单击"复核"按钮完成对该张发票的复核，如图5-8所示。

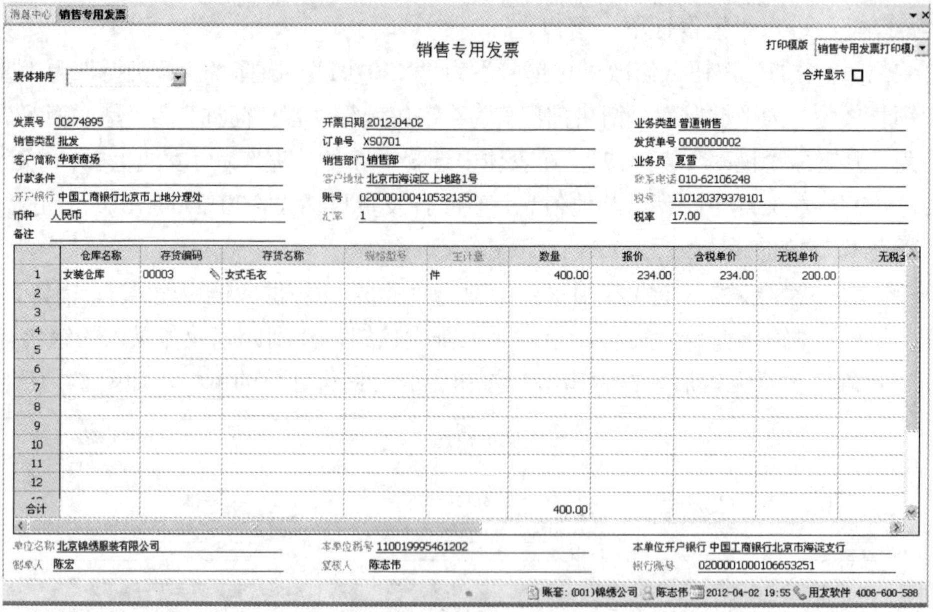

图 5-8　销售管理销售专用发票录入及审核

(3) 填制并审核收款单据

① 出纳王欢在企业应用平台中双击"业务工作/财务会计/应收款管理/收款单据处理/收款单据录入",进入"收款单"界面。

② 单击"增加"按钮,在表头中选择"客户"为"华联商场"、"结算方式"为"202转账支票",输入"金额"为"10,000",输入"票据号"为"13100651",选择"部门"为"财务部",选择"业务员"为"王欢"。在表体中,"款项类型"栏修改为"预收款",其他信息自动带出,单击"保存"按钮完成收款单的录入,如图 5-9 所示。

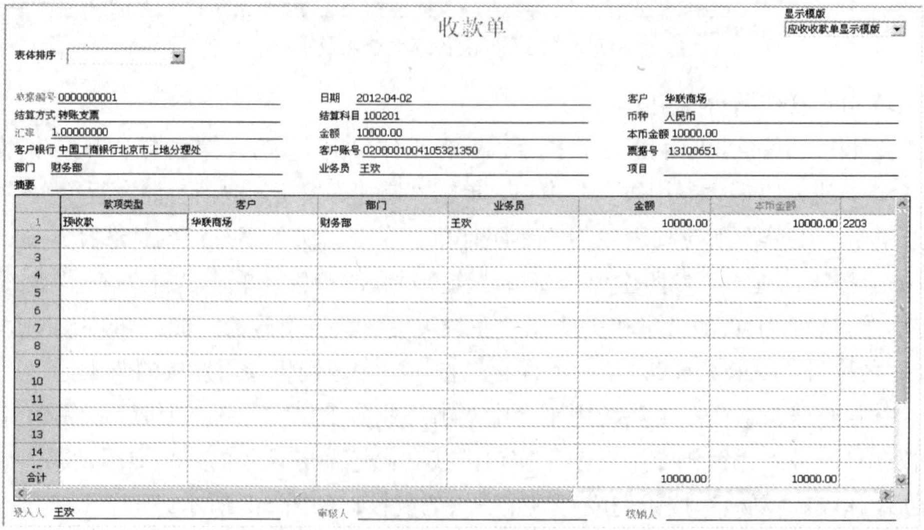

图 5-9　应收款管理收款单录入

③ 财务经理陈志伟在企业应用平台中,执行"业务工作/财务会计/应收款管理/收款单

据处理/收款单据审核"命令，打开"收款单过滤条件"窗口，单击"确定"按钮，进入收付款单据列表，选择与之对应的收款单，单击"审核"按钮，若提示审核成功，单击"确定"按钮，返回"收付款单列表"即审核完成。

(4) 审核应收单据

财务经理陈志伟执行"业务工作/财务会计/应收款管理/应收单据处理/应收单据审核"命令，打开"应收单过滤条件"窗口，单击"确定"按钮进入应收单据列表，选择此笔销售发票生成的应收单据，单击"审核"按钮，若提示审核成功，单击"确定"按钮即审核完成。

(5) 制单处理

① 会计陈宏在企业应用平台中执行"业务工作/财务会计/应收款管理/制单处理"命令，打开"制单查询"窗口，选中"发票制单"和"收付款单制单"复选框，单击"确定"按钮进入制单界面。

② 选择需要制单的凭证，单击"制单"进入"填制凭证"窗口，设置主营业务收入的项目名称为"女式毛衣"(鼠标单击"主营业务收入"项目后，将鼠标向下拉，直到光标变为钢笔形态后双击)，单击"确定"按钮，单击"保存"生成应收款的凭证，如图 5-10 所示。

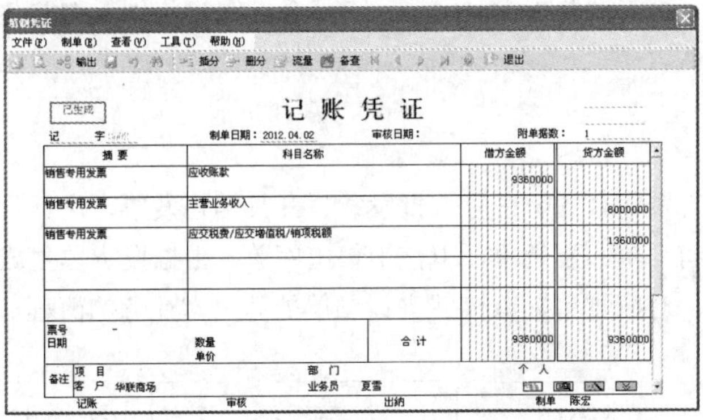

图 5-10　应收款管理应收单据制单

③ 同上处理过程，单击保存生成预收款凭证，如图 5-11 所示。

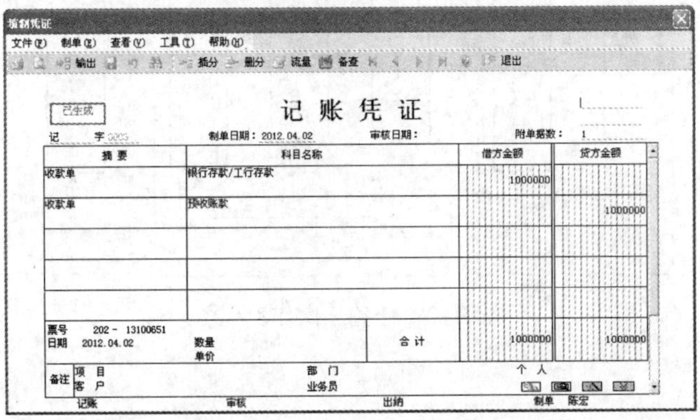

图 5-11　应收款管理预收款制单

提示:

- 对于已审核的订单,可能因为意外情况而需要修改业务,此时用订单变更功能实现,变更后即生效不必再次审核,即状态依然为"已审核"。
- 采用"开票直接发货"方式时,销售发票复核后,自动生成销售发货单。
- 与库存管理集成时,在"设置-销售选项-业务控制"中,选中"销售生成出库单"复选框,则对销售发票复核后,将自动生成销售出库单;否则在库存管理系统中只能根据参照发货单生成销售出库单。

实训三 签订分批发货的销售业务

【任务三】

2012 年 4 月 2 日,销售部夏雪与嘉兴公司签订销售合同(合同编号:XS0702),销售 1800 条男式裤子,无税单价为 130 元,增值税为 17%,当日开具全额增值税发票(票号 00274896),首付款收取全部价款的 30%,客户用转账支票支付,支票号为 15105602。当日首批发货 300 条,第二批要求 16 号发货 1500 条,客户收到货物并验收合格后向本公司支付剩余的合同价款。

【业务说明】

本笔业务是签订销售合同、进行首批发货、开具销售发票、进行部分收款业务。需要进行录入与审核销售订单和发货单,审核销售出库单,根据发货单生成销售发票,以现结方式进行部分收款,对应收单据审核并进行制单处理。本业务的流程如图 5-12 所示。

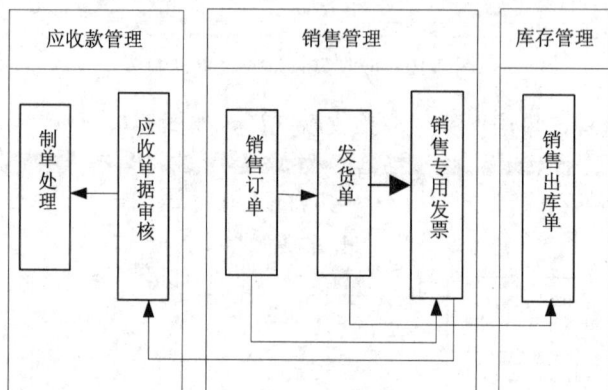

图 5-12 任务三操作流程图

【岗位说明】

销售员夏雪进行销售订单和发货单的填制,会计陈宏进行销售发票的开具和记账凭证的编制，财务经理陈志伟进行销售发票和应收单据的复核，库管员李丽进行销售出库单的审核，账套主管章宏斌进行业务单据的审核。

【操作指导】

(1) 填制并审核销售订单

① 2012 年 4 月 2 日，销售员夏雪在企业应用平台中执行"业务工作/供应链/销售管理/销售订货/销售订单"命令，进入"销售订单"窗口。

② 单击"增加"按钮，修改"订单号"为"XS0702"，选择"业务类型"为"普通销售"、"销售类型"为"批发"、"销售部门"为"销售部"、"客户简称"为"嘉兴公司"、"业务员"为"夏雪"，"税率"为"17"；在表体中第一行选择"存货名称"为"男式裤子"，输入"数量"为"300"，其他信息自动带出，预发货日期为"2012-04-02"，在第二行中选择"存货名称"为"男式裤子"，输入"数量"为"1500"，其他信息自动带出，修改预发货日期为"2012-04-16"，单击"保存"按钮，完成该笔销售订单的录入。

③ 账套主管章宏斌在企业应用平台中双击"业务工作/供应链/销售管理/销售订货/销售订单"，进入"销售订单"窗口，单击"上张"按钮，找到此笔业务的销售订单，确认信息无误后，单击"审核"按钮完成对销售订单的审核，如图 5-13 所示。

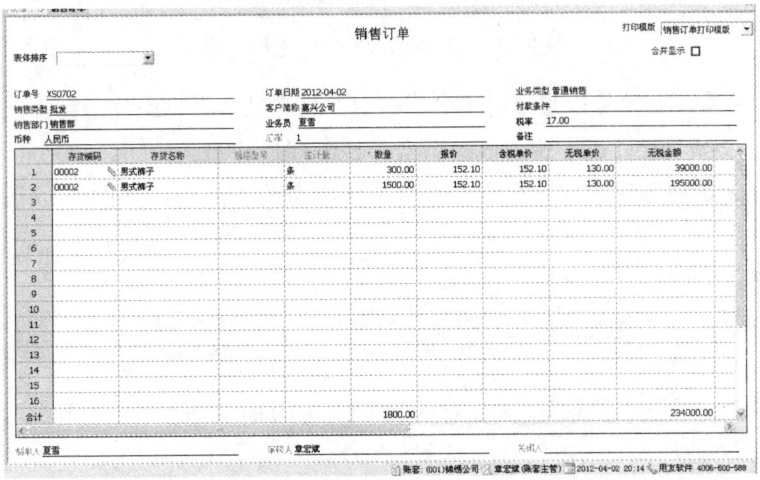

图 5-13 销售管理销售订单填制与审核

(2) 填制并审核发货单

① 销售员夏雪在企业应用平台中执行"业务工作/供应链/销售管理/销售发货/发货单"命令，进入"发货单"窗口。

② 单击"增加"按钮，打开"过滤条件选择-参照订单"窗口，单击"过滤"按钮，进入"参照生单"窗口，在嘉兴公司销售订单记录行双击选择栏显示为"Y"，则下方"发货单参照订单"视窗中显示出已被选择的两行预发货记录，在预发货日期为"2012-04-16记录的1500条男式裤子"所在行，双击"Y"取消选择。即只选择预发货日期为"2012-04-02"记录的 300 条男式裤子，如图 5-14 所示。单击"确定"按钮，返回"发货单"界面，系统

自动带出相关信息，在表头中补充填写"发运方式"为"发货"，在表体中补充填写"仓库"为"男装仓库"，单击"保存"按钮完成该笔发货单的录入。

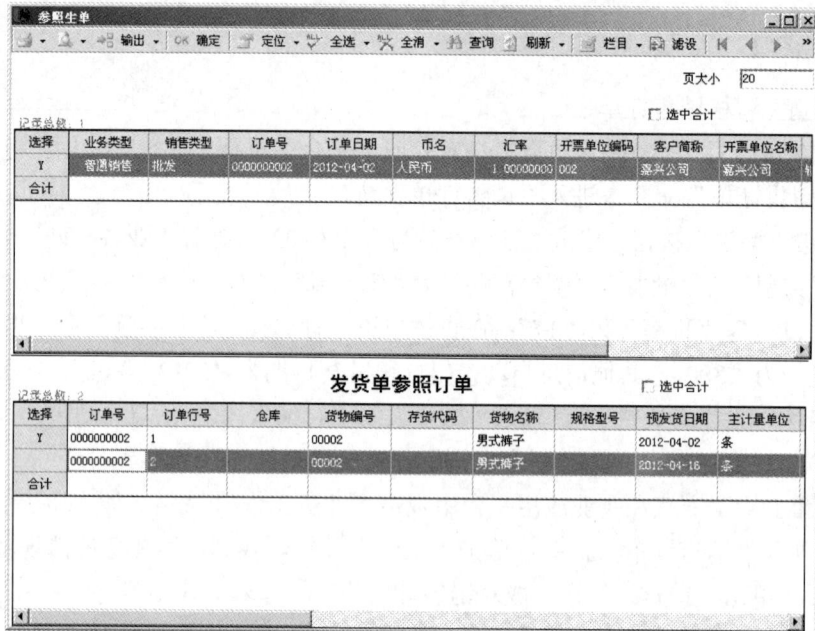

图 5-14　发货单参照订单生单选择

③ 账套主管章宏斌在企业应用平台中执行"业务工作/供应链/销售管理/销售发货/发货单"命令，进入"发货单"窗口，单击格式栏中翻页的箭头按钮，找到此笔业务的发货单，确认信息无误后，单击"审核"按钮完成对发货单的审核，如图 5-15 所示。

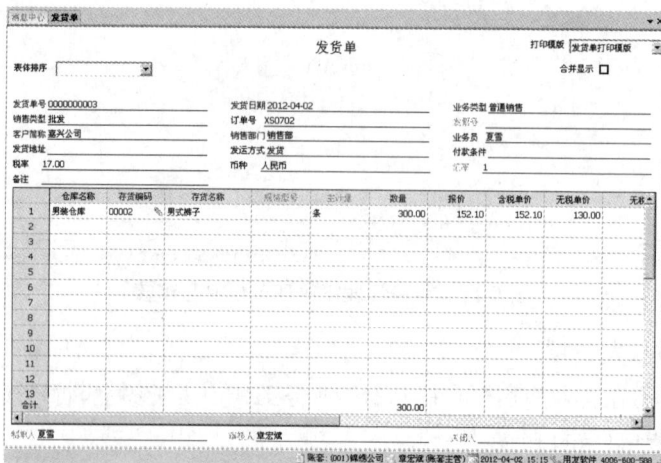

图 5-15　销售管理发货单填制与审核

(3) 审核销售出库单

库管员李丽在企业应用平台中执行"业务工作/供应链/库存管理/出库业务/销售出库单"命令，进入"销售出库单"窗口，单击格式栏中翻页的箭头按钮，找到此笔业务发货生成的销售出库单，确认信息无误后，单击"审核"按钮完成对销售出库单的审核，如图

5-16 所示。

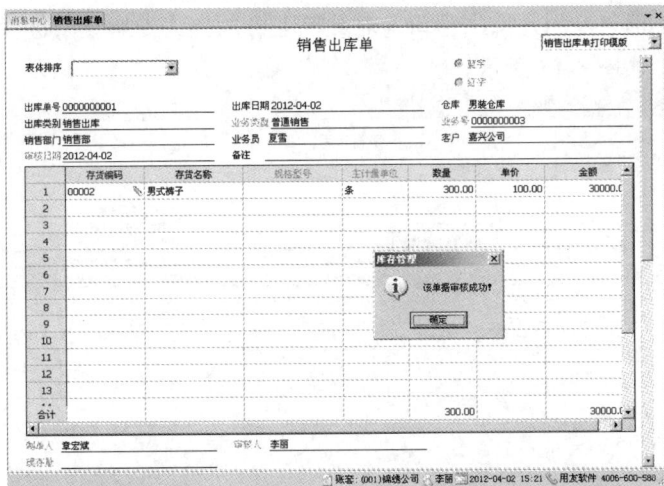

图 5-16　库存管理销售出库单审核

(4) 填制并复核销售专用发票

① 会计陈宏在企业应用平台中执行"业务工作/供应链/销售管理/销售专用发票"命令，进入"销售专用发票"窗口，单击"增加"按钮，进入"过滤条件选择-发票参照发货单"窗口，单击"过滤"按钮(或者单击"取消"按钮，返回"销售专用发票"窗口，在"生单"按钮的下拉列表中选择"参照发货单"，在"过滤条件选择-发票参照发货单"窗口，单击"过滤"按钮)，进入"参照生单"窗口，选择对应的发货单，单击"确定"按钮，进入"销售专用发票"窗口，相关信息自动带入，在表头中修改"发票号"为"00274896"，在表体中"数量"修改为"1,800"，单击"保存"按钮即生成发票。

② 单击"现结"按钮进入现结窗口，选择"结算方式"为"转账支票"，输入金额为销售发票合计金额的 30%，即"82,134"，输入票据号为"15105602"，选择"项目大类编码"为"00 商品项目管理"，选择"项目编码"为"202"男式裤子，"订单号"为"XS0702"，如图 5-17 所示，单击"确定"按钮即完成现结处理。

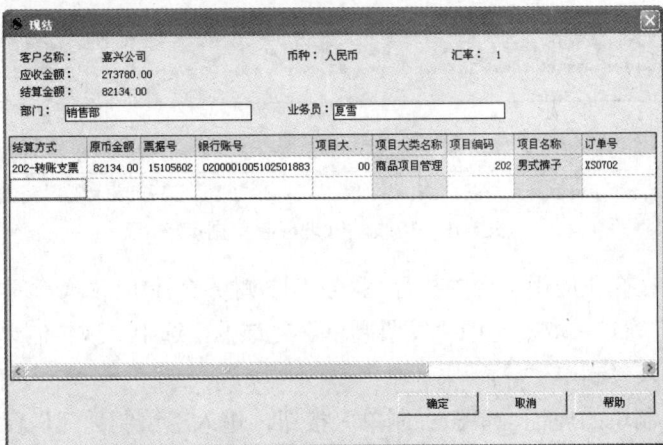

图 5-17　销售现结处理

③ 财务经理陈志伟在企业应用平台中执行"业务工作/供应链/销售管理/销售专用发票"命令，进入"销售专用发票"窗口，对此笔业务的销售专用发票进行审核，单击"复核"按钮即完成，如图 5-18 所示。

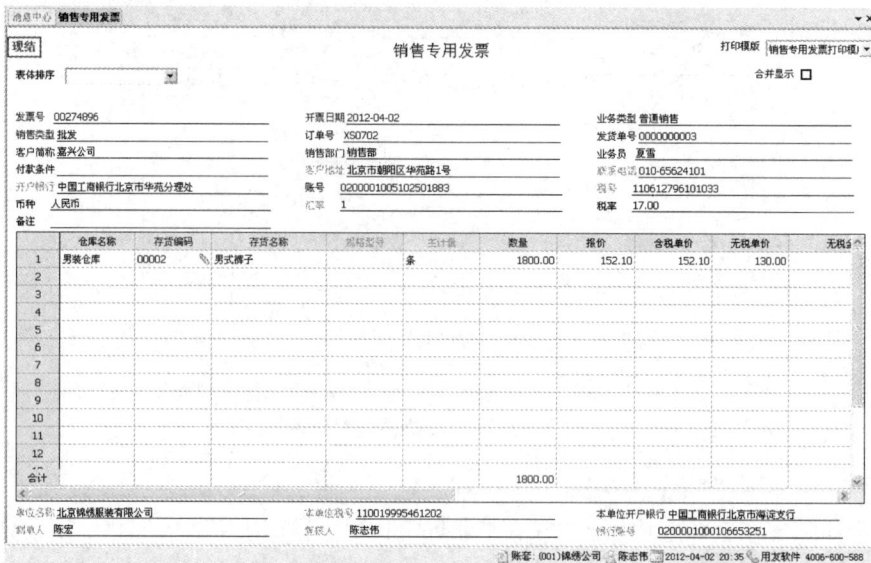

图 5-18 销售管理现结发票填制与审核

(5) 审核应收单据并制单

① 财务经理陈志伟在企业应用平台中执行"业务工作/财务会计/应收款管理/应收单据处理/应收单据审核"命令，打开"应收单过滤条件"窗口，选中"包含已现结发票"复选框，单击"确定"按钮，进入应收单据列表，选择此笔业务形成的应收单据，单击"审核"按钮，若提示审核成功，单击"确定"按钮即审核完成，如图 5-19 所示。

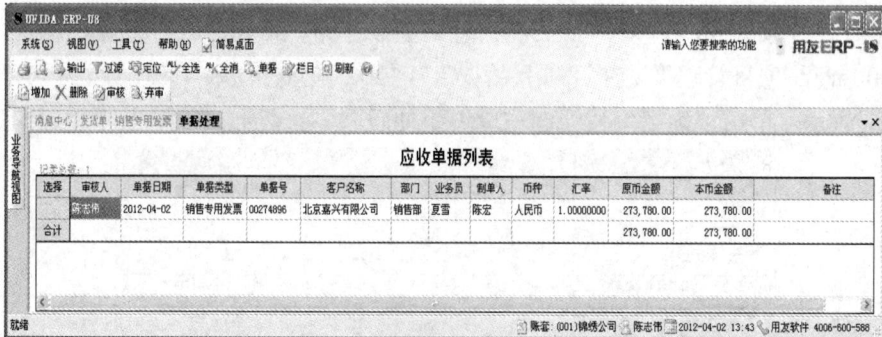

图 5-19 应收款管理应收单据审核

② 会计陈宏在企业应用平台中执行"业务工作/财务会计/应收款管理/制单处理"命令，打开"制单查询"窗口，取消选中"发票制单"复选框，选中"现结制单"复选框，单击"确定"按钮，进入"制单"界面。

③ 选择需要制单的凭证，单击"制单"按钮，进入"填制凭证"窗口，设置主营业务收入的项目名称为"男式裤子"，单击"保存"按钮即生成凭证，如图 5-20 所示。

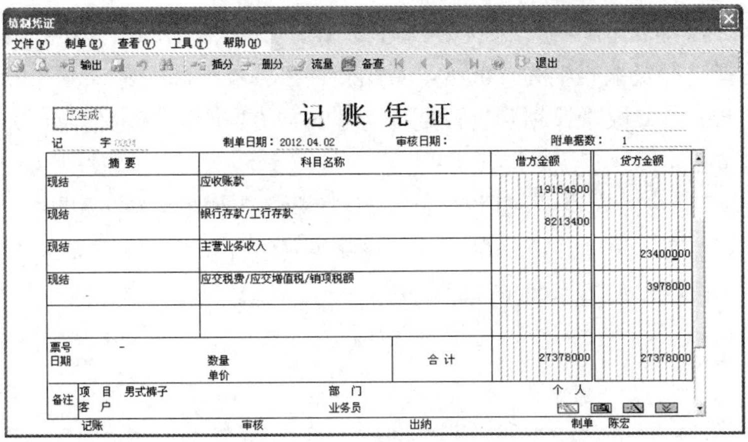

图 5-20　应收款管理应收单据制单

提示：

- 销售发货单可以修改、删除、审核、弃审、关闭、打开。
- 当审核的发票已经做过现结处理，则系统在审核记账的同时，后台还将自动进行相应的核销处理。对于发票有剩余的部分，作应收账款处理。
- 在销售系统中录入的发票若未经其复核，则不能在应收系统中审核。
- 已经审核过的单据不能进行重复审核；未经审核的单据不能进行弃审处理。已经做过后续处理(如核销、转账、坏账、汇兑损益等)的单据不能进行弃审处理。

实训四　签订采购合同

【任务四】

2012 年 4 月 3 日，刘越与大悦公司签订采购合同(合同编号：CG0701)，订购女式套装 200 套，无税单价 700 元，增值税为 17%。要求本月 6 号到货。

【业务说明】

本笔业务是签订采购合同(即采购订单)业务。需要对采购订单进行录入与审核。

【岗位说明】

采购员刘越录入和采购订单，账套主管章宏斌进行审核。

【操作指导】

(1) 2012 年 4 月 3 日，采购员刘越在企业应用平台中执行"业务工作/供应链/采购管理/采购订货/采购订单"命令，打开"采购订单"窗口。

(2) 单击"增加"按钮，修改"订单编号"为"CG0701"，选择"采购类型"为"批发商供货"、选择"供应商"为"大悦公司"、"部门"为"采购部"、"业务员"为"刘越";在表体中,选择"存货编码"为"00004(女式套装)"、输入"数量"为"200"、修改"原币单价"为"700"、修改"计划到货日期"为"2012-04-06",其他信息由系统自动带出,单击"保存"按钮。

(3) 账套主管章宏斌在企业应用平台中执行"业务工作/供应链/采购管理/采购订货/采购订单"命令,打开"采购订单"窗口,查找此笔采购订单,单击"审核"按钮,即完成此笔采购订单的审核,如图 5-21 所示。

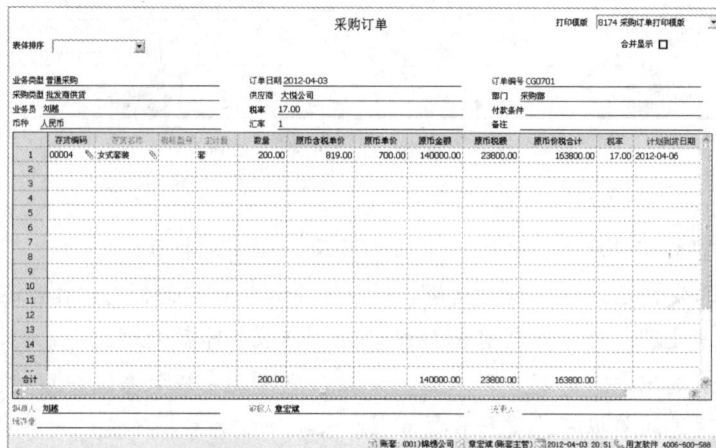

图 5-21　已审核的采购订单

提示:

- 采购订单可以手工录入,也可以参照请购单、销售订单、采购计划(MRP/MPS、ROP)、采购合同、出口订单生成。
- 采购订单可以修改、删除、审核、弃审、变更、关闭、打开、锁定、解锁。
- 已审核未关闭的采购订单可以参照生成采购到货单、采购入库单、采购发票。
- 审核订单可以有 3 种含义,用户可根据业务需要选择其中一种:

  a) 采购订单输入计算机后,交由供货单位确认后的订单。

  b) 如果订单由专职录入员输入,由业务员进行数据检查,确定正确的订单。

  c) 经过采购主管批准的订单。

实训五　缴纳社会保险和住房公积金

【任务五】

2012 年 4 月 3 日,交纳社会保险 16,340 元,其中单位负担部分为 12,464 元、职工个人负担部分为 3,876 元;交纳住房公积金 9,120 元,其中单位负担部分为 4,560 元、职工个人负担部分为 4,560 元。以转账支票支付住房公积金(支票号 12100564),以同城特约委托收款方式支付社会保险(同城特约委托收款，票号为 210、211)。

【业务说明】

本笔业务是缴纳上月社会保险和住房公积金业务。需要使用自定义转账方式对凭证进行设置和生成，并进行出纳签字、审核和主管签字。

【岗位说明】

会计陈宏负责自定义转账凭证的设置和生成，出纳王欢负责出纳签字，财务经理陈志伟负责审核和主管签字。

【操作指导】

(1) 自定义转账设置

① 2012 年 4 月 3 日，会计陈宏在企业应用平台中执行"业务工作/财务会计/总账/期末/转账定义/自定义转账"命令，进入"自定义转账设置"窗口。

② 单击"增加"按钮，弹出"转账目录"对话框，输入"转账序号"为"0002"，"转账说明"为"交单位承担的社会保险"，"凭证类别"默认为"记 记账凭证"。

③ 单击"确定"按钮，返回自定义转账设置窗口。单击命令栏"增行"按钮，单击"科目编码"参照按钮选择"221103 应付职工薪酬/社会保险费"或直接输入"221103"，"方向"为"借"，单击"金额公式"参照按钮，弹出"公式向导"对话框。

④ 选择公式名称为"期初余额"，单击"下一步"按钮，确认科目为"221103"，其他选项为默认，单击"完成"按钮，返回自定义转账设置窗口。

⑤ 单击"增行"按钮，输入"科目编码"为"100201 银行存款/工行存款"，"方向"为"贷"，选择公式名称为"取对方科目计算结果"或"函数名"为"JG()"，如图 5-22 所示。

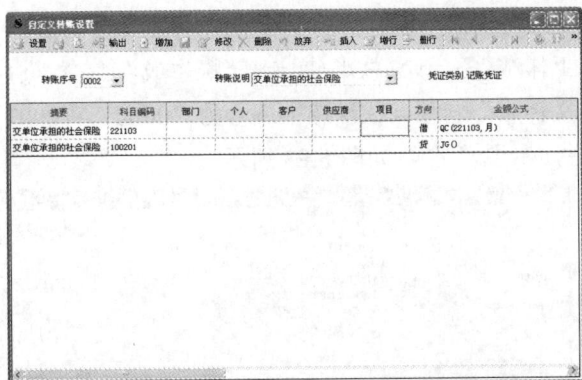

图 5-22　自定义转账设置

⑥ 单击"保存"按钮为，单击"增加"按钮，弹出"转账目录"对话框，输入"转账序号"为"0003"，"转账说明"为"交个人承担的社会保险"，"凭证类别"为"记 记账凭证"。

⑦ 单击"确定"按钮，返回自定义转账设置窗口。单击"增行"按钮，单击"科目编码"参照按钮选择"224101 其他应付款/应付社会保险费"或直接输入"224101"，"方向"为"借"，单击"金额公式"参照按钮，弹出"公式向导"对话框。

⑧ 选择公式名称"期初余额"，单击"下一步"按钮，确认科目为"224101"，其他选项为默认，单击"完成"按钮，返回自定义转账设置窗口。

⑨ 单击"增行"按钮，输入"科目编码"为"100201 银行存款/工行存款"，"方向"为"贷"，选择公式名称为"取对方科目计算结果"或"函数名"为"JG()"，单击"保存"按钮。

⑩ 单击"增加"按钮，弹出"转账目录"对话框，输入"转账序号"为"0004"，"转账说明"为"交住房公积金"，"凭证类别"为"记 记账凭证"。

⑪ 单击"确定"按钮，返回自定义转账设置窗口。单击"增行"按钮，单击"科目编码"参照按钮选择"221104 应付职工薪酬/住房公积金"或直接输入"221104"，"方向"为"借"，单击"金额公式"参照按钮，弹出"公式向导"对话框。

⑫ 选择公式名称"期初余额"，单击"下一步"按钮，确认科目为"221104"，其他选项为默认，单击"完成"按钮，返回自定义转账设置窗口。

⑬ 单击"增行"按钮，单击"科目编码"参照按钮选择"224102 其他应付款/应付住房公积金"或直接输入"224102"，"方向"为"借"，单击"金额公式"参照按钮，弹出"公式向导"对话框。

⑭ 选择公式名称为"期初余额"，单击"下一步"按钮，确认科目为"224102"，其他选项为默认，单击"完成"按钮，返回自定义转账设置窗口。

⑮ 单击"增行"按钮，输入"科目编码"为"100201 银行存款/工行存款"，"方向"为"贷"，选择公式名称为"取对方科目计算结果"或"函数名"为"JG()"，单击"保存"按钮。

(2) 自定义转账凭证生成

① 执行"业务工作/财务会计/总账/期末/转账生成"命令，进入"转账生成"窗口。

② 选择"自定义转账"选项，依次选中编号为"0002"、"0003"、"0004"的记录行，双击"是否结转"栏，出现"Y"，如图 5-23 所示。

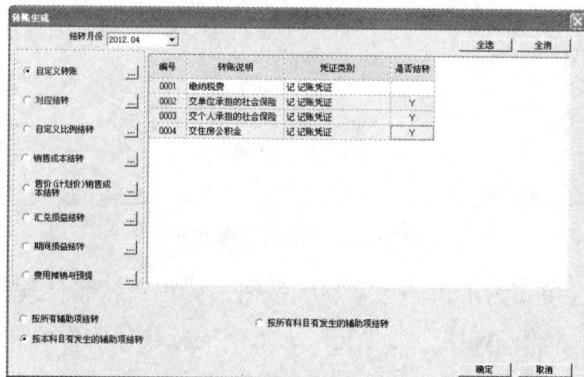

图 5-23 自定义结转转账生成窗口

③ 单击"确定"按钮，系统提示"2012 年 4 月之前有未记账凭证，是否继续结转？"，单击"是"按钮，继续结转，进入"转账"窗口，显示生成的"交单位的承担社会保险"凭证，单击"银行存款/工行存款"科目，将鼠标移至"票号日期"辅助项，当鼠标呈现蓝色钢笔形状时双击，系统会弹出银行存款的辅助项窗口，选择"结算方式"为"6 同城特约委托收款"，输入"票号"为"210"，"发生日期"为"2012-04-03"，如图 5-24 所示。

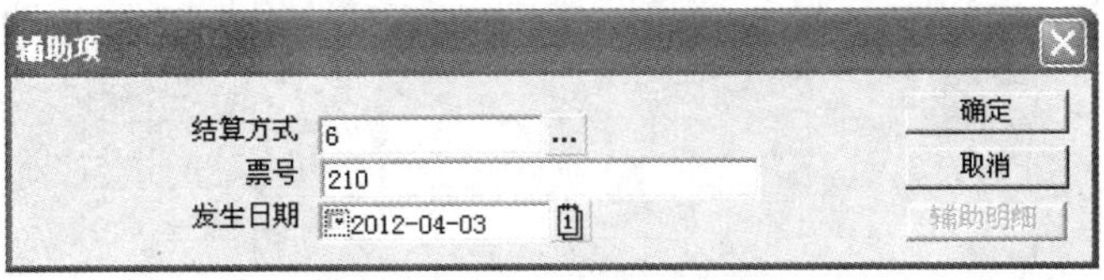

图 5-24　补充科目辅助项

④ 单击"确定"按钮，返回"转账"窗口，如图 5-25 所示。单击"保存"按钮，即可生成凭证。

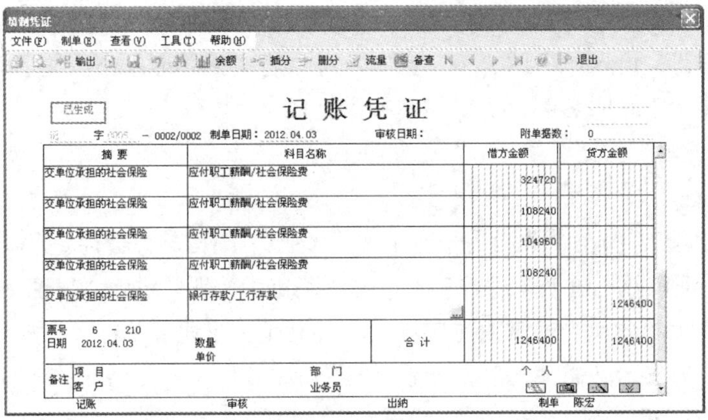

图 5-25　交单位承担的社会保险结转凭证

⑤ 同理，对缴纳个人承担的社会保险和住房公积金两张凭证中的"工行存款"科目的辅助项信息进行补充填写，生成凭证，如图 5-26 和图 5-27 所示。

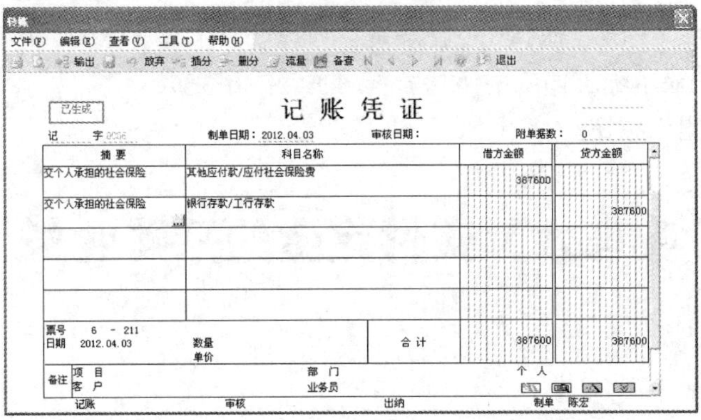

图 5-26　交个人承担的社会保险结转凭证

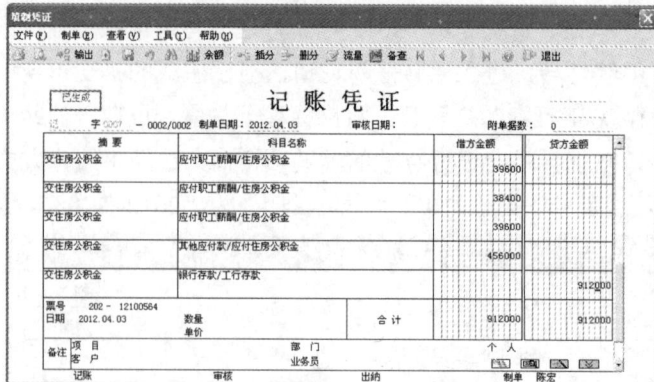

图 5-27　交住房公积金的结转凭证

(3) 出纳签字

① 出纳王欢在企业应用平台中执行"业务工作/财务会计/总账/凭证/出纳签字"命令，进入"出纳签字"过滤条件窗口。单击"确定"按钮，进入"出纳签字"凭证列表窗口。单击"确定"按钮，进入"出纳签字"窗口，对上述 3 张凭证单击"签字"按钮，即在凭证下方出纳处显示王欢的名字，表示出纳签字完成。

② 单击"退出"按钮。

(4) 审核凭证

① 财务经理陈志伟在企业应用平台中执行"业务工作/财务会计/总账/凭证/审核凭证"命令，进入"凭证审核"过滤条件窗口。单击"确定"按钮，进入"凭证审核"列表窗口。单击"确定"按钮，进入"审核凭证"窗口，对上述 3 张凭证单击"审核"按钮，即在凭证下方"审核"处显示陈志伟名字，表示审核完成。

② 单击"退出"按钮。

(5) 主管签字

① 财务经理陈志伟在企业应用平台中执行"业务工作/财务会计/总账/凭证/主管签字"命令，进入"主管签字"过滤条件窗口。单击"确定"按钮，进入"主管签字"凭证列表窗口。单击"确定"按钮，进入"主管签字"窗口，对上述 3 张凭证单击"签字"按钮，即在凭证右上方处显示陈志伟红字印章，表示主管签字完成。

② 单击"退出"按钮。

实训六　支付定金的采购业务

【任务六】

2012年4月3日，刘越与正祥公司签订采购合同(合同编号：CG0702)，订购男式上衣400件，无税单价300元，增值税为17%，双方约定当日以电汇方式支付定金4,000元(电汇票号：16345460)。要求本月10日到货，7天内本公司验收合格后以电汇方式支付剩余货款。

【业务说明】

本笔业务是签订采购合同、支付定金业务。需要进行采购订单的录入和审核，预付款类型的付款单录入、审核，并进行制单处理。本业务的流程如图 5-28 所示。

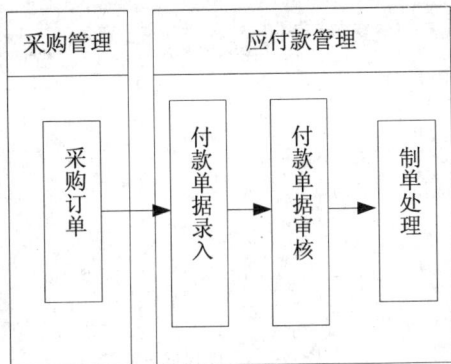

图 5-28　任务六操作流程图

【岗位说明】

采购员刘越录入采购订单，账套主管章宏斌审核；出纳王欢录入付款单，财务经理陈志伟进行应付单据审核，会计陈宏进行制单。

【操作指导】

(1) 录入与审核采购订单

① 2012 年 4 月 3 日，采购员刘越在企业应用平台中执行"业务工作/供应链/采购管理/采购订货/采购订单"命令，打开"采购订单"窗口。

② 单击"增加"按钮，在表头中修改"订单编号"为"CG0702"，选择"采购类型"为"批发商供货"、选择"供应商"为"正祥公司"、"部门"为"采购部"、"业务员"为"刘越"。在表体中，选择"存货编码"为"00001(男式上衣)"、输入"数量"为"400"、"计划到货日期"修改为"2012-04-10"，其他信息自动带出("原币单价"为"300")，单击"保存"按钮即完成该采购订单的录入。

③ 账套主管章宏斌在企业应用平台中执行"业务工作/供应链/采购管理/采购订货/采购订单"命令，打开"采购订单"窗口，查找到该笔采购订单，单击"审核"按钮，即审核此笔采购订单。

(2) 填制付款单

① 出纳王欢在企业应用平台中执行"业务工作/财务会计/应付款管理/付款单据处理/付款单据录入"命令，打开"付款单"窗口。

② 单击"增加"按钮，在表头中选择"供应商"为"正祥公司"、"结算方式"为"电汇"、"金额"为"4,000"、"票据号"为"16345460"、"部门"为"财务部"、"业务员"为"王欢"、"摘要"为"支付定金"。单击表体，系统将自动生成带入相关信息，修改"款项类型"为"预付款"，单击"保存"按钮即完成付款单的录入，如图 5-29 所示。

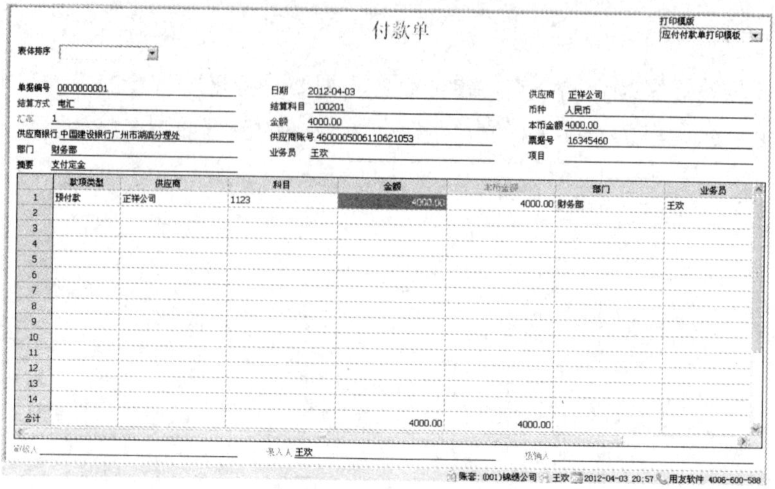

图 5-29　预付款单

提示：

- 表体"款项类型"为"预付款"，则该记录形成预付款。
- 表体"款项类型"为"应付款"，则该收款是冲销应付款。
- 表体"款项类型"为"其他费用"，则该付款是其他费用。
- 若表体"供应商"与表头不同，则表体记录为代付款。

(3) 付款单审核与制单

① 财务经理陈志伟在企业应用平台中执行"业务工作/财务会计/应付款管理/付款单据处理/付款单据审核"命令，打开"付款单过滤条件"对话框。单击"确定"按钮，系统打开"收付款单列表"窗口，单击"全选"、"审核"按钮，系统弹出"提示"信息框，若提示审核成功，单击"确定"按钮返回"收付款单列表"窗口即审核完成。

② 会计陈宏在企业应用平台中执行"业务工作/财务会计/应付款管理/制单处理"命令，弹出"制单查询"对话框，取消选中"发票制单"复选框，选中"收付款单制单"复选框，如图 5-30 所示。

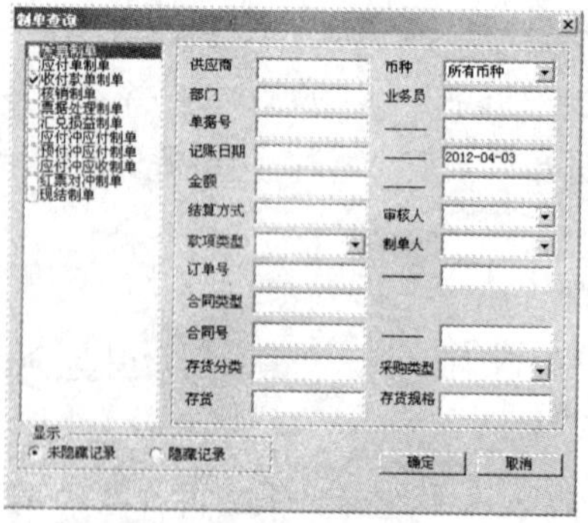

图 5-30　"制单查询"对话框

③ 单击"确定"按钮，进入"制单"窗口，单击"全选"按钮(此时由"选择标志"栏可知，系统将生成 1 张凭证)，再单击"制单"按钮，进入"填制凭证"窗口。单击"保

存"按钮即生成该凭证,如图 5-31 所示。

记 账 凭 证

摘 要	科目名称	借方金额	贷方金额
支付定金	预付账款	400000	
支付定金	银行存款/工行存款		400000
	合 计	400000	400000

图 5-31 预付账款凭证

实训七 分批付款的采购业务

【任务七】

2012 年 4 月 5 日,刘越与大悦公司签订采购合同(合同编号:CG0703),购买 500 件女式毛衣,无税单价 150 元,增值税为 17%,价税合计 87,750 元。合同签订后取得全额发票(发票号:01236581),并以电汇方式支付合同总金额的 40%(电汇票号:12354561)。要求本月 10 日到货,验收合格后 30 日内支付剩余货款。

【业务说明】

本笔业务是签订采购合同、处理票到货未到的在途业务、现付 40% 货款的采购业务。需要进行采购订单的录入与审核、采购专用发票的录入及现付;审核应付单据并进行制单处理(注意:按采购发票制单时,借方科目应修改为"在途物资")。本业务的操作流程如图 5-32 所示。

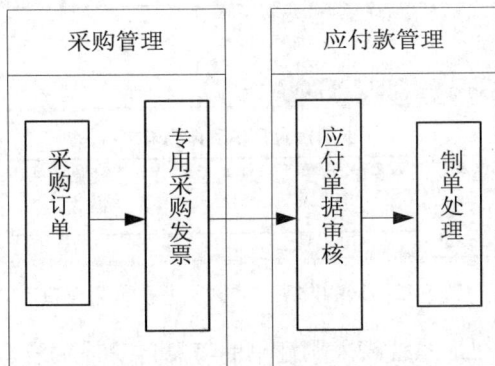

图 5-32 任务七操作流程图

【岗位说明】

采购员刘越录入采购订单，账套主管章宏斌审核；采购员刘越录入采购发票并现付；财务经理陈志伟负责应付单据审核，会计陈宏负责制单。

【操作指导】

(1) 填制并审核采购订单

① 2012 年 4 月 5 日，采购员刘越在企业应用平台中执行"业务工作/供应链/采购管理/采购订货/采购订单"命令，打开"采购订单"窗口。

② 单击"增加"按钮，在表头中修改"订单编号"为"CG0703"，选择"采购类型"为"批发商供货"、选择"供应商"为"大悦公司"、"部门"为"采购部"、"业务员"为"刘越"。在表体中选择"存货编码"为"00003(女式毛衣)"、输入"数量"为"500"、修改"计划到货日期"为"2012-04-10"，其他信息自动带入("原币单价"为"150")，单击"保存"按钮，即完成该采购订单的录入。

③ 账套主管章宏斌在企业应用平台中执行"业务工作/供应链/采购管理/采购订货/采购订单"命令，打开"采购订单"窗口，查找该采购订单，单击"审核"按钮，即完成审核。

(2) 录入采购专用发票

① 采购员刘越在企业应用平台中执行"业务工作/供应链/采购管理/采购发票/专用采购发票"命令，打开"专用发票"窗口。

② 单击"增加"按钮，再单击"生单"下拉列表中的"采购订单"命令，并在系统弹出的"过滤条件选择-采购订单列表过滤"对话框中直接单击"过滤"按钮，系统打开"拷贝并执行"窗口。在此窗口的"发票拷贝订单表头列表"中，双击"订单号"为"CG0703"的"选择"栏，"选择"栏显示"Y"，如图 5-33 所示。

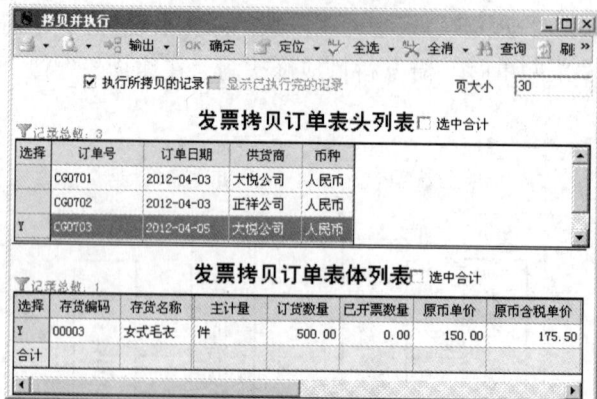

图 5-33 采购发票的"拷贝并执行"窗口

③ 单击"确定"按钮，系统将采购订单的信息自动带入采购发票，在表头中，修改"发票号"为"01236581"，发票日期为"2012-04-05"，单击"保存"按钮即完成发票的录入，如图 5-34 所示。

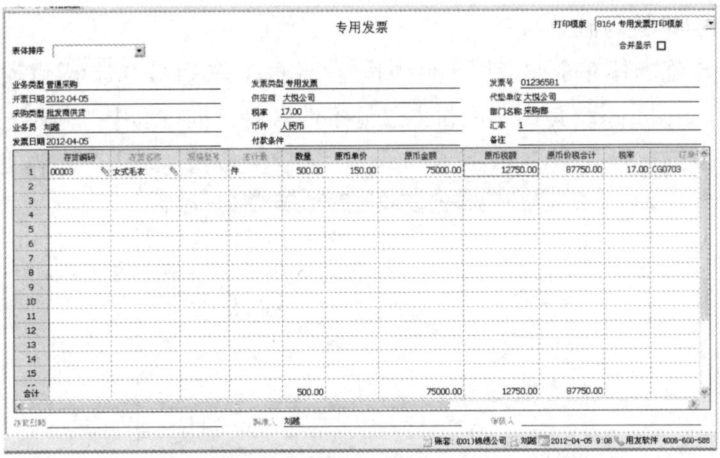

图 5-34 采购专用发票

④ 单击"现付"按钮，系统弹出"采购现付"窗口，选择"结算方式"为"电汇"，"原币金额"为合同总金额的 40% 即"35,100"，"票据号"为"12354561"，"项目大类编码"为"00 商品项目管理"、"项目编码"为"203 女式毛衣"、"订单号"为"CG0703"，如图 5-35 所示。单击"确定"按钮，返回"专用发票"窗口，其左上角显示"已现付"字样。

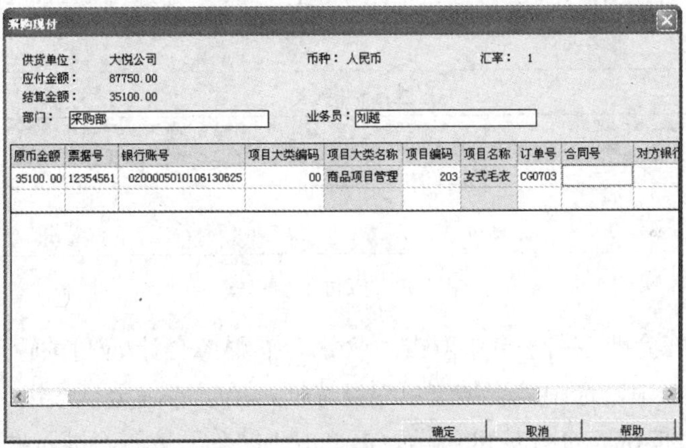

图 5-35 采购现付窗口

提示：

● 采购专用发票、普通发票、运费发票的区别：

a) 表头默认税率不同：专用发票的表头税率默认为 17%，普通采购发票的表头税率默认为 0，运费发票的表头税率默认为 7%，均可修改。

b) 扣税类别不同：专用发票的扣税类别是应税外加，普通发票和运费发票的扣税类别是应税内含，不可修改。

● "采购管理"的采购发票录入保存后，在"应付款管理"中对采购发票进行审核登记应付账，同时回填采购发票的审核人。

● 已审核记账的采购发票不能进行现付。已现付的采购发票记账后不能取消现付。

(3) 应付单据审核与制单

① 财务经理陈志伟在企业应用平台中执行“业务工作/财务会计/应付款管理/应付单据处理/应付单据审核”，系统弹出“应付单过滤条件”对话框，选中“包括已现结发票”和“未完全报销”复选框，如图 5-36 所示，单击“确定”按钮，进入“单据处理”窗口。

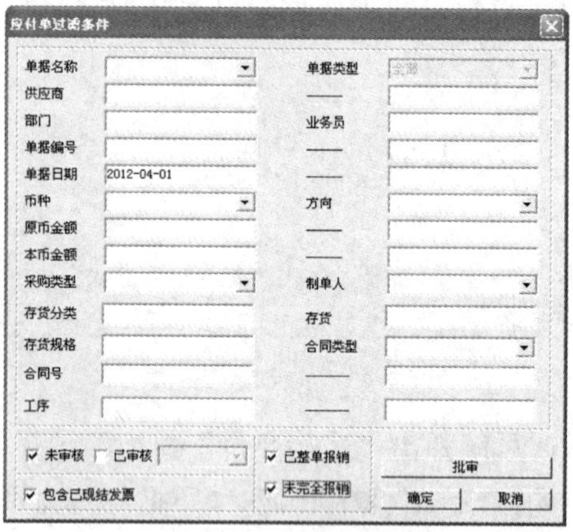

图 5-36　应付单据过滤窗口

② 选择单据日期为“2012-04-05”的记录行，单击“审核”按钮，系统提示“本次审核成功单据 1 张”，单击“确定”按钮，系统返回“单据处理”窗口，即审核完成，如图 5-37 所示。

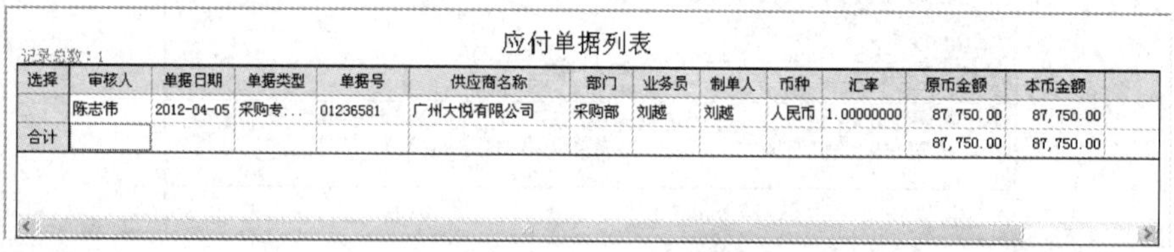

应付单据列表

记录总数：1

选择	审核人	单据日期	单据类型	单据号	供应商名称	部门	业务员	制单人	币种	汇率	原币金额	本币金额
	陈志伟	2012-04-05	采购专...	01236581	广州大悦有限公司	采购部	刘越	刘越	人民币	1.00000000	87,750.00	87,750.00
合计											87,750.00	87,750.00

图 5-37　应付单据审核

③ 会计陈宏在企业应用平台中双击“业务工作/财务会计/应付款管理/制单处理”，在“制单查询”对话框中，选中“现结制单”复选框，单击“确定”按钮，进入“制单”窗口，单击“全选”按钮，如图 5-38 所示。再单击“制单”按钮，进入“填制凭证”窗口。

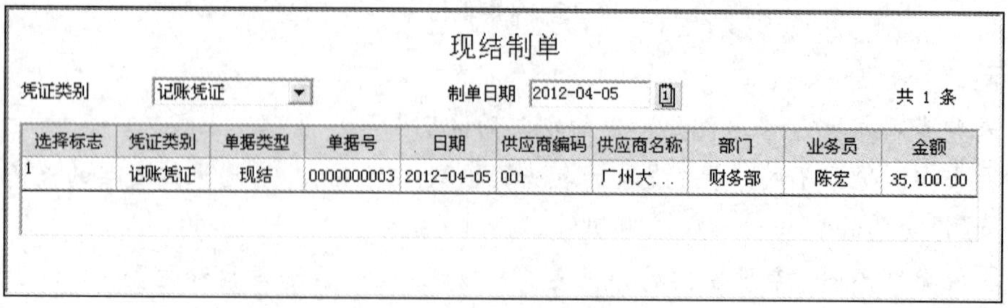

现结制单

凭证类别　记账凭证　　制单日期　2012-04-05　　共 1 条

选择标志	凭证类别	单据类型	单据号	日期	供应商编码	供应商名称	部门	业务员	金额
1	记账凭证	现结	0000000003	2012-04-05	001	广州大...	财务部	陈宏	35,100.00

图 5-38　制单窗口

④ 将借方会计科目“1405 库存商品”修改为“1402 在途物资”，其“项目”辅助项为“女式毛衣”，单击“保存”按钮，生成凭证，如图 5-39 所示。

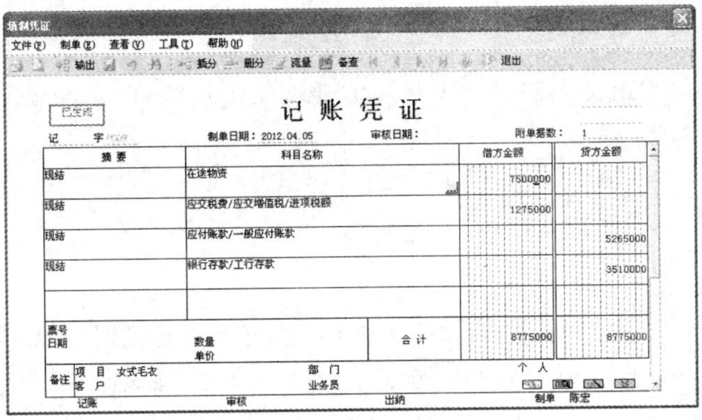

图 5-39　记账凭证

提示：

- 对采购发票制单时，系统先判断控制科目依据，根据单据上的控制科目依据取"控制科目设置"中对应的科目，然后判断采购科目依据，根据单据上的采购科目依据取"产品科目设置"中对应的科目。若没有设置，则取"基本科目设置"中设置的应付科目和采购科目，若无，则手工输入。
- 选择要进行制单的单据，在"选择标志"栏双击，系统会在双击的栏目给出一个序号，表明要将该单据制单。可以修改系统所给出的序号，例如系统给出的序号为 1，可以改为 2。相同序号的记录会制成一张凭证，即合并制单。
- 合并制单一次可以选择多个制单类型，但至少必须选择一个制单类型，其中发票制单、应付单制单、结算单制单、现结制单可以合并制单。票据处理为单独制单。转账处理、汇兑损益、并账制单可以合并制单。
- 多种制单类型合并制单时，各记录取科目原则，各分录的合并规则根据当前系统选项中设置进行相应处理。
- 合并分录以后若出现本币金额=0 的情况，则有这种分录的凭证无法保存。
- 月结时对那些已经打上隐藏标记、但还没有制单的记录不作为未制单记录处理，也不需要显示在未制单记录列表中。

实训八　招聘新员工

【任务八】

2012 年 4 月 5 日，招聘邱天(编号：011；性别：男)到销售部担任销售人员，本月为试用期，仅发基本工资 2,000 元，交通补助 100 元。银行代发工资账号为 11022033011。

【业务说明】

本笔业务是招聘员工入职业务。需要进行新增人员档案、新增在职人员和工资变动操作。

【岗位说明】

人力资源部经理王勇录入新增的人员档案和在职人员信息，进行新增员工的工资数据录入。

【操作指导】

(1) 在公共平台新增人员档案

① 2012 年 4 月 5 日，王勇在企业应用平台中执行"基础设置/基础档案/机构人员/人员档案"命令，打开"人员列表"窗口，单击"增加"按钮，系统打开"人员档案"对话框。

② 输入"人员编码"为"011"，"人员姓名"为"邱天"，"性别"为"男"，"人员类别"为"销售人员"，"行政部门"为"销售部"，"银行"为"中国工商银行"，"账号"为"11022033011"，选中"是否业务员"复选框，如图 5-40 所示，单击"保存"按钮，保存邱天的人员档案。

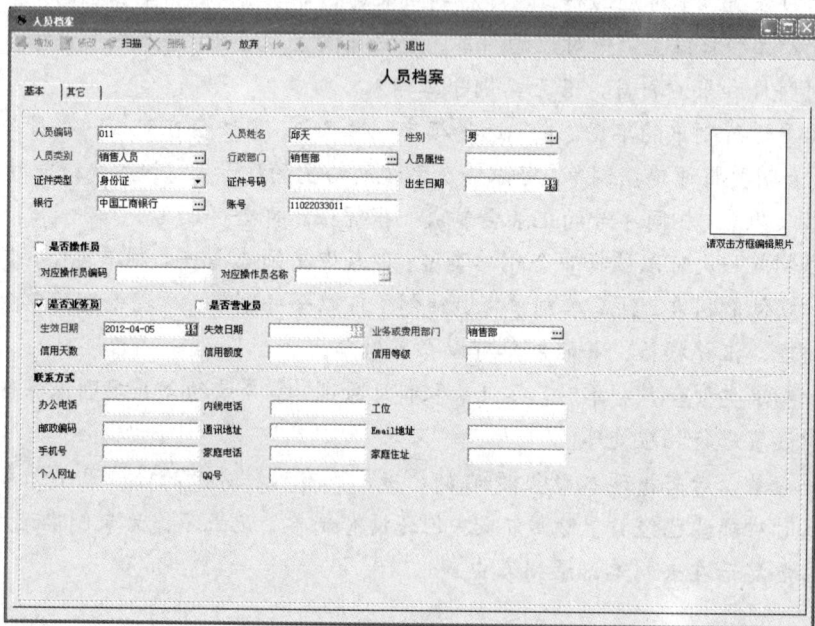

图 5-40　人员档案增加窗口

③ 系统自动打开一个新的人员档案录入界面，单击"退出"按钮，系统提示"是否保存对当前单据的编辑？"，单击"否"按钮返回"人员列表"窗口。单击"退出"按钮，完成本员工档案的录入工作。

(2) 新增在职人员

① 王勇在企业应用平台中执行"业务工作/人力资源/薪资管理/设置/人员档案"命令，打开"人员档案"窗口，单击"增加"按钮，打开"人员档案明细"对话框。单击"人员姓名"栏参照按钮，在打开的如图 5-41 所示的"人员选入"对话框中选择"邱天"后，单击"确定"按钮，返回"人员档案明细"对话框。

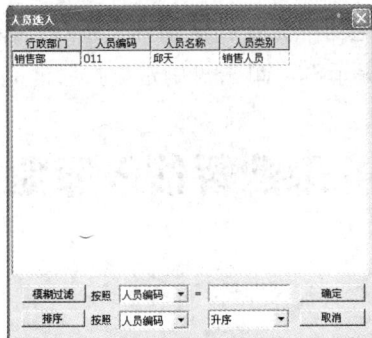

图 5-41　人员选入

② 单击"确定"按钮，完成该员工档案的设置工作，系统自动打开下一个人员档案录入界面，单击"取消"按钮，返回"人员档案"窗口，如图 5-42 所示。

图 5-42　人员档案录入

(3) 录入工资

① 王勇在企业应用平台中执行"业务工作/人力资源/薪资管理/工资类别/打开工资类别"命令，打开在职人员工资类别。再执行"业务工作/人力资源/薪资管理/设置/人员档案"命令，进入"人员档案"窗口，双击"邱天"所在行，进入"人员档案明细"窗口，单击"数据档案"按钮，进入"工资数据录入—页编辑"对话框，在邱天的基本档案中录入"基本工资"为"2,000"，"交通补助"为"100"，如图 5-43 所示。

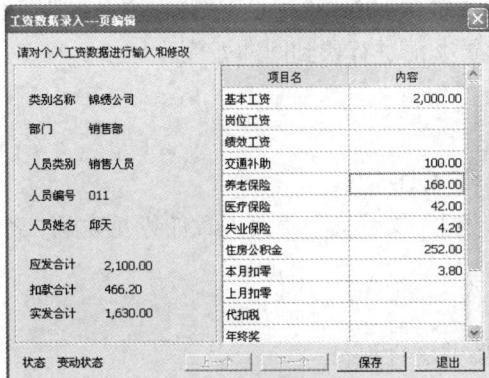

图 5-43　工资数据录入

② 单击"保存"按钮，返回"人员档案明细"窗口，单击"确定"按钮，系统弹出"写入该人员档案信息吗？"提示框，单击"确定"按钮即完成录入。

实训九　采购暂估入库业务处理

【任务九】

2012 年 4 月 5 日，收到上月 18 日购买大悦公司暂估入库的女式套装的专用发票，发票号为 02365749，发票标明女式套装 100 套，无税单价 750 元，价税合计 87,750 元。同日财务部门电汇全部价税款，电汇票号为 12256401。

【业务说明】

本笔业务是对暂估业务进行处理。需要进行采购专用发票的录入与现付、采购成本结算、应付单据审核与制单、票到回冲等操作。本业务的操作流程如图 5-44 所示。

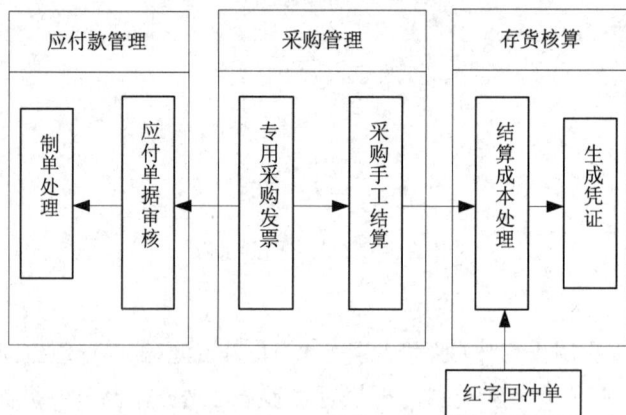

图 5-44　任务九操作流程图

【岗位说明】

采购员刘越录入采购发票、现付并进行手工结算；财务经理陈志伟负责应付单据审核，会计陈宏负责制单；库管员李丽进行票到回冲处理。

【实验数据准备】

(1) 系统时间为 2012 年 4 月 5 日。

(2) 引入光盘"实验数据"文件夹中"第五章任务九数据准备"的数据账套。

【操作指导】

(1) 填制采购专用发票并进行现付

① 2012 年 4 月 5 号，采购员刘越在企业应用平台中执行"业务工作/供应链/采购管理/

采购发票/专用采购发票"，打开"专用发票"窗口。

② 单击"增加"按钮，再单击"生单"下拉列表中的"入库单"命令，在弹出的"过滤条件选择-采购入库单列表过滤"窗口中，单击"过滤"按钮，打开"拷贝并执行"窗口，在此窗口的"发票拷贝入库单表头列表"中双击"2012-03-18"的入库单，"选择"栏即显示"Y"，如图 5-45 所示。单击"确定"按钮，系统将上月暂估入库的信息自动带入采购发票中。

图 5-45　参照入库单生成发票的"拷贝并执行"窗口

③ 在表头中修改"发票号"为"02365749"，"采购类型"为"批发商供货"，"发票日期"勾选为"2012-04-05"，"备注"为"支付上月女式套装货款"，如图 5-46 所示，单击"保存"按钮。

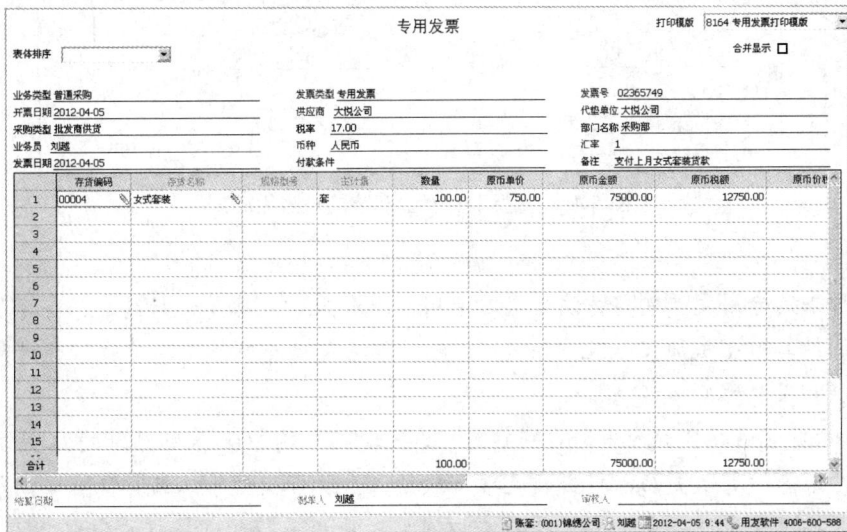

图 5-46　采购专用发票

④ 单击"现付"按钮，系统弹出"采购现付"窗口，参照生成"结算方式"为"电汇"，"原币金额"录入为"87,750"，"票据号"为"12256401"，"项目大类编码"为"00商品项目管理"，项目名称为"101 女式套装"，单击"确定"按钮，返回"专用发票"窗口，其左上角显示"已现付"字样。

(2) 应付单据的审核与制单

① 财务经理陈志伟在企业应用平台中双击"业务工作/财务会计/应付款管理/应付单据

处理/应付单据审核"，系统弹出"应付单过滤条件"窗口，选中"包括已现结发票"和"未完全报销"复选框，单击"确定"按钮，进入"单据处理"窗口。

② 双击"2012-04-05"发票所在行的选择栏或单击"全选"按钮，选择栏显示"Y"，再单击"审核"按钮，系统提示"本次审核成功单据 1 张"，单击"确定"按钮返回"单据处理"窗口，即审核完毕。

③ 会计陈宏在企业应用平台中执行"业务工作/财务会计/应付款管理/制单处理"命令，在系统弹出的"制单查询"窗口中，取消选择"发票制单"复选框，选中"现结制单"复选框，单击"确定"按钮，进入"制单"窗口。单击"全选"、"制单"按钮，进入"填制凭证"窗口。设置会计科目"库存商品"的"项目"辅助项为"女式套装"，单击"保存"按钮生成凭证，如图 5-47 所示。

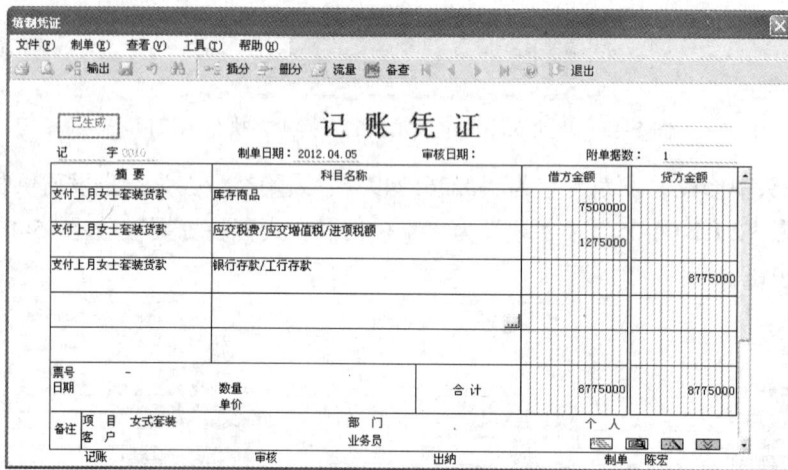

图 5-47 支付上月女士套装的记账凭证

提示：

第二种采购专用发票制单方法：采购专用发票和采购入库单进行结算，在存货管理模块中按采购结算单生成凭证。此方法与(2) 应付单据审核与制单中的步骤③会计陈宏制单并行，可以相互替代。

① 库管员李丽在企业应用平台中执行"业务工作/采购管理/采购结算/手工结算"命令，系统弹出"手工结算"页面，单击"选单"按钮，系统弹出"手工结算"窗口，单击"过滤"按钮，在"结算选发票列表"中双击该发票对应记录行的选择栏，出现"Y"即选中该行，单击"匹配"按钮，系统弹出"匹配成功 1 条数据"窗口，单击"确定"按钮，在"结算选入库单列表"中即选中对应的入库单，如图 5-48 所示。

② 单击"确定"按钮，返回手工结算页面。单击"结算"按钮，系统弹出"完成结算"窗口，单击"确定"按钮，即结算完毕。

③ 执行"业务工作/供应链/存货核算/日常业务/采购入库单"命令，打开"采购入库单"窗口，检查是否缺少价格数据。若缺少价格，则单击"修改"按钮，补充该货物的单价信息，单击"保存"按钮。

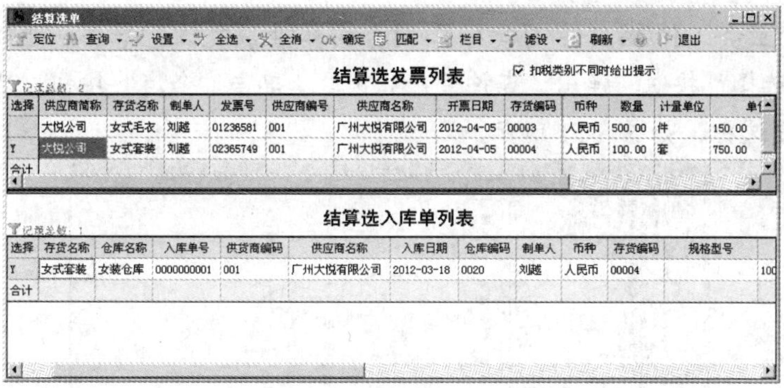

图 5-48　结算选发票，选入库列表

④ 若期初在"业务工作/供应链/存货核算/期初数据/期初余额"中已进行取数记账，则不再需要进行正常单据记账。若期初没有进行记账，则需要在"业务工作/供应链/存货核算/业务核算/正常单据记账"中选中该单据进行记账。

⑤ 执行"业务工作/供应链/存货核算/业务核算/结算成本处理"命令，系统弹出"暂估处理查询"对话框，选中"女装仓库"，如图 5-49 所示。

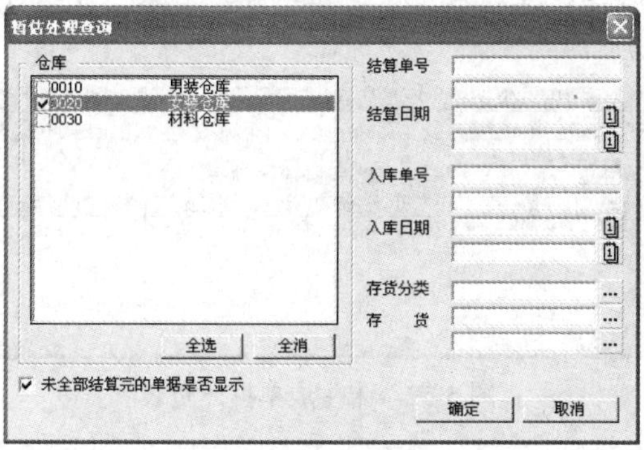

图 5-49　"暂估处理查询"对话框

⑥ 单击"确定"按钮，进入"结算成本处理"页面，在"结算成本处理"列表中选中该单据，选中"将运费分摊给结算时指定的入库单"和"未指定入库单的运费系统自动分摊给结存的入库单"，如图 5-50 所示。单击"暂估"按钮，系统弹出"暂估处理完成"窗口，单击"确定"按钮，结算成本处理完成。

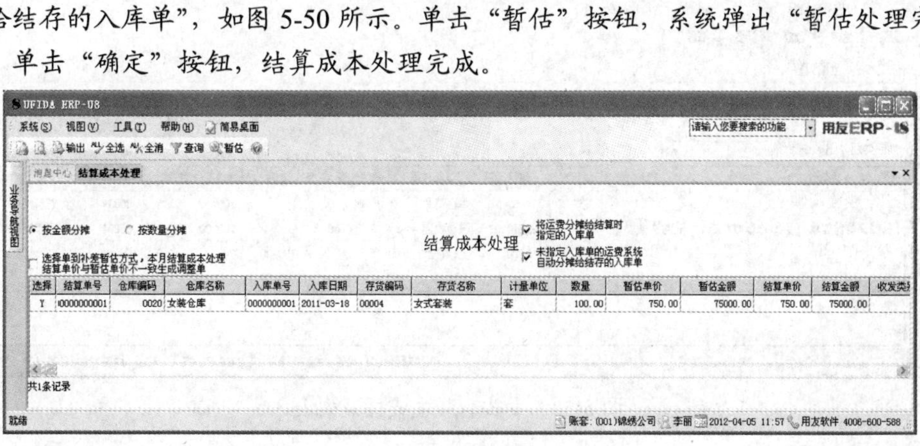

图 5-50　结算成本处理

⑦ 执行"业务工作/供应链/存货核算/财务核算/生成凭证"命令，进入"生成凭证"页面，单击"选择"按钮，弹出"查询条件"窗口，单击"全消"按钮，只选择"蓝字回冲单(报销)"复选框，如图 5-51 所示。

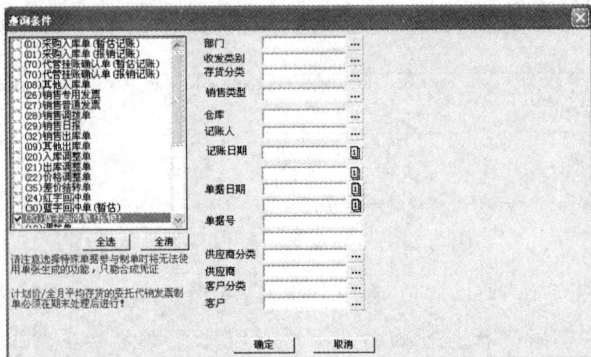

图 5-51　生成凭证查询条件

⑧ 单击"确定"按钮，进入"选择单据"页面，选中"已结算采购入库单自动选择全部结算单上单据"复选框，在"未生成凭证单据一览表"中选中蓝字回冲单，如图 5-52 所示。

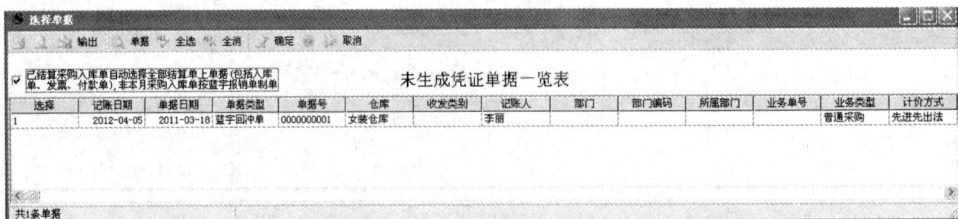

图 5-52　未生成单据一览表

⑨ 单击"确定"按钮，进入"生成凭证"界面，显示按采购结算单生成的凭证列表，如图 5-53 所示。

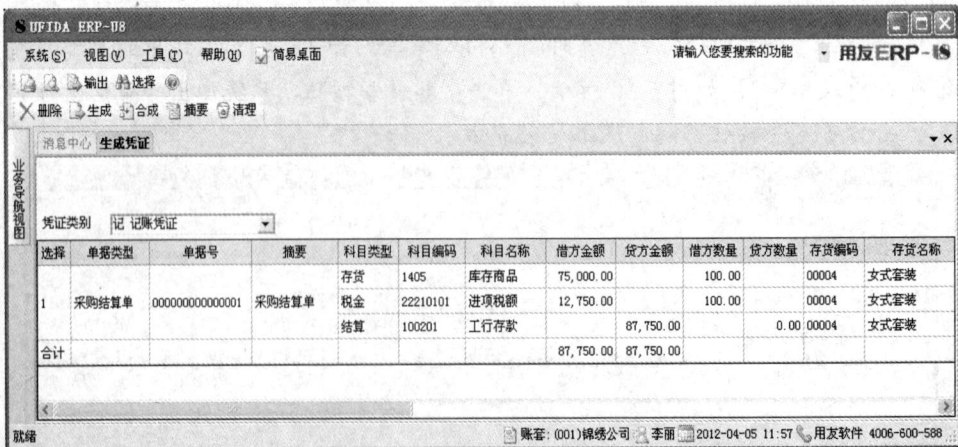

图 5-53　女式套装生成凭证列表

⑩ 单击"生成"按钮，即进入填制凭证界面，单击"库存商品"科目，将鼠标移至

"项目"辅助项，当鼠标呈现蓝色钢笔形状时即双击，系统会弹出库存商品的辅助项窗口，选择项目名称为"女式套装"。单击"确定"按钮，如图 5-54 所示。单击"保存"按钮生成凭证。

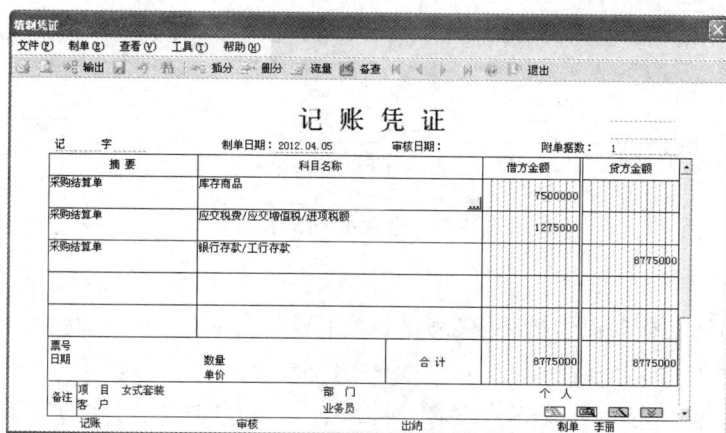

图 5-54　女式套装按结算单生成的记账凭证

(3) 采购手工结算

① 库管员李丽在企业应用平台中执行"业务工作/供应链/采购管理/采购结算/手工结算"命令，打开"手工结算"窗口。

② 单击"选单"按钮，系统打开"结算选单"窗口，单击"过滤"命令，在系统弹出的"过滤条件选择-采购手工结算"窗口中单击"过滤"按钮，系统返回"结算选单"窗口并带出符合条件的采购发票和入库单。

③ 双击选择"女式套装"的采购发票，单击"匹配"按钮，系统会弹出"匹配成功[1]条数据"窗口，单击"确定"按钮，在"结算选入库单列表"中与发票对应的入库单自动被选中，如图 5-55 所示。

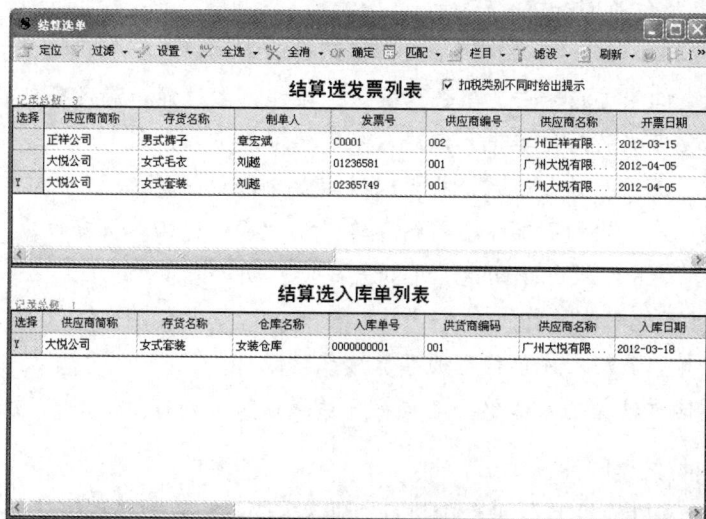

图 5-55　采购结算选单窗口

④ 单击"确定"按钮,返回"手工结算"窗口,如图 5-56 所示。单击"结算"按钮,完成本笔业务的采购成本结算。

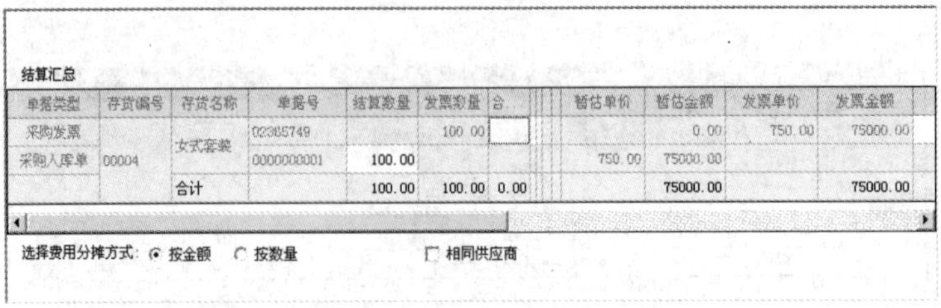

单据类型	存货编号	存货名称	单据号	结算数量	发票数量	合		暂估单价	暂估金额	发票单价	发票金额
采购发票		女式套装	0230S749		100.00				0.00	750.00	75000.00
采购入库单	00004		0000000001	100.00				750.00	75000.00		
		合计		100.00	100.00	0.00			75000.00		75000.00

选择费用分摊方式: ⊙ 按金额 ○ 按数量　　　□ 相同供应商

图 5-56　采购手工结算窗口

提示:

- 采购如果没有期初记账,则不能进行采购结算。只有期初记账后的业务,才能进行采购结算。
- 采购结算时,如果入库单未在存货核算记账,则结算后,入库单上的单价都被自动修改为发票上的存货单价,即发票金额作为入库单的实际成本。如果结算时入库单已经在存货核算记账,则结算后,入库单中原来记账的单价作为暂估单价,发票单价作为结算单价。
- 采购结算时,以下几种情况的单据都可以进行结算:
  a) 蓝字入库单与蓝字发票结算。
  b) 蓝字入库单与红字入库单结算。
  c) 蓝字发票与红字发票结算。
  d) 运费发票与入库单结算,也可直接与存货结算。
  e) 参照入库单生成发票时可以进行结算。
- 如果需要修改或删除入库单、采购发票等,则必须先取消采购结算,即删除采购结算单,其操作步骤如下:
  a) 进入结算单列表或结算明细表,显示过滤窗口。
  b) 输入查询的过滤条件,单击"确认"按钮,系统显示满足条件的结算单列表。
  c) 双击要删除的结算单记录,进入采购结算表窗口。
  d) 单击"删除"按钮,系统提示"确实要删除该张单据吗?"
  e) 单击"是"按钮则删除当前结算单,按"否"返回单据窗口。
  f) 单击"退出"按钮返回结算单列表或结算明细表窗口。
- 以下情况不能取消结算:
  a) 已结算的采购入库单行已被存货核算记账。
  b) 先暂估再结算的入库单,已在存货核算作暂估处理。

(4) 票到回冲(红票回冲)

① 库管员李丽在企业应用平台中执行"业务工作/供应链/存货核算/业务核算/结算成本处理"命令,在弹出的"暂估处理查询"窗口中,仅选中"女装仓库",单击"确定"

按钮，进入"结算成本处理"窗口。单击"女式套装"所在行并选中该行，如图 5-57 所示。单击"暂估"按钮，在弹出的信息提示框中单击"确定"按钮，完成结算成本处理。

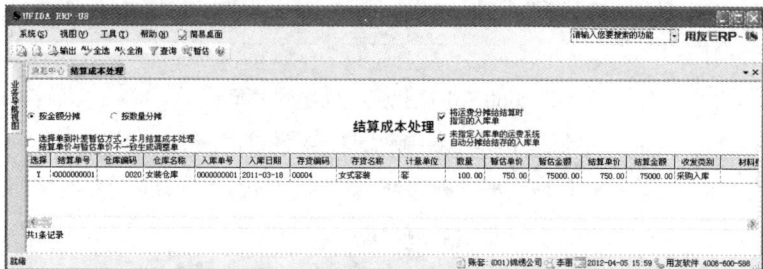

图 5-57 结算成本处理

② 库管员李丽在企业应用平台中执行"业务工作/供应链/存货核算/财务核算/生成凭证"命令，进入"生成凭证"窗口。单击"选择"按钮，在打开的"查询条件"窗口中，单击"全消"按钮，仅选择"(24)红字回冲单"复选框，如图 5-58 所示。单击"确定"按钮，进入"选择单据"窗口。

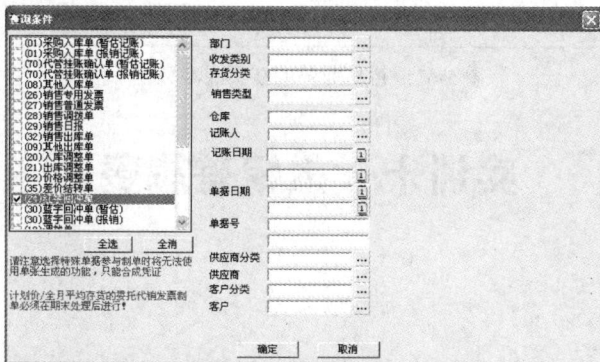

图 5-58 查询条件窗口

③ 在"未生成凭证单据一览表"中选中红字回冲单，并勾选"已结算采购入库单自动选择全部结算单上单据"复选框，如图 5-59 所示。

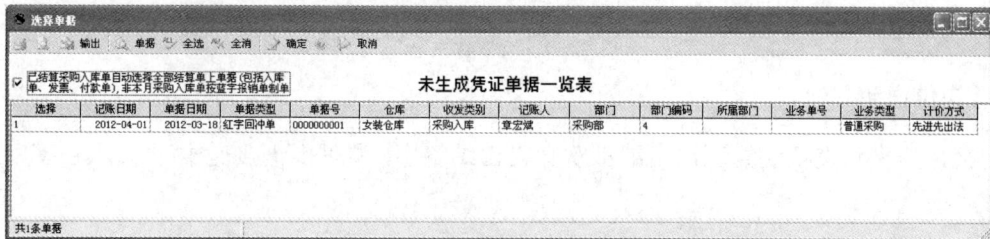

图 5-59 选择单据—红字回冲单

④ 单击"确定"按钮，返回"生成凭证"窗口，如图 5-60 所示。

⑤ 单击"生成"按钮，进入"填制凭证"窗口，设置会计科目"库存商品"的"辅助项"为"女式套装"，单击"保存"按钮，生成凭证，如图 5-61 所示。

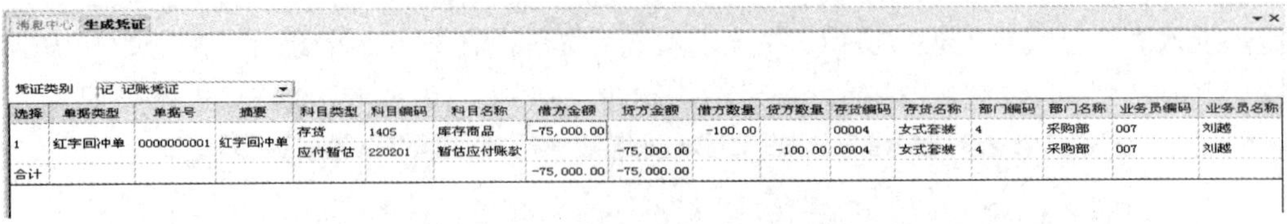

图 5-60　生成凭证—红字回冲单

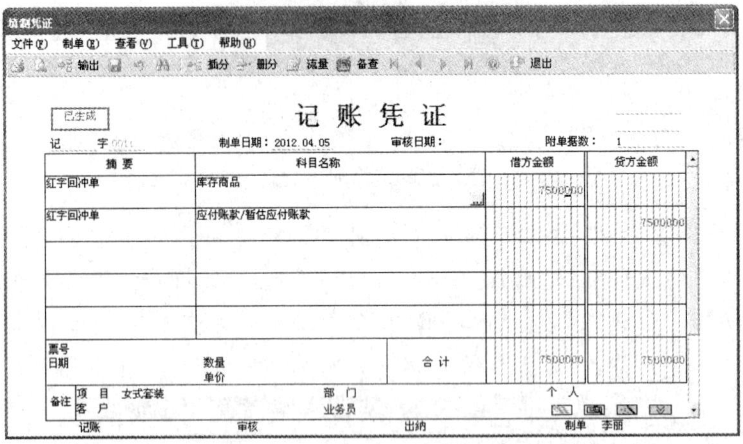

图 5-61　暂估业务的红票回冲凭证

实训十　报销差旅费

【任务十】

2012 年 4 月 5 日，销售部李飞报销差旅费 2,000 元，现金付讫。

【业务说明】

本笔业务是处理差旅报销业务。需要完成记账凭证的填制、出纳签字、主管签字和审核操作。

【岗位说明】

会计陈宏负责填制凭证，出纳王欢负责出纳签字，财务经理陈志伟负责主管签字和审核。

【操作指导】

(1) 填制凭证

① 2012 年 4 月 5 日，会计陈宏在企业应用平台中执行"业务工作/财务会计/总账/凭证/填制凭证"命令，进入"填制凭证"窗口，单击"增加"按钮或者按 F5 键。"摘要"栏输入为"报销差旅费"，按 Enter 键或单击"科目名称"栏，在科目名称栏中输入"660107"

或单击参照按钮选择"660107(销售费用/差旅费)"科目，按 Enter 键或单击"借方金额"栏，"借方金额"栏输入"2,000"。

② 按下 Enter 键，系统自动带出第二行摘要内容，单击"科目名称"栏，在科目名称栏输入"1001"或单击参照按钮选择"1001 库存现金"科目。单击"贷方金额"栏，"贷方金额"输入"2,000"或直接单击"="键，如图 5-62 所示。单击"保存"按钮，生成凭证。

图 5-62　凭证填制

(2) 出纳签字

① 出纳王欢在企业应用平台中执行"业务工作/财务会计/总账/凭证/出纳签字"命令，进入"出纳签字"过滤条件窗口。单击"确定"按钮，显示"出纳签字"凭证列表窗口。单击"确定"按钮，进入"出纳签字"窗口，双击选择此笔业务凭证所在行，进入该凭证主管出纳签字窗口，单击"签字"按钮，即在凭证下方出纳处显示王欢的名字，表示出纳签字完成。

② 单击"退出"按钮。

(3) 主管签字

① 财务经理陈志伟在企业应用平台中执行"业务工作/财务会计/总账/凭证/主管签字"命令，进入"主管签字"过滤条件窗口。单击"确定"按钮，显示"主管签字"凭证列表窗口。单击"确定"按钮，进入"主管签字"窗口，双击选择此笔业务凭证所在行，进入该凭证主管签字窗口，单击"签字"按钮，即在凭证右上方处显示陈志伟红字印章，表示主管签字完成。

② 单击"退出"按钮。

(4) 审核凭证

① 财务经理陈志伟在企业应用平台中执行"业务工作/财务会计/总账/凭证/审核凭证"命令，进入"凭证审核"过滤条件窗口。双击选择此笔业务凭证所在行，进入该凭证审核窗口，单击"确定"按钮，显示"凭证审核"列表窗口。单击"确定"按钮，进入"审核凭证"窗口，单击"审核"按钮即完成审核。

② 单击"退出"按钮。

(5) 查询凭证

① 执行"业务工作/财务会计/总账/凭证/查询凭证"命令,打开"凭证查询"过滤条件对话框。选择"凭证类别"为"记 记账凭证","月份"为"2012.04",如图 5-63 所示。

② 单击"确定"按钮,进入"查询凭证"结果列表窗口,进行凭证查询。单击"退出"按钮。

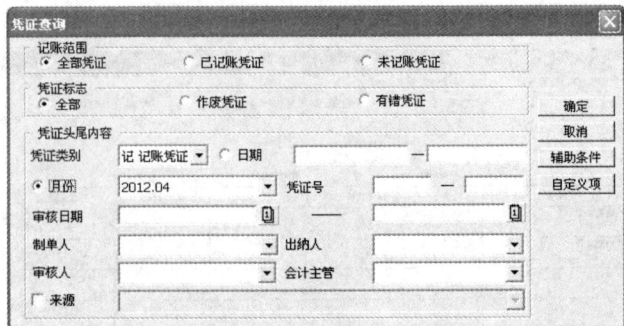

图 5-63　凭证查询条件选择

(6) 输出凭证

① 执行"业务工作/财务会计/总账/凭证/查询凭证"命令,打开"凭证查询"过滤条件对话框。选择凭证类别"记 记账凭证",月份"2012.04",输入相应凭证号。

② 单击"确定"按钮,进入"查询凭证"窗口,显示相应号码凭证,单击"确定"按钮,进入该凭证界面。单击"输出"按钮,弹出"凭证打印"对话框,取消"打印查询结果"选项,选中"当前凭证",输入相应的凭证号(若不输入凭证号,则将输出全部记账凭证),如图 5-64 所示。

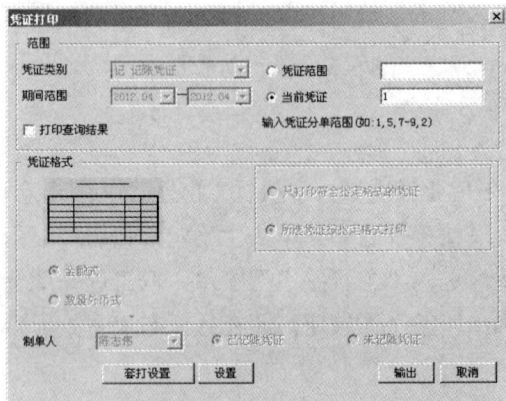

图 5-64　凭证输出

③ 单击"输出"按钮,弹出"另存为"对话框,选择凭证输出的路径,输入文件名为相应凭证号,选择所需保存类型如".xls",如图 5-65 所示。

④ 单击"保存"按钮,弹出"工作单名"对话框,输入相应凭证号,单击"确定"按钮,弹出提示"输出到文件顺利完成",单击"确定"按钮。即可生成该凭证的 Excel 格式文件。

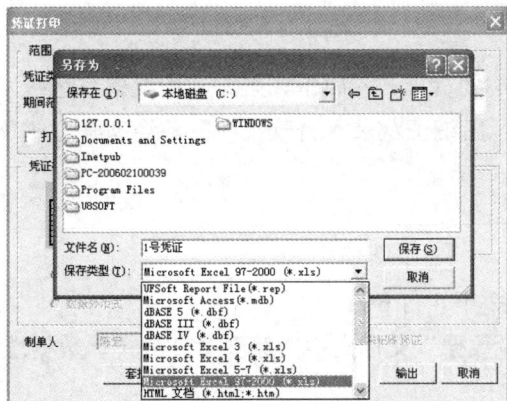

图 5-65　凭证输出

实训十一　采购到货付款业务

【任务十一】

2012 年 4 月 6 日，由编号为 CG0701 的采购合同订购的女式套装全部到货，验收合格后入女装仓库。收到对方的增值税发票(票号：01236587)和运费发票(票号：01587765)。以电汇方式支付采购合同 CG0701 的全部货款 163,800 元及运费 1,000 元。电汇票号为 12345601。

【业务说明】

本笔业务是采购到货、入库、收到采购发票和运费发票、支付货款和运费的业务。需要进行采购到货单、入库单的录入与审核，采购专用发票和运费发票的录入，付款单的录入与审核，对应付单据和付款单进行审核并制单。注意：本笔业务的采购结算将于月末集中处理。本业务的操作流程如图 5-66 所示。

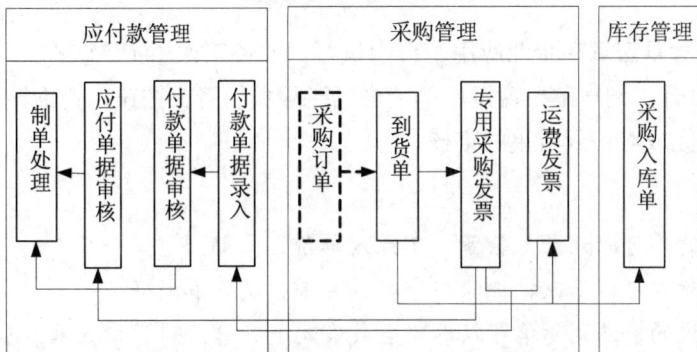

图 5-66　任务十一操作流程图

【岗位说明】

采购员刘越录入采购到货单、入库单、采购专用发票与运费发票；账套主管章宏斌审核采购到货单、入库单；出纳王欢录入付款单；财务经理陈志伟负责审核应付单据和付款单，会计陈宏负责制单。

【实验数据准备】

(1) 系统时间为 2012 年 4 月 6 日。

(2) 引入光盘"实验数据"文件夹中"第五章任务十一数据准备"的数据账套。

【操作指导】

(1) 填制并审核到货单

① 2012 年 4 月 6 日，采购员刘越在企业应用平台中双击"业务工作/供应链/采购管理/采购到货/到货单"，打开"到货单"窗口。

② 单击"增加"按钮，单击"生单"下拉列表中的"采购订单"命令，弹出"过滤条件选择-采购订单列表过滤"对话框，单击"过滤"按钮，打开"拷贝并执行"窗口，在"到货单拷贝订单表头列表"中双击订单号为"CG0701"所在行的"选择"栏，选中该采购订单，如图 5-67 所示。单击"确定"按钮，相关信息自动带入到货单，单击"保存"按钮。

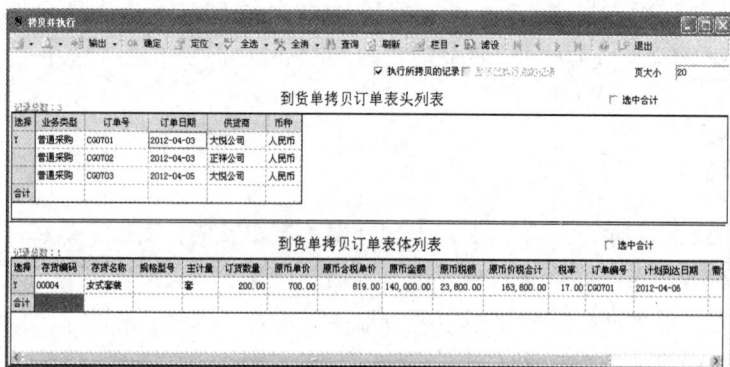

图 5-67 到货单拷贝列表

③ 账套主管章宏斌在企业应用平台中执行"业务工作/供应链/采购管理/采购到货/到货单"命令，打开"到货单"窗口，单击格式栏翻页的箭头按钮，查询该笔到货单，单击"审核"按钮，完成对该到货单的审核。

提示：
● 采购到货单可以只录入数量，不录入单价、金额。
● 采购到货单可以修改、删除、审核、弃审、关闭和打开。
● 审核通过的采购到货单可以参照生成采购退货单、到货拒收单，参照生成入库单。

(2) 填制并审核采购入库单

① 库管员李丽在企业应用平台中执行"业务工作/供应链/库存管理/入库业务/采购入

库单"命令，打开"采购入库单"窗口。

②　单击"生单"下拉列表中的"采购到货单(蓝字)"命令，在弹出的"过滤条件选择-采购到货单列表"对话框中单击"过滤"按钮，打开"到货单生单列表"窗口，选择相应的到货单，如图 5-68 所示，单击"确定"按钮，返回"采购入库单"窗口，相关信息自动带入采购入库单。在表头中选择"入库类别"为"采购入库"，"仓库"为"女装仓库"，单击"保存"按钮。

③　账套主管章宏斌在企业应用平台中执行"业务工作/供应链/库存管理/入库业务/采购入库单"命令，打开"采购入库单"窗口，找到该笔业务的采购入库单，单击"审核"按钮，完成审核。

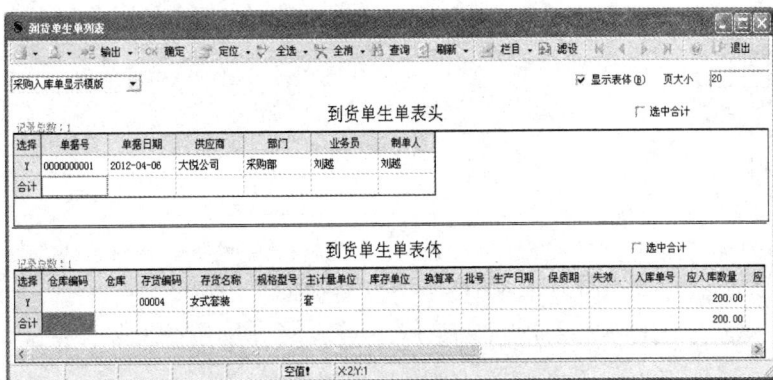

图 5-68　到货单列表

(3) 录入采购专用发票和运费发票

①　采购员刘越在企业应用平台中执行"业务工作/供应链/采购管理/采购发票/专用采购发票"命令，打开"专用发票"窗口。

②　单击"增加"按钮，再单击"生单"下拉列表中的"入库单"命令，在弹出的"过滤条件选择-采购入库单列表过滤"对话框中，单击"过滤"按钮，系统打开"拷贝并执行"窗口，在"发票拷贝入库单表头列表"中，双击相应入库单的"选择"栏，选中该采购入库单，如图 5-69 所示。

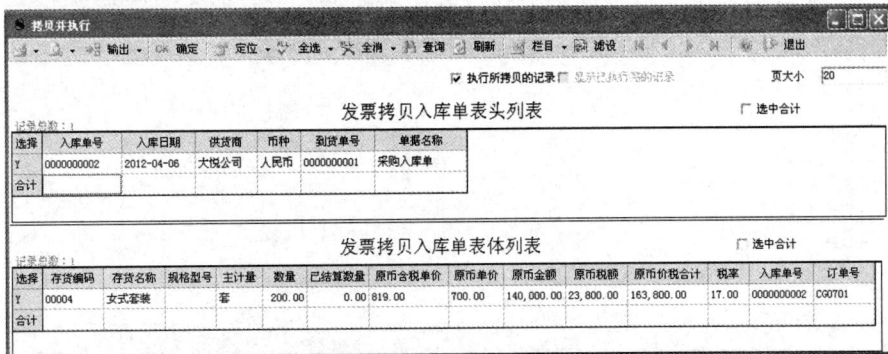

图 5-69　入库单列表

③ 单击"确定"按钮，系统将采购入库单的信息自动带入采购发票，在表头中修改"发票号"为"01236587"，"发票日期"为"2012-04-06"，单击"保存"按钮，如图 5-70 所示。

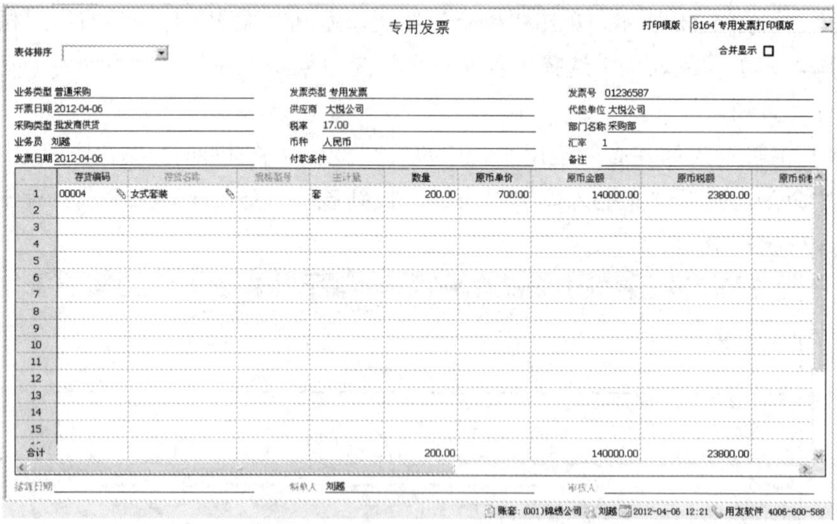

图 5-70 合同 CG0701 女式套装专用发票

④ 执行"业务工作/供应链/采购管理/采购发票/运费发票"命令，打开"运费发票"窗口。单击"增加"按钮，在表头中修改"发票号"为"01587765"、选择"供应商"为"大悦公司"、"采购类型"为"批发商供货"，"部门"为"采购部"、"业务员"为"刘越"，"发票日期"为"2012-04-06"，在表体中，选择"存货编码"为"00005"(运输费)，输入"原币金额"为"1,000"，其他信息自动带出，如图 5-71 所示。单击"保存"按钮，完成该运费发票的录入。

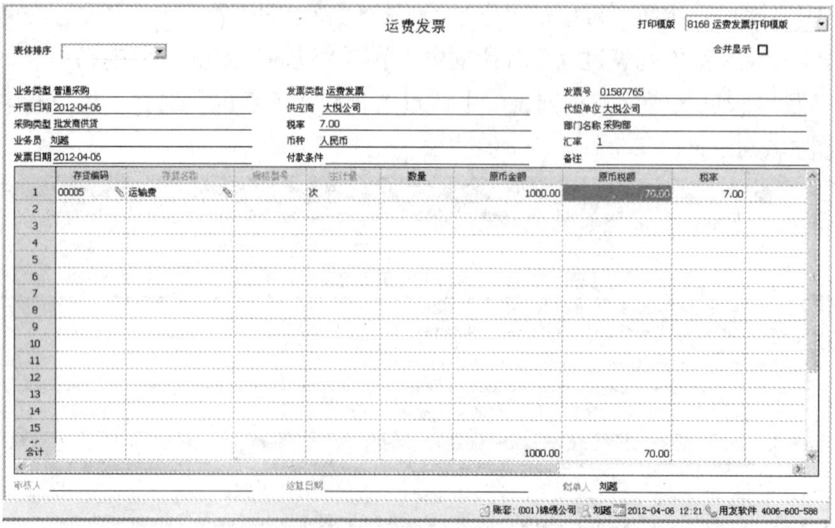

图 5-71 运费发票窗口

(4) 填制付款单

① 出纳王欢在企业应用平台中执行"业务工作/财务会计/应付款管理/付款单据处理/付款单据录入"命令，打开"付款单"窗口。

② 单击"增加"按钮，选择"供应商"为"大悦公司"、"结算方式"为"电汇"、"金额"为"164,800"、"票据号"为"12345601"、"部门"为"财务部"、"业务员"为"王欢"、"摘要"为"支付货款及运费"。单击表体第一行单元格，系统将自动带出相关信息，单击"保存"按钮，如图5-72所示。

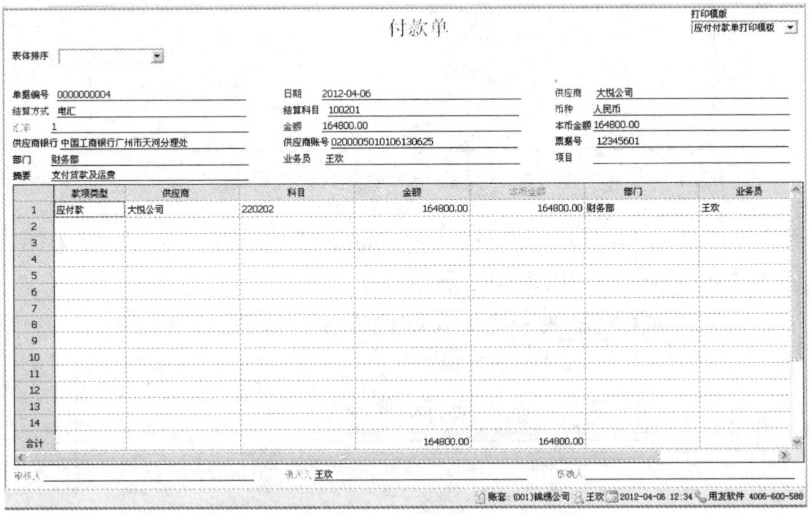

图 5-72　付款单录入

(5) 应付单据审核与制单

① 财务经理陈志伟在企业应用平台中执行"业务工作/财务会计/应付款管理/应付单据处理/应付单据审核"命令，系统将弹出 "应付单过滤条件"对话框，选中"未完全报销"复选框，单击"确定"按钮，进入"单据处理"窗口，在"应付单据列表"中显示有大悦公司的采购专用发票和运费发票；单击"全选"、"审核"按钮，系统提示"本次审核成功单据2张"，单击"确定"按钮，即审核完毕。

② 会计陈宏在企业应用平台中执行"业务工作/财务会计/应付款管理/制单处理"命令，弹出"制单查询"窗口，默认为"发票制单"，单击"确定"按钮，进入"制单"窗口。单击"全选"按钮(此时由"选择标志"栏可知，系统将生成2张凭证)，再单击"制单"按钮，进入"填制凭证"窗口，如图5-73所示。

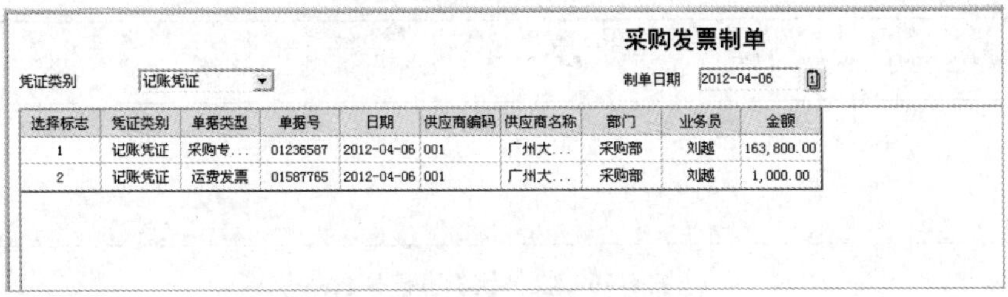

图 5-73　采购发票制单选择窗口

③ 填制采购发票的会计科目"库存商品"的"辅助项"项目名称为"女式套装"，单击"保存"按钮生成凭证，如图 5-74 所示。

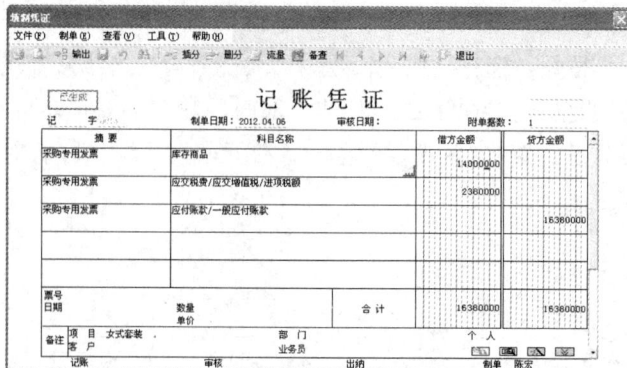

图 5-74　采购专用发票的记账凭证

④ 单击"下张凭证"按钮，并填制库存商品的"辅助项"项目名称为"女式套装"，单击"保存"按钮生成凭证，如图 5-75 所示。

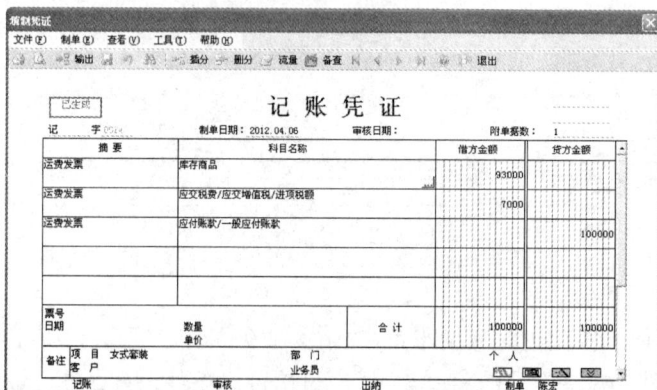

图 5-75　运费发票的记账凭证

(6) 付款单据审核与制单

① 财务经理陈志伟在企业应用平台中执行"业务工作/财务会计/应付款管理/付款单据处理/付款单据审核"命令，打开"付款单过滤条件"窗口，单击"确定"按钮，打开"收付款单列表"窗口，单击"全选"、"审核"按钮，系统弹出提示框信息，若审核成功，单击"确定"按钮返回"收付款单列表"窗口，即审核完毕，如图 5-76 所示。

						收付款单列表						
记录总数：1												
选择	审核人	单据日期	单据类型	单据编号	供应商	部门	业务员	结算方式	票据号	币种	汇率	原币金额	本币金额	备注
	陈志伟	2012-04-06	付款单	0000000004	广州大悦有限公司	采购部	刘越	电汇	12345601	人民币	1.00000000	164,800.00	164,800.00	支付货款及运费
合计						采购部						164,800.00	164,800.00	

图 5-76　收付款单审核列表

②　会计陈宏在企业应用平台中执行"业务工作/财务会计/应付款管理/制单处理"命令，在系统弹出的"制单查询"窗口中，取消选中"发票制单"复选框，选中"收付款单制单"复选框，单击"确定"按钮，进入"制单"窗口，单击"全选"按钮(此时由"选择标志"栏可知，系统将生成 1 张凭证)，再单击"制单"按钮，进入"填制凭证"窗口，单击"保存"按钮生成凭证，如图 5-77 所示。

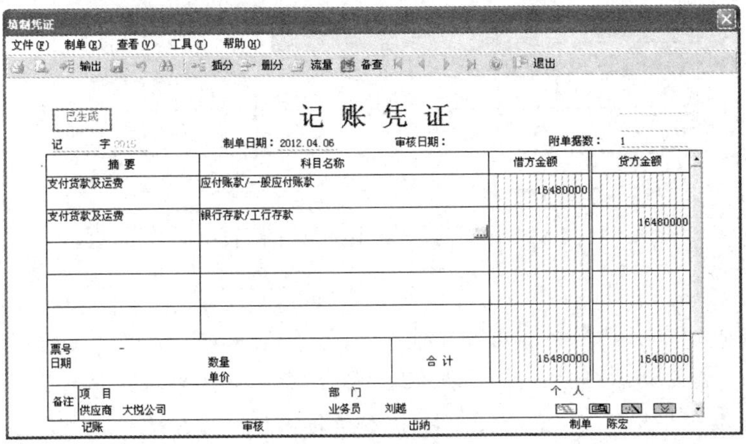

图 5-77　付款记账凭证

现付方法制单提示：

如果使用现付方式付款，在采购专用发票和运费发票窗口单击"现付"按钮，输入结算方式和票号、金额等信息，完成现付处理。然后在"应付款管理/应付单据处理/应付单据审核"中进行审核时选中"包含已现结发票"和"未完全报销"，单击"确定"按钮，进入单据处理界面进行审核。审核完成后，在"应付款管理/制单处理"中制单时选中"发票制单"和"现结制单"，单击"确定"按钮进入制单界面进行制单，分别对本笔业务的货款和运费进行制单，凭证如图 5-78 和图 5-79 所示。

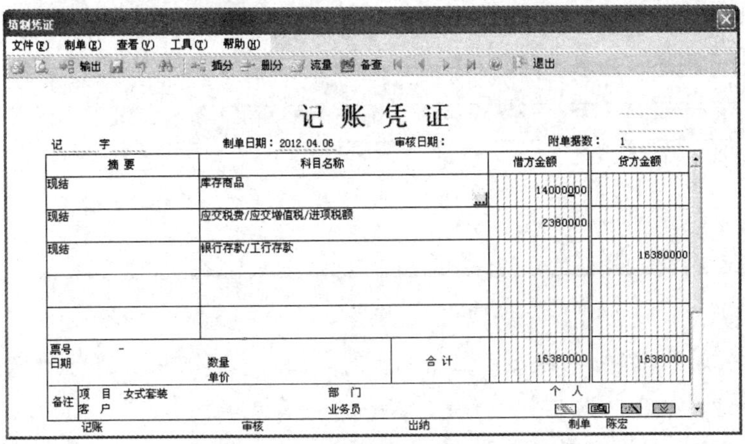

图 5-78　现结采购专用发票记账凭证

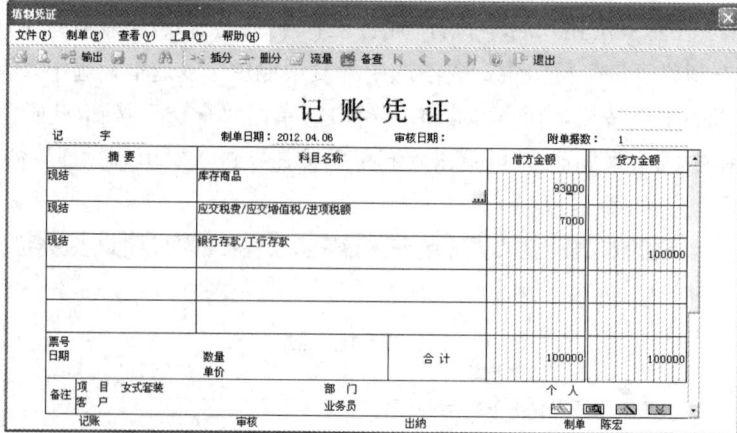

图 5-79　现结运费发票记账凭证

提示：

上述(5)为采购专用发票制单的第一种方法，第二种采购专用发票制单方法为：采购专用发票和采购入库单进行结算，运费发票与采购入库单进行费用折扣结算，在存货管理模块中按采购结算单生成凭证。此方法与(5)应付单据审核与制单中步骤②、③、④会计陈宏制单并行，可以相互替代。操作如下：

(1) 库管员李丽在企业应用平台中执行"业务工作/采购管理/采购结算/手工结算"命令，系统弹出"手工结算"页面，单击"选单"按钮，系统弹出"手工结算"窗口，单击"过滤"按钮，双击"结算选发票列表"中的"选择"框，出现"Y"即选中该行，单击"匹配"按钮，系统弹出"匹配成功1条数据"窗口，单击"确定"按钮，如图5-80所示。

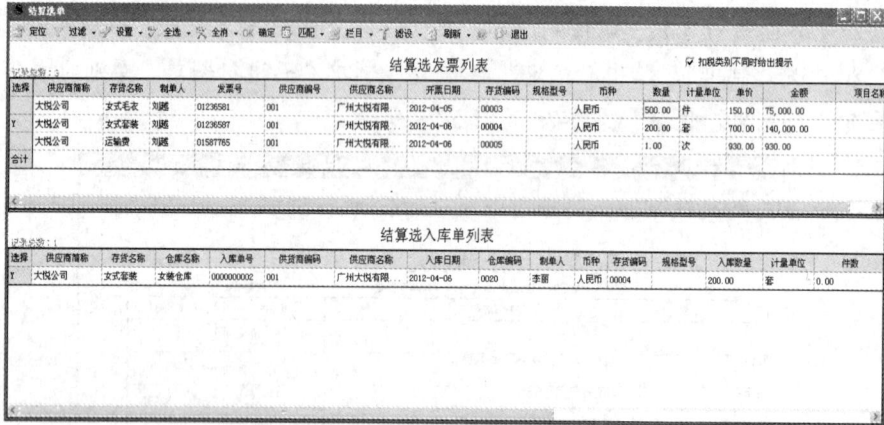

图 5-80　结算选单列表

(2) 单击"确定"按钮，返回手工结算页面，如图5-81所示，单击"结算"按钮，系统弹出"完成结算"窗口，单击"确定"按钮，结算完毕。

(3) 执行"业务工作/采购管理/采购结算/费用折扣结算"命令，进入"费用折扣结算"界面，单击"过滤"按钮，系统弹出"条件输入"窗口，单击"确定"按钮；再单击"入库"按钮，进入"入库单选择"界面，单击选中对应的入库单，如图5-82所示。

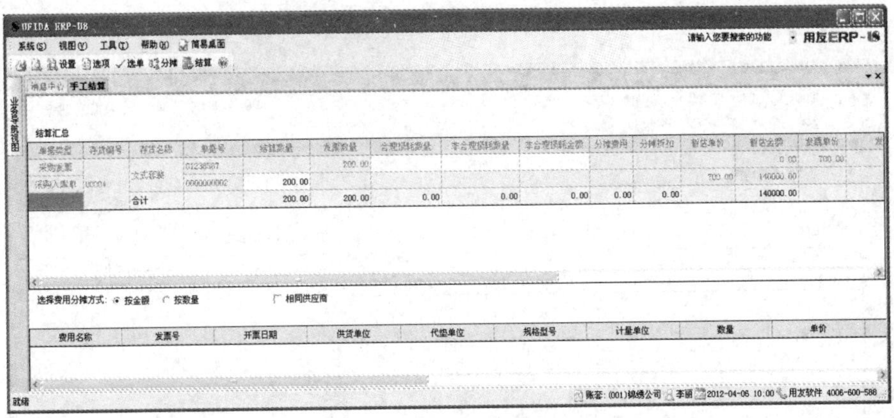

图 5-81　女式套装手工结算列表

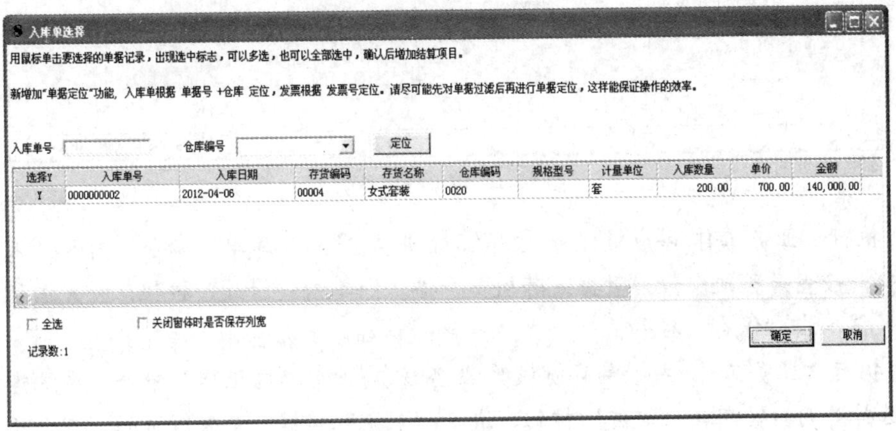

图 5-82　入库单选择列表

(4) 单击"确定"按钮，返回"费用折扣结算"界面，单击"发票"按钮，进入"发票选择"界面，单击选中对应的运费发票，如图 5-83 所示。

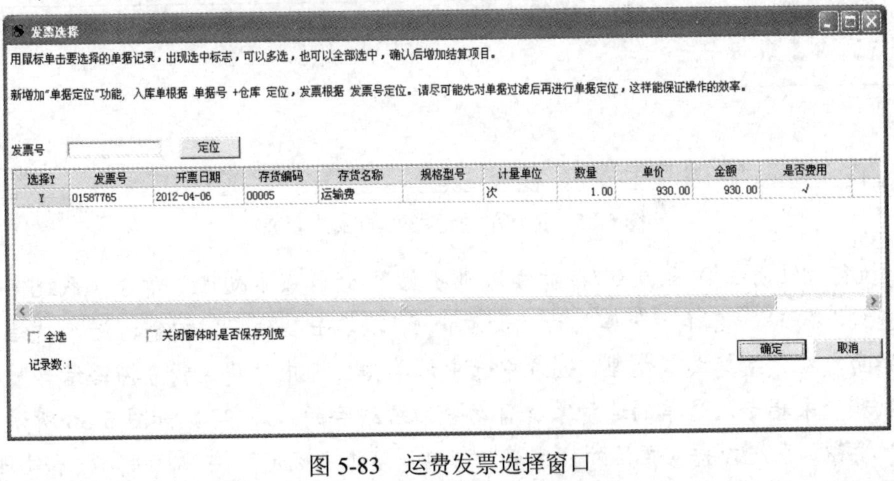

图 5-83　运费发票选择窗口

(5) 单击"确定"按钮，返回"费用折扣结算"界面，单击"分摊"按钮，如图 5-84 所示。单击"结算"按钮，系统弹出"结算成功"窗口，单击"确定"按钮，即费用折扣结算完毕。

图 5-84 费用折扣结算

(6) 执行"业务工作/供应链/存货核算/日常业务/采购入库单"命令，打开"采购入库单"窗口，检查是否缺少价格数据。若缺少价格，则单击"修改"按钮，补充该货物的单价信息，再单击"保存"按钮。

(7) 执行"业务工作/供应链/存货核算/业务核算/正常单据记账"命令，系统弹出"过滤条件选择"窗口，单击"过滤"按钮，进入"未记账单据一览表"页面，在"正常单据记账列表"中选中该单据，如图 5-85 所示。单击"记账"按钮，系统弹出"记账成功"窗口，单击"确定"按钮，记账完毕。

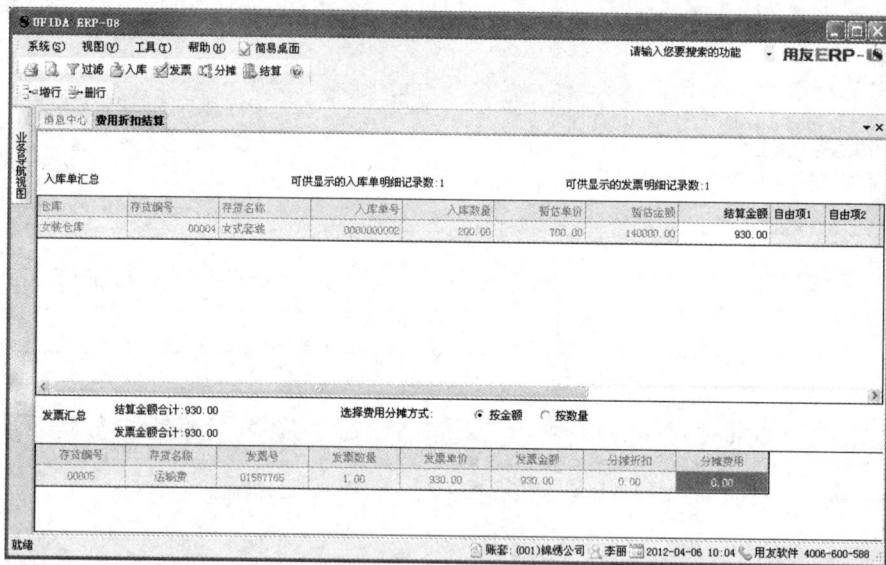

图 5-85 正常单据记账列表(女式套装)

(8) 执行"业务工作/供应链/存货核算/业务核算/结算成本处理"命令，系统弹出"暂估处理查询"窗口，选择"仓库"为"女装仓库"，单击"确定"按钮，进入"结算成本处理"界面，在"结算成本处理"列表中选中该单据，选中"将运费分摊给结算时指定的入库单"和"未指定入库单的运费系统自动分摊给结存的入库单"，如图 5-86 所示。单击"暂估"按钮，系统弹出"暂估处理完成"窗口，单击"确定"按钮，结算成本处理完成。

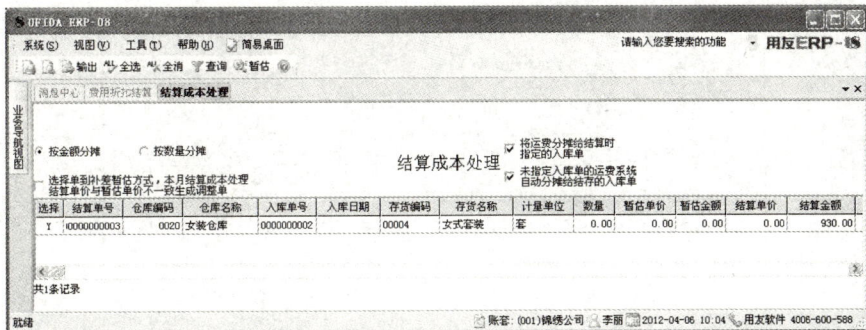

图 5-86　暂估入库结算成本处理窗口

(9) 执行"业务工作/供应链/存货核算/财务核算/生成凭证"命令，进入"生成凭证"页面，单击"选择"按钮，弹出"查询条件"对话框，单击"确定"按钮，进入"选择单据"界面，选中"已结算采购入库单自动选择全部结算单上单据"，在"未生成凭证单据一览表"中选中该采购入库单，如图 5-87 所示。

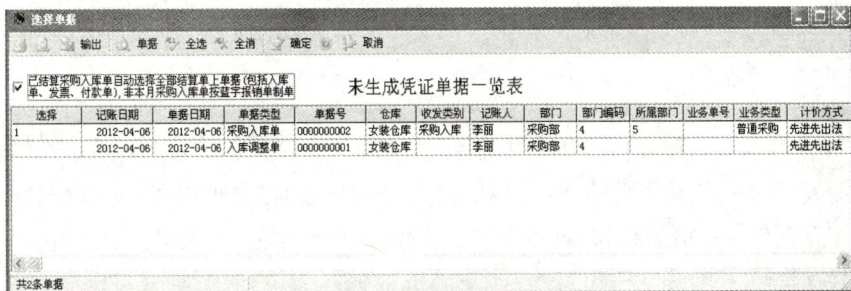

图 5-87　未生成凭证单据列表

(10) 单击"确定"按钮，返回"生成凭证"界面，显示按采购结算单生成的凭证列表，如图 5-88 所示。

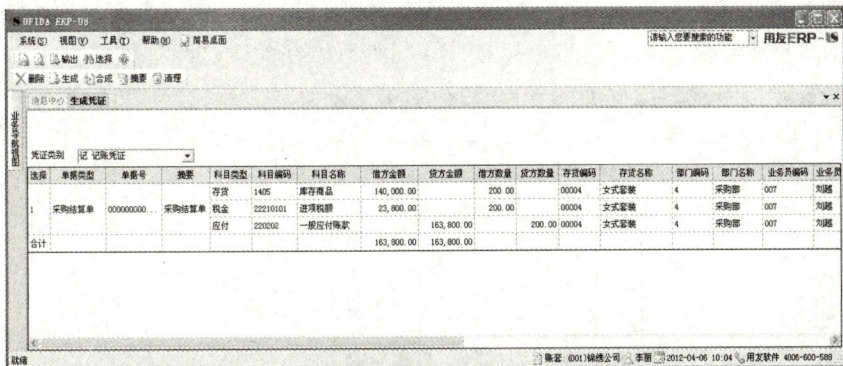

图 5-88　女式套装按结算单生成凭证列表

(11) 单击"生成"按钮，进入填制凭证界面，单击库存商品科目，将鼠标移至"项目"辅助项，当鼠标呈现蓝色钢笔形状时即双击，系统会弹出库存商品的辅助项，选择项目名称为"女式套装"，单击"确定"按钮。返回"填制凭证"窗口，如图 5-89 所示。单击"保存"按钮生成凭证。

图 5-89　女式套装按结算单生成的凭证

实训十二　采购退货业务

【任务十二】

2012 年 4 月 9 日，对 3 日刘越从大悦公司订购(合同编号：CG0701)的 200 件女式套装进行检验，发现 10 套服装有残次，与对方协商后决定即日办理退货，并收到以电汇方式退还的款项 7,000 元和增值税税额 1,190 元，同时形成红字发票(票号：01236631)。电汇的"业务回单(收款)"票号为 12340561。

【业务说明】

本笔业务是部分退货和退款业务。完成此业务需要进行采购退回单、红字采购入库单和红字采购发票的录入与审核，应付单据审核并制单，付款单的录入与审核并制单等操作。注意：退款既可以按现付处理，也可以按非现付处理，在此对这两种处理方式均给出了操作指导。两种操作方式的流程如图 5-90 和图 5-91 所示。

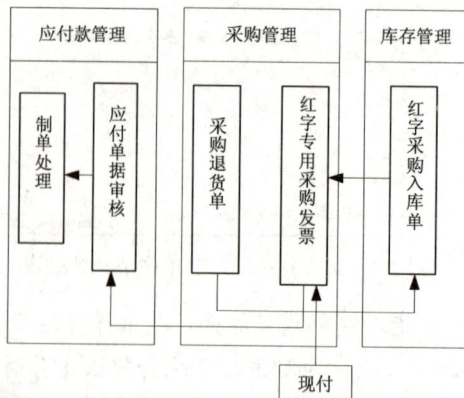

图 5-90　按现付方式操作流程图

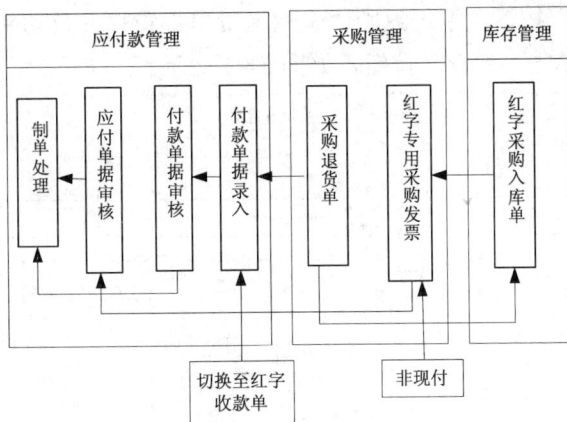

图 5-91　按非现付方式操作流程图

【岗位说明】

采购员刘越录入采购退货单、红字采购入库单和红字采购专用发票，进行现付和结算；账套主管章宏斌审核采购退货单和红字采购入库单；出纳王欢录入付款单(切换成红字收款单)；财务经理陈志伟审核红字采购专用发票、红字收款单；会计陈宏负责制单。

【操作指导】

(1) 填制并审核采购退货单

① 2012 年 4 月 9 日，采购员刘越在企业应用平台中执行"业务工作/供应链/采购管理/采购到货/采购退货单"命令，打开"采购退货单"窗口。

② 单击"增加"按钮，单击"生单"下拉列表中"到货单"命令，弹出"过滤条件选择-采购退货单列表过滤"窗口，单击"过滤"按钮，打开"拷贝并执行"窗口，在"到货单拷贝到货单表头列表"窗口中双击选中"订单号"为"CG0701"对应的到货单的所在行，选中该到货单，如图 5-92 所示。

图 5-92　到货单拷贝列表

③ 单击"确定"按钮，系统返回"采购退货单"窗口并自动生成退货单，修改退货"数量"为"-10"，单击"保存"按钮，如图 5-93 所示。

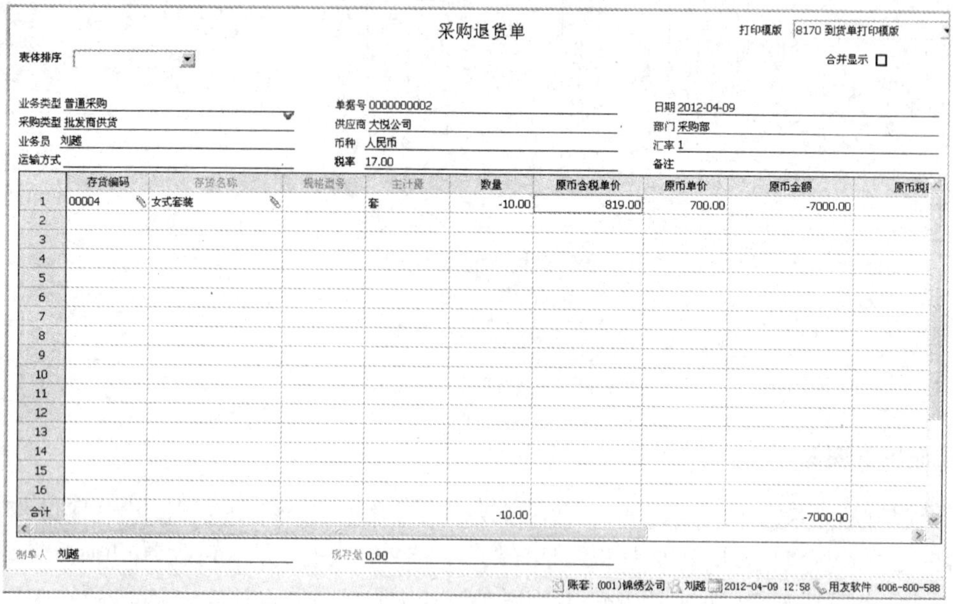

图 5-93　采购退货单

④ 账套主管章宏斌在企业应用平台中执行"业务工作/供应链/采购管理/采购到货/采购退货单"命令，打开"采购退货单"窗口，查找到相应的采购退货单后，单击"审核"按钮完成审核。

提示：

- 采购退货单可以手工新增，也可以参照采购订单、原采购到货单。若参照订单生成，只能参照未被入库单参照的订单记录。
- 采购退货单可以修改、删除、审核、弃审、关闭、打开。
- 已审核采购退货单可以参照生成红字(负数)入库单。

(2) 填制并审核红字采购入库单

① 库管员李丽在企业应用平台中执行"业务工作/供应链/库存管理/入库业务/采购入库单"命令，打开"采购入库单"窗口。

② 单击"生单"下拉列表中的"采购到货单(红字)"命令，在系统弹出的"过滤条件选择-采购到货单列表"窗口中，单击"过滤"按钮，打开"到货单生单列表"窗口，在"到货单生单表头"中选择"2012-04-09"的红字到货单，单击"确定"按钮，返回"采购入库单"窗口并自动生成红字采购入库单。在表头中选择"仓库"为"女装仓库"、修改"入库类别"为"采购退货"，单击"保存"按钮即保存该单据。

③ 账套主管章宏斌在企业应用平台中执行"业务工作/供应链/库存管理/入库业务/采购入库单"命令，打开"采购入库单"窗口，查找到该笔业务的红字采购入库单后，单击"审核"按钮即完成审核，如图 5-94 所示。

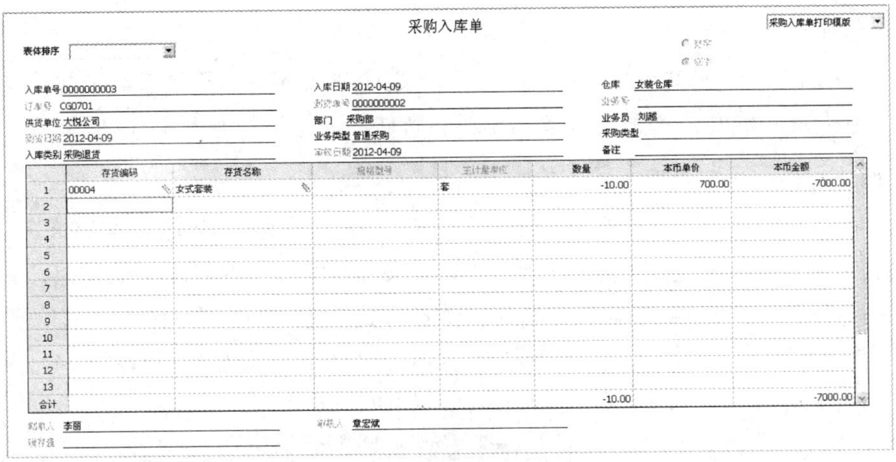

图 5-94　红字采购入库单

提示：

● 红字(负数)入库单是采购入库单的逆向单据，在采购业务活动中，如果发现已入库的货物因质量等因素要求退货，则对普通采购业务进行退货单处理。

● 如果发现已审核的入库单数据有错误(多填数量等)，可以原数冲回，即将原错误的入库单，以相等的负数量填制红字入库单，冲抵原入库单数据。

(3) 填制红字专用采购发票

① 采购员刘越在企业应用平台中执行"业务工作/供应链/采购管理/采购发票/红字专用采购发票"命令，打开红字"专用发票"窗口。

② 单击"增加"按钮，再单击"生单"下拉列表中"入库单"命令，并在弹出的"过滤条件选择-采购入库单列表过滤"窗口中，单击"过滤"按钮，然后在打开的"拷贝并执行"窗口的"发票拷贝入库单表头列表"中选中"大悦公司"2012-04-09 的入库单，然后单击"确定"按钮，系统将红字采购入库单的信息自动传递给采购发票，如图 5-95 所示。

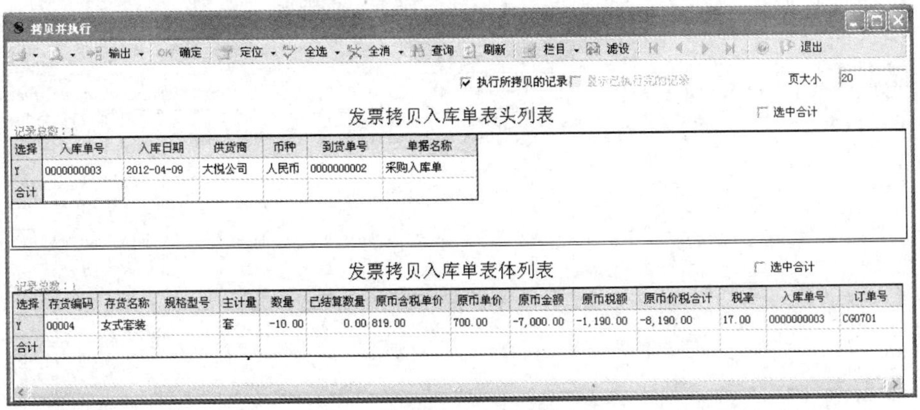

图 5-95　发票拷贝入库单列表

③ 在红字"专用发票"窗口中，输入"发票号"为"01236631"，选择"发票日期"为"2012-04-09"，单击"保存"按钮即保存该采购专用发票。

提示：

● 红字(负数)专用采购发票即红字增值税专用发票是专用采购发票的逆向单据。

● 红字专用采购发票可手工新增，也可参照订单、红字入库单生成。

(4) 付款选择现付方式

① 采购员刘越在企业应用平台中执行"业务工作/供应链/采购管理/采购发票/红字专用采购发票"命令，打开红字"专用发票"窗口，找到该笔业务的红字采购发票，单击"现付"按钮，弹出"采购现付"窗口，选择"结算方式"为"电汇"，输入"原币金额"为"-8,190"，"票据号"为"12340561"，"项目大类编码"为"00 商品项目管理"，"项目编码"为"101 女式套装"，"订单号"为"CG0701"，如图 5-96 所示。

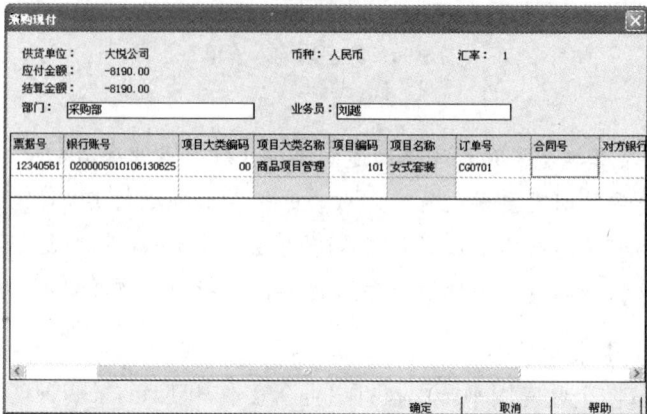

图 5-96　采购现付

② 单击"确定"按钮，返回"专用发票"窗口，其左上角显示"已现付"字样，如图 5-97 所示。

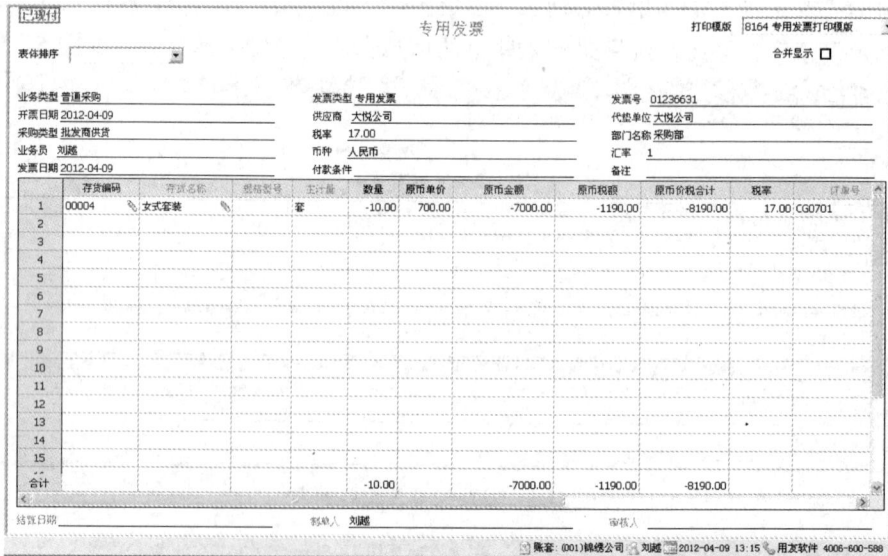

图 5-97　已现付的红字专用发票

(5) 现付方式的应付单据审核与制单

① 财务经理陈志伟在企业应用平台中执行"业务工作/财务会计/应付款管理/应付单据处理/应付单据审核"命令，弹出"应付单过滤条件"对话框，选中"包括已现结发票"、"未完全报销"复选框，单击"确定"按钮，进入"单据处理"窗口，单击"全选"、"审核"按钮，系统提示"本次审核成功单据1张"，单击"确定"按钮返回"单据处理"窗口。

② 会计陈宏进入企业应用平台，执行"业务工作/财务会计/应付款管理/制单处理"命令，在弹出的"制单查询"对话框中，取消选中"发票制单"复选框，选中"现结制单"复选框，单击"确定"按钮，进入"制单"窗口。单击"全选"、"制单"按钮，进入"填制凭证"窗口，输入借方科目"库存商品"的辅助项信息为"女式套装"，单击"保存"按钮，如图5-98所示。

图5-98 红字采购专用发票的记账凭证

注意：

以下为非现付方式的操作方法，步骤(1)、(2)、(3)、(4)与现付方式步骤(4)、(5)是并行的，可以相互替代，二者只需做其中一种即可。

(1) 付款选择非现付方式

采购员刘越在企业应用平台中执行"业务工作/供应链/采购管理/采购发票/红字专用采购发票"命令，打开红字"专用发票"窗口，查找到相应的红字采购发票后，单击"结算"按钮，系统自动完成红字采购入库单和红字采购发票的结算。

(2) 非现付方式中的付款单录入

① 出纳王欢在企业应用平台中执行"业务工作/财务会计/应付款管理/付款单据处理/付款单据录入"命令，打开"付款单"窗口。单击"切换"按钮，将当前窗口切换为红字"收款单"窗口。

② 单击"增加"按钮，在表头中选择"供应商"为"大悦公司"、"结算方式"为"电汇"、输入"金额"为"8,190"，"票据号"为"12340561"，"部门"为"采购部"、"业务员"为"刘越"、"摘要"为"采购退货款"。单击表体任意单元格，系统将自动带出相关

信息，单击"保存"按钮。

(3) 非现付方式中的应付和付款单据审核

① 会计陈宏在企业应用平台中执行"业务工作/财务会计/应付款管理/应付单据处理/应付单据审核"命令，系统将弹出"应付单过滤条件"对话框，单击"确定"按钮，进入"单据处理"窗口。单击"全选"、"审核"按钮，系统提示"本次审核成功单据 1 张"，单击"确定"按钮返回"单据处理"窗口，完成审核。

② 执行"业务工作/财务会计/应付款管理/付款单据处理/付款单据审核"命令，打开"付款单过滤条件"对话框，单击"确定"按钮，系统打开"收付款单列表"窗口，单击"全选"、"审核"按钮，系统提示"本次审核成功单据 1 张"，单击"确定"按钮完成审核。

(4) 非现付方式中的合并制单

① 会计陈宏在企业应用平台中执行"业务工作/财务会计/应付款管理/制单处理"命令，在系统弹出的"制单查询"对话框中，选中"发票制单"和"收付款单制单"，单击"确定"按钮，进入"制单"窗口。

② 单击"全选"、"合并"按钮(此时由"选择标志"栏可知，系统将生成 1 张凭证)，再单击"制单"按钮，进入"填制凭证"窗口。输入借方科目"库存商品"的"项目"为"女式套装"，单击"保存"按钮生成凭证，如图 5-99 所示。

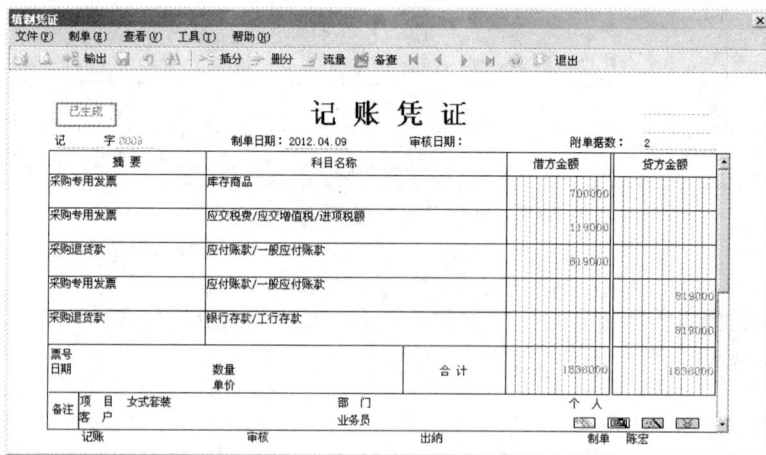

图 5-99　退回货款的记账凭证

提示：

现付方式的第二种制单方法：采购专用发票和采购入库单进行结算，在存货管理模块中按采购结算单生成凭证。此方法与(5)现付方式的应付单据审核与制单中的步骤①、②会计陈宏制单并行，可以相互替代。

(1) 库管员李丽在企业应用平台中执行"业务工作/采购管理/采购结算/手工结算"命令，系统弹出"手工结算"页面，单击"选单"按钮，系统弹出"手工结算"窗口，单击"过滤"按钮，在"结算选发票列表"中双击该发票对应记录行的选择栏，出现"Y"，单击"匹配"按钮，系统弹出"匹配成功 1 条数据"窗口，单击"确定"按钮，在"结算选入库单列表"中即选中对应的入库单，采购专用发票与入库单列表如图 5-100 所示。

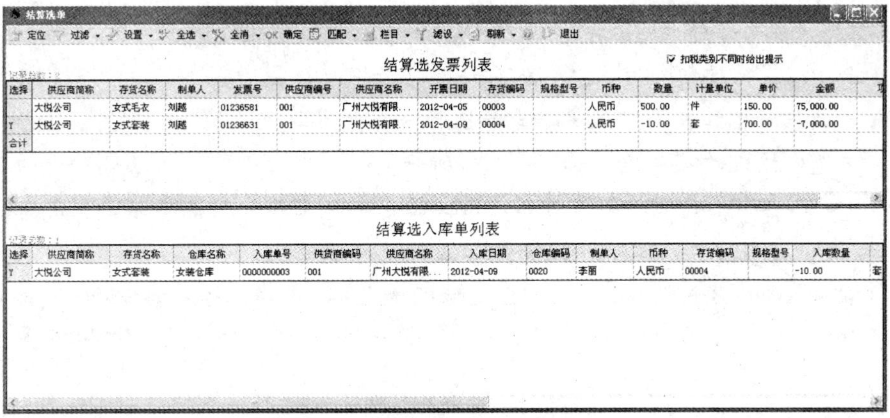

图 5-100 采购专用发票与入库单列表

(2) 单击"确定"按钮，返回手工结算页面，如图 5-101 所示。单击"结算"按钮，系统弹出"完成结算"窗口，单击"确定"按钮，结算完毕。

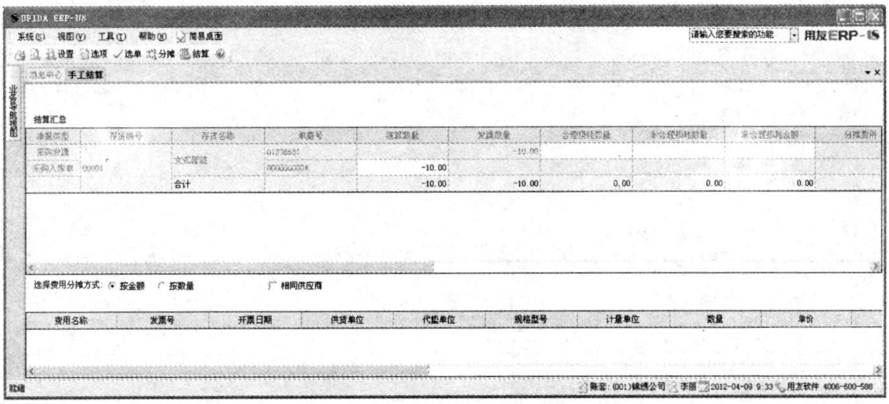

图 5-101 女式套装手工结算窗口

(3) 库管员李丽在企业应用平台中执行"业务工作/供应链/存货核算/日常业务/采购入库单"命令，打开"采购入库单"窗口，检查是否缺少价格数据。若缺少价格，则单击"修改"按钮，补充该货物的单价信息，然后单击"保存"按钮。

(4) 执行"业务工作/供应链/存货核算/业务核算/正常单据记账"命令，系统弹出"过滤条件选择"对话框，单击"确定"按钮，进入"未记账单据一览表"页面，在"正常单据记账列表"中选中该采购退货单，如图 5-102 所示。单击"记账"按钮，系统弹出"记账成功"窗口，单击"确定"按钮，记账完毕。

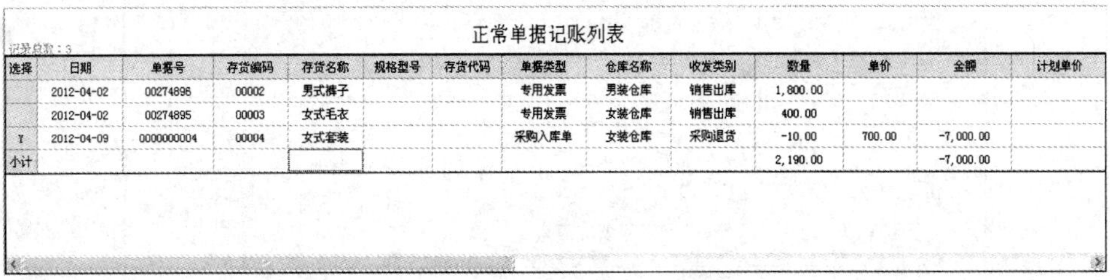

				正常单据记账列表							
选择	日期	单据号	存货编码	存货名称	规格型号	存货代码	单据类型	仓库名称	收发类别	数量	单价	金额	计划单价
	2012-04-02	00274896	00002	男式裤子			专用发票	男装仓库	销售出库	1,800.00			
	2012-04-02	00274895	00003	女式毛衣			专用发票	女装仓库	销售出库	400.00			
Y	2012-04-09	0000000004	00004	女式套装			采购入库单	女装仓库	采购退货	-10.00	700.00	-7,000.00	
小计										2,190.00		-7,000.00	

图 5-102 正常单据记账列表

(5) 执行"业务工作/供应链/存货核算/财务核算/生成凭证"命令，进入"生成凭证"页面，单击"选择"按钮，弹出"查询条件"对话框，单击"确定"按钮，进入"选择单据"页面，选中"已结算采购入库单自动选择全部结算单上单据"，在"未生成凭证单据一览表"中选中该采购入库单，如图 5-103 所示。

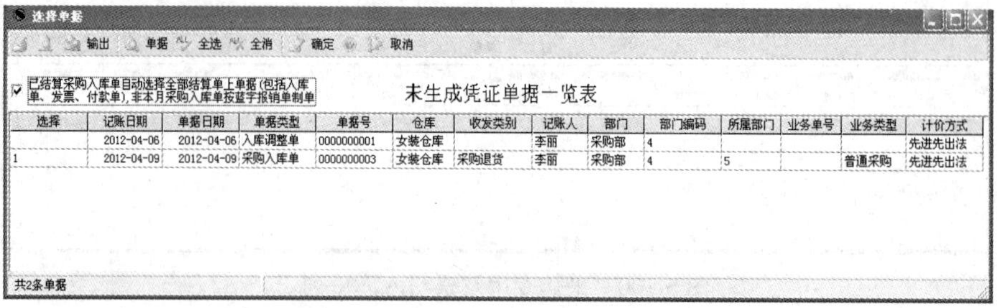

图 5-103　未记账凭证单据一览表

(6) 单击"确定"按钮，进入"生成凭证"页面，显示按采购结算单生成的凭证列表，如图 5-104 所示。

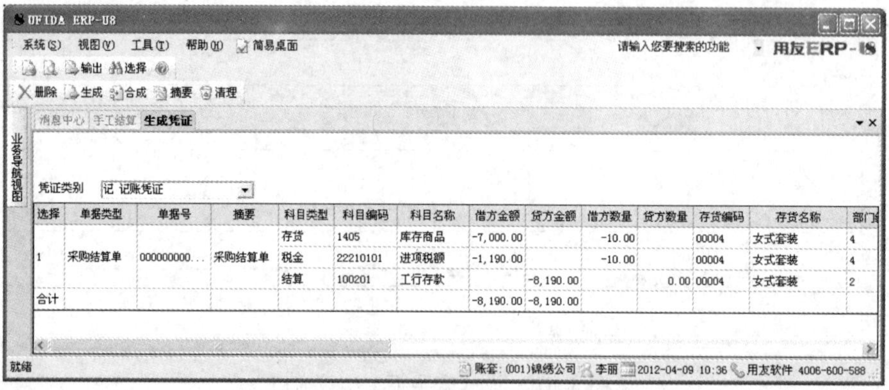

图 5-104　女式套装按结算单生成凭证列表

(7) 单击"生成"按钮，即进入填制凭证界面，填制库存商品的辅助项为"女式套装"，单击"确定"按钮，如图 5-105 所示。单击"保存"按钮生成凭证。

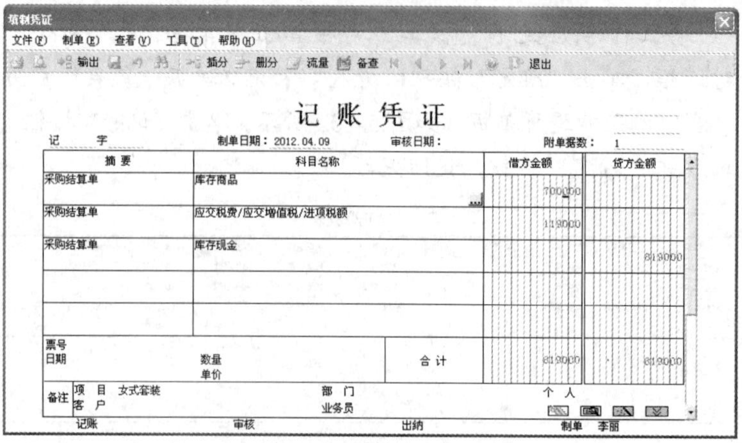

图 5-105　退货红字记账凭证

实训十三 采购到货入库及发票业务

【任务十三】

2012 年 4 月 10 日，采购合同 CG0702 的 400 件男式上衣到货，验收合格入男装仓库。已取得采购发票，发票号为 07463828。

【业务说明】

本笔业务是采购到货、入库和收到采购专用发票业务，需要进行采购到货单、入库单和录入和审核，采购专用发票的录入，应付单据的审核和制单。注意：本笔业务的采购结算将于月末集中处理。本业务操作流程如图 5-106 所示。

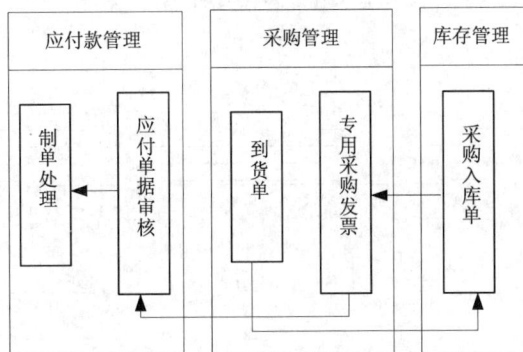

图 5-106 任务十三操作流程图

【岗位说明】

采购员刘越录入采购到货单和采购专用发票，库管员李丽录入采购入库单，账套主管章宏斌审核采购到货单、采购入库单，财务经理陈志伟审核采购专用发票，会计陈宏负责制单。

【实验数据准备】

(1) 系统时间为 2012 年 4 月 10 日。

(2) 引入光盘"实验数据"文件夹中"第五章任务十三数据准备"的数据账套。

【操作指导】

(1) 填制审核采购到货单

① 2012 年 4 月 10 日，采购员刘越在企业应用平台中执行"业务工作/供应链/采购管理/采购到货/到货单"命令，打开"到货单"窗口。

② 单击"增加"按钮，单击"生单"下拉列表中的"采购订单"命令，弹出"过滤条件选择-采购订单列表过滤"对话框，单击"过滤"按钮，打开"拷贝并执行"窗口。在

此窗口中双击"订单号"为"CG0702"所在行的"选择"栏,选中该采购订单,单击"确定"按钮,返回"到货单"窗口并自动生成到货单,单击"保存"按钮,保存该到货单。

③ 账套主管章宏斌在企业应用平台中执行"业务工作/供应链/采购管理/采购到货/到货单",打开"到货单"窗口,找到相应的到货单后,单击"审核"按钮,完成审核。

(2) 填制审核采购入库单

① 库管员李丽在企业应用平台中执行"业务工作/供应链/库存管理/入库业务/采购入库单"命令,打开"采购入库单"窗口。

② 单击"生单"下拉列表中的"采购到货单(蓝字)"命令,系统弹出"过滤条件选择-采购到货单列表"窗口,单击"过滤"按钮,打开"到货单生单列表"窗口。在该窗口的"到货单生单表头"中选择相应的到货单,单击"确定"按钮,返回"采购入库单"窗口,系统自动生成采购入库单。在表头中选择"仓库"为"男装仓库",确认"入库类别"为"采购入库",单击"保存"按钮,如图 5-107 所示。

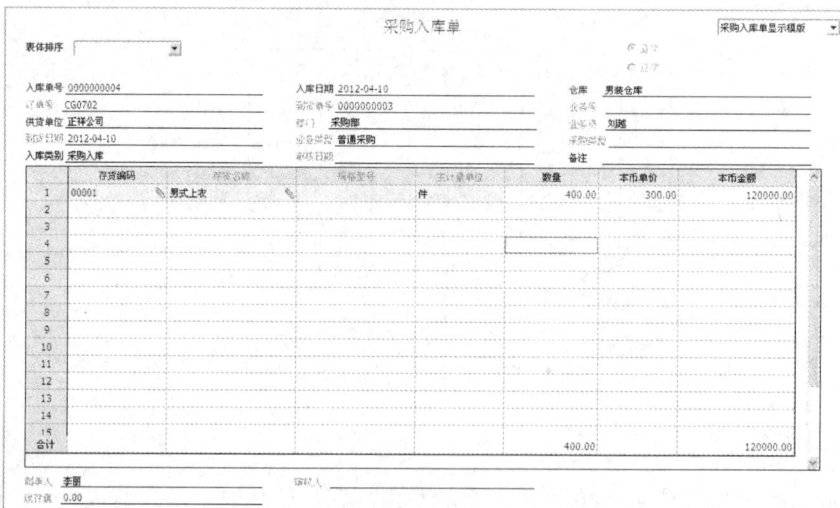

图 5-107 合同 CG0702 的采购入库单

③ 账套主管章宏斌在企业应用平台中执行"业务工作/供应链/库存管理/入库业务/采购入库单"命令,打开"采购入库单"窗口。查找到相应的采购入库单后,单击"审核"按钮,完成审核。

(3) 录入采购专用发票

① 采购员刘越在企业应用平台中执行"业务工作/供应链/采购管理/采购发票/专用采购发票"命令,打开"专用发票"窗口。

② 单击"增加"按钮,单击"生单"下拉列表中的"入库单"命令,系统弹出"过滤条件选择-采购入库单列表过滤"窗口,单击"过滤"按钮,打开"拷贝并执行"窗口。在此窗口的"发票拷贝订单表头列表"中,双击相应入库单的"选择"栏,选中该采购入库单,单击"确定"按钮,系统将采购入库单的信息自动传递给采购发票。修改"发票号"为"07463828","发票日期"为"2012-04-10",单击"保存"按钮,保存该发票。

(4) 发票审核与制单

① 财务经理陈志伟在企业应用平台中执行"业务工作/财务会计/应付款管理/应付单据处理/应付单据审核"命令，弹出"应付单过滤条件"对话框，选中"未完全报销"复选框，单击"确定"按钮，进入"单据处理"窗口。单击"全选"、"审核"按钮，系统提示"本次审核成功单据 1 张"，单击"确定"按钮，返回"单据处理"窗口，完成审核，如图 5-108 所示。

选择	审核人	单据日期	单据类型	单据号	供应商名称	部门	业务员	制单人	币种	汇率	原币金额	本币金额	备注
	陈志伟	2012-04-10	采购专	0T463028	广州正祥有限公司	采购部	刘越	刘越	人民币	1.00000000	140,400.00	140,400.00	
合计											140,400.00	140,400.00	

图 5-108 应付单据审核列表

② 会计陈宏在企业应用平台中执行"业务工作/财务会计/应付款管理/制单处理"命令，系统弹出"制单查询"窗口，默认选择"发票制单"复选框，单击"确定"按钮，进入"制单"窗口。单击"全选"、"制单"按钮，进入"填制凭证"窗口。输入借方科目"库存商品"的"辅助项项目名称"为"男式上衣"，单击"保存"按钮生成凭证，如图 5-109 所示。

图 5-109 合同 CG0702 采购发票的记账凭证

提示：

第二种采购专用发票制单方法：采购专用发票和采购入库单进行结算，在存货管理模块中按采购结算单生成凭证。此方法与(4)发票审核与制单中的步骤②会计陈宏制单并行，可以相互替代。

(1) 库管员李丽在企业应用平台中执行"业务工作/采购管理/采购结算/手工结算"命令，系统弹出"手工结算"页面，单击"选单"按钮，系统弹出"手工结算"窗口，单击"过滤"按钮，在"结算选发票列表"中双击该发票对应记录行的选择栏，出现"Y"，单击"匹配"按钮，系统弹出"匹配成功1条数据"窗口，单击"确定"按钮，在"结算选入库单列表"中即选中对应的入库单，如图 5-110 所示。

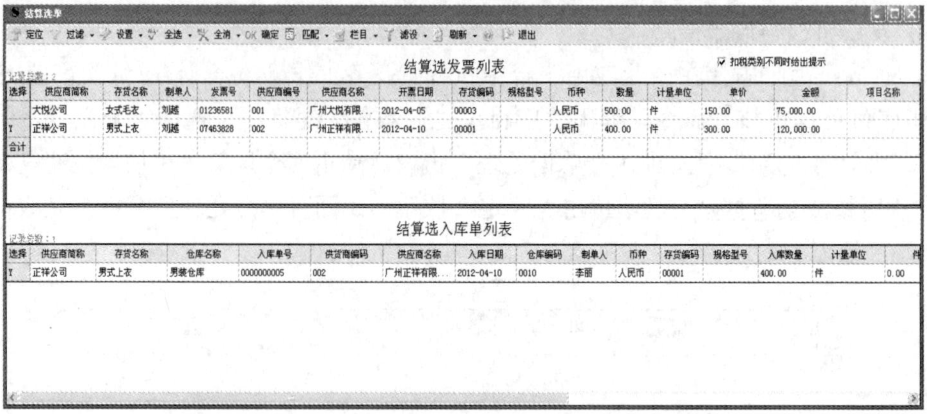

图 5-110　采购结算选单列表

(2) 单击"确定"按钮，返回手工结算页面。如图 5-111 所示。单击"结算"按钮，系统弹出"完成结算"窗口，单击"确定"按钮，结算完毕。

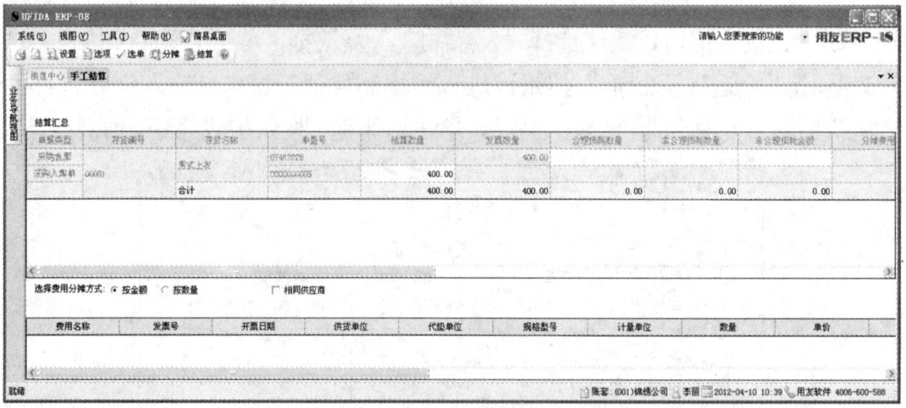

图 5-111　男式上衣手工结算列表

(3) 执行"业务工作/供应链/存货核算/日常业务/采购入库单"命令，打开"采购入库单"窗口，检查是否缺少价格数据。若缺少价格，则单击"修改"按钮，补充该货物的单价信息，单击"保存"按钮。

(4) 执行"业务工作/供应链/存货核算/业务核算/正常单据记账"命令，系统弹出"过滤条件选择"窗口，单击"确定"按钮，进入"未记账单据一览表"页面，在"正常单据记账列表"中选中该采购入库单，如图 5-112 所示。单击"记账"按钮，系统弹出"记账成功"窗口，单击"确定"按钮，记账完毕。

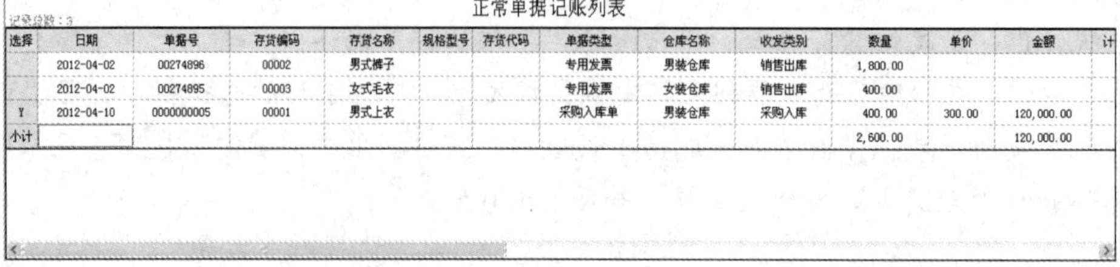

正常单据记账列表

选择	日期	单据号	存货编码	存货名称	规格型号	存货代码	单据类型	仓库名称	收发类别	数量	单价	金额	计
	2012-04-02	00274896	00002	男式裤子			专用发票	男装仓库	销售出库	1,800.00			
	2012-04-02	00274895	00003	女式毛衣			专用发票	女装仓库	销售出库	400.00			
Y	2012-04-10	0000000005	00001	男式上衣			采购入库单	男装仓库	采购入库	400.00	300.00	120,000.00	
	小计									2,600.00		120,000.00	

图 5-112　正常单据记账(男式上衣)

（5）执行"业务工作/供应链/存货核算/财务核算/生成凭证"命令，进入"生成凭证"页面，单击"选择"按钮，弹出"查询条件"窗口，单击"确定"按钮，进入"选择单据"页面，选中"已结算采购入库单自动选择全部结算单上单据"，在"未生成凭证单据一览表"中选中该采购入库单，如图 5-113 所示。

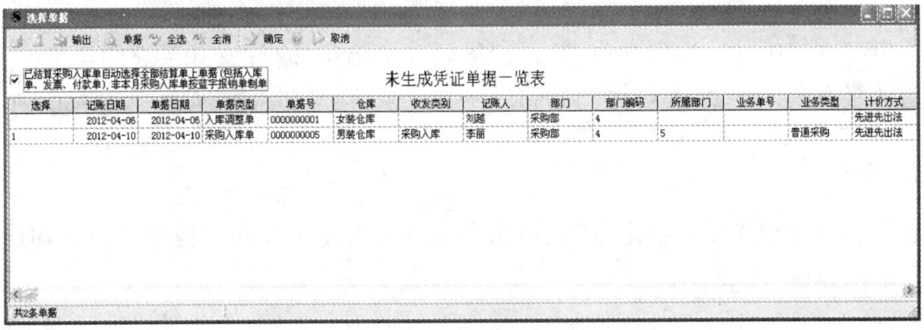

图 5-113 未生成凭证单据一览表

（6）单击"确定"按钮，进入"生成凭证"页面，显示按采购结算单生成的凭证列表，如图 5-114 所示。

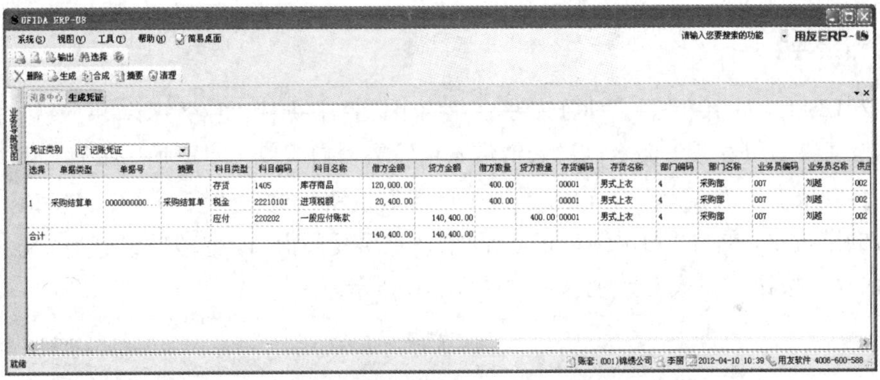

图 5-114 男式上衣按结算单生成凭证列表

（7）单击"生成"按钮，即进入填制凭证界面，将库存商品科目的"项目"辅助项设置为"男式上衣"，单击"确定"按钮，如图 5-115 所示。单击"保存"按钮生成凭证。

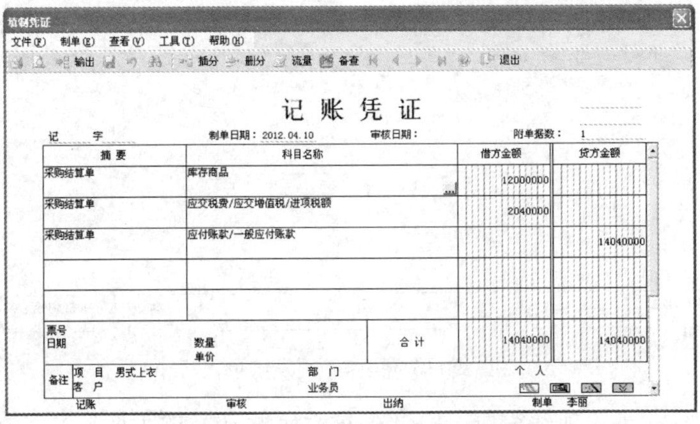

图 5-115 任务十三按结算单生成凭证

实训十四　处理上月销售货物的到款业务

【任务十四】

2012 年 4 月 10 日，收到上月 20 日向华联商场出售 75 件女式毛衣的全部价款 17,550 元，收到转账支票，支票号为 13100456。已开具销售专用发票(票号：00274897)。

【业务说明】

本笔业务是收到货款、开具销售专用发票业务。需要录入和审核销售发票和现结收款，审核应收单据并进行现结制单。

【岗位说明】

会计陈宏负责开具销售发票和记账凭证的编制，财务经理陈志伟进行销售发票的复核和应收单据的审核。

【操作指导】

(1) 2012 年 4 月 10 日，会计陈宏在企业应用平台中执行“业务工作/供应链/销售管理/销售开票/销售专用发票”命令，进入销售专用发票窗口，单击“增加”按钮，进入“过滤条件选择-发票参照发货单”窗口，单击“过滤”按钮，进入“参照生单”窗口，选择 3 月 20 号的发货单，单击“确定”按钮，返回销售专用发票窗口，修改发票号为“00274897”，单击“保存”按钮，完成发票录入，如图 5-116 所示。

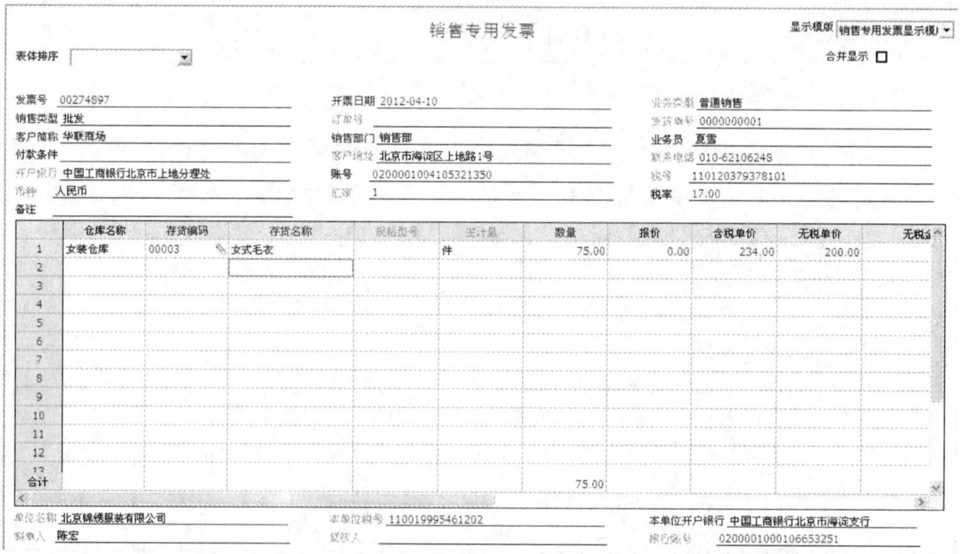

销售专用发票

显示模版 销售专用发票显示模版

表体排序

合并显示 □

发票号 00274897　开票日期 2012-04-10　业务类型 普通销售
销售类型 批发　订单号　发货单号 0000000001
客户简称 华联商场　销售部门 销售部　业务员 夏雪
付款条件　客户地址 北京市海淀区上地路1号　联系电话 010-62106248
开户银行 中国工商银行北京市上地分理处　账号 0200001004105321350　税号 110120379378101
币种 人民币　汇率 1　税率 17.00
备注

	仓库名称	存货编码	存货名称	规格型号	主计量	数量	报价	含税单价	无税单价	无税金
1	女装仓库	00003	女式毛衣		件	75.00	0.00	234.00	200.00	
2										
3										
4										
5										
6										
7										
8										
9										
10										
11										
12										
合计						75.00				

单位名称 北京锦绣服装有限公司　本单位税号 110019995461202　本单位开户银行 中国工商银行北京市海淀支行
制单人 陈宏　复核人　银行账号 0200001000106653251

图 5-116　销售专用发票录入

(2) 单击“现结”进入现结窗口，选择“结算方式”为“转账支票”，输入金额为“17,550”，票据号为"13100456",选择"项目大类编码"为"00 商品项目管理",选择"项目编码"为"203 女式毛衣",单击"确定"按钮,完成现结,如图 5-117 所示。

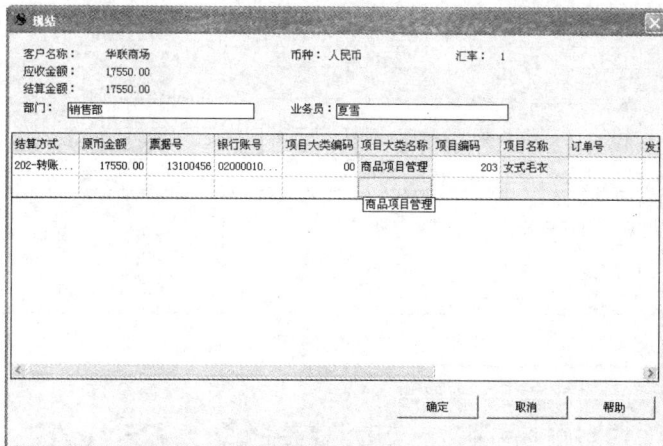

图 5-117 发票现结窗口

(3) 财务经理陈志伟在企业应用平台中执行"业务工作/供应链/销售管理/销售开票/销售专用发票"命令,进入"销售专用发票"窗口,单击"上张"按钮,找到此笔业务现结销售专用发票,确认信息无误后单击"复核"按钮完成复核。

(4) 财务经理陈志伟在企业应用平台中执行"业务工作/财务会计/应收款管理/应收单据处理/应收单据审核"命令,打开"应收单过滤条件"窗口,选中"包含已现结发票",单击"确定"按钮,进入应收单据列表,选择此笔销售形成的应收单据,单击"审核"按钮,在弹出的提示框中单击"确定"按钮,完成审核,如图 5-118 所示。

应收单据列表

选择	审核人	单据日期	单据类型	单据号	客户名称	部门	业务员	制单人	币种	汇率	原币金额	本币金额
	陈志伟	2012-04-10	销售专用发票	00274897	北京华联商贸有限公司	销售部	夏雪	陈宏	人民币	1.000...	17,550.00	17,550.00
合计											17,550.00	17,550.00

图 5-118 应收款管理应收单据审核

(5) 会计陈宏在企业应用平台中执行"业务工作/财务会计/应收款管理/制单处理"命令,打开"制单查询"窗口,取消选中"发票制单"复选框,选中"现结制单",单击"确定"按钮,进入制单界面。单击"全选"、"制单"按钮,进入"填制凭证"窗口,输入主营业务收入的"辅助项项目名称"为"女式毛衣",单击"确定"按钮,返回"填制凭证"窗口,单击"保存"按钮,生成凭证。结果如图 5-119 所示。

提示:

先发货后开票,销售发货单可以手工增加,也可以参照销售订单生成。必有订单业务模式,销售发货单不可手工新增,只能参照生成。

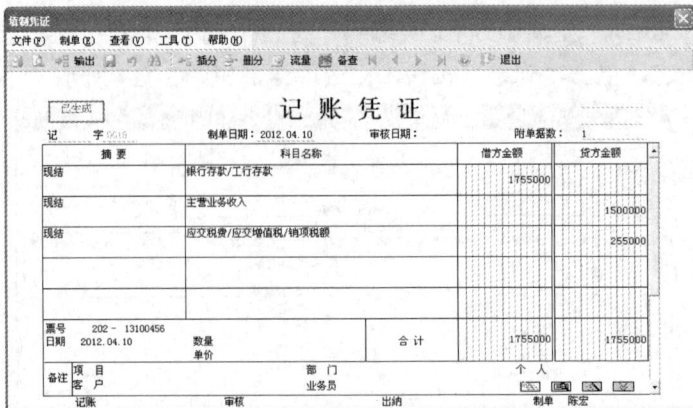

图 5-119 应收款管理现结制单

实训十五　采购到货入库业务

【任务十五】

2012 年 4 月 10 日，编号为 CG0703 的采购合同的 500 件女式毛衣到货，验收合格入女装仓库。

【业务说明】

本笔业务是采购货品的到货、入库业务。需要进行采购到货单、入库单的录入与审核处理。

【岗位说明】

采购员刘越录入采购到货单，库管员李丽录入采购入库单，账套主管章宏斌审核采购到货单和入库单。

【操作指导】

(1) 填制并审核采购到货单

① 2012 年 4 月 10 日，采购员刘越在企业应用平台中执行"业务工作/供应链/采购管理/采购到货/到货单"命令，打开"到货单"窗口。

② 单击"增加"按钮，单击"生单"下拉列表中的"采购订单"命令，弹出"过滤条件选择-采购订单列表过滤"窗口，单击"过滤"按钮，打开"拷贝并执行"窗口。在此窗口中双击"订单号"为"CG0703"所在行的"选择"栏，选中该采购订单，单击"确定"按钮，系统将返回"到货单"窗口并自动生成到货单。单击"保存"按钮，保存该到货单。

③ 账套主管章宏斌在企业应用平台中执行"业务工作/供应链/采购管理/采购到货/

到货单"命令，打开"到货单"窗口，查找到相应的到货单后，单击"审核"按钮，完成审核。

(2) 填制并审核采购入库单

① 库管员李丽在企业应用平台中执行"业务工作/供应链/库存管理/入库业务/采购入库单"命令，打开"采购入库单"窗口。

② 单击"生单"下拉列表中的"采购到货单(蓝字)"命令，弹出"过滤条件选择-采购到货单列表"窗口，单击"过滤"按钮，打开"到货单生单列表"窗口。在此窗口的"到货单生单表头"中选择相应的到货单，单击"确定"按钮，返回"采购入库单"窗口，系统自动生成采购入库单。在表头中选择"仓库"为"女装仓库"，确认"入库类别"为"采购入库"，单击"保存"按钮完成该入库单的录入。

③ 账套主管章宏斌在企业应用平台中执行"业务工作/供应链/库存管理/入库业务/采购入库单"命令，打开"采购入库单"窗口，查找到相应的采购入库单后，单击"审核"按钮，完成审核。

提示：

此笔业务在存货核算系统中会生成借方科目为库存商品，贷方科目为在途物资的记账凭证。

实训十六　赊销业务

【任务十六】

2012 年 4 月 12 日，销售部夏雪与华联商场签订销售合同(合同编号：XS0703)，向华联商场赊销 300 件男式上衣，无税单价为 400 元，增值税为 17%，付款条件为：2/10，n/30，现金折扣按货物的价税合计计算。同日货物已经发出，并开出销售专用发票，发票号为00274898。

【业务说明】

本笔业务是签订有折扣优惠的销售订单、开具销售发票、进行发货、出库的业务。需要进行销售订单和销售专用发票的录入与审核，销售出库单审核，审核应收单据并制单。本业务的操作流程如图 5-120 所示。

【岗位说明】

销售员夏雪负责销售订单的填制，库管员李丽负责对销售出库单的审核，账套主管章宏斌负责销售订单的审核，会计陈宏负责开具销售发票和制单，财务经理陈志伟负责应收单据的审核。

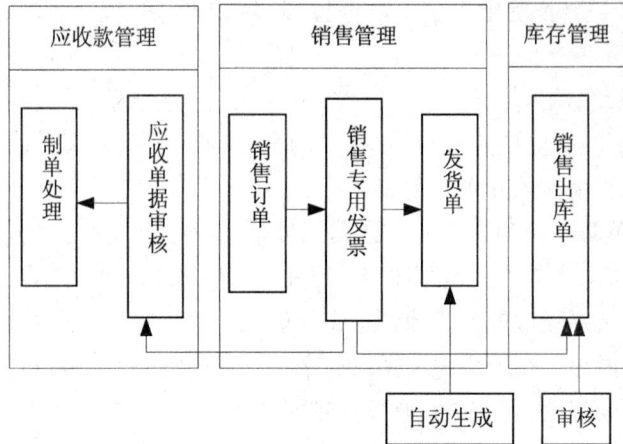

图 5-120　任务十六操作流程图

【实验数据准备】

(1) 系统时间为 2012 年 4 月 12 日。

(2) 引入光盘"实验数据"文件夹中"第五章任务十六数据准备"的数据账套。

【操作指导】

(1) 2012 年 4 月 12 日，销售员夏雪在企业应用平台中执行"业务工作/供应链/销售管理/销售订货/销售订单"命令，进入"销售订单"窗口。

(2) 单击"增加"按钮，修改订单号为"XS0703"，销售类型为"批发"、"客户简称"为"华联商场"、"付款条件"为"2/10，n/30"、销售部门为"销售部"、业务员为"夏雪"，"税率"为"17"；在表体中选择"存货名称"为"男式上衣"，输入数量为"300"，其他信息自动计算，确认预发货日期为"2012-04-12"，单击"保存"按钮完成该笔销售订单的录入。

(3) 账套主管章宏斌在企业应用平台中执行"业务工作/供应链/销售管理/销售订货/销售订单"命令，进入"销售订单"窗口，查出此张销售订单，单击"审核"按钮。

(4) 会计陈宏在企业应用平台中执行"业务工作/供应链/销售管理/销售开票/销售专用发票"命令，打开"销售专用发票"窗口。单击"增加"按钮后，关闭系统弹出的"过滤条件选择-发票参照发货单"窗口，单击"生单"下拉列表中的"参照订单"命令，系统弹出"过滤条件选择-参照订单"窗口，单击"过滤"按钮，在弹出的"参照生单"窗口中选择订单号为"XS0703"的销售订单，单击"确定"按钮，返回"销售专用发票"窗口，相关资料自动带出，修改发票号为"00274898"，在表体中选择仓库名称为"男装仓库"，单击"保存"按钮，即完成发票录入。

(5) 财务经理陈志伟在企业应用平台中执行"业务工作/供应链/销售管理/销售开票/销售专用发票"命令，进入"销售专用发票"窗口，对此销售专用发票进行审核，单击"复核"按钮。此时销售发货单和销售出库单自动生成，其中销售出库单等待审核。

(6) 库管员李丽在企业应用平台中执行"业务工作/供应链/库存管理/出库业务/销售出

库单"命令，进入"销售出库单"窗口，查出此笔业务对应的销售出库单，单击"审核"按钮完成审核，结果如图 5-121 所示。

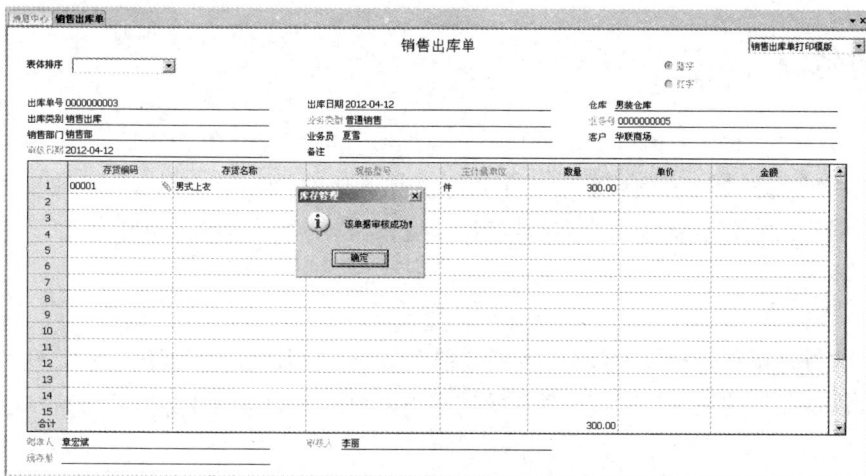

图 5-121　库存管理销售出库单审核

(7) 财务经理陈志伟在企业应用平台中执行"业务工作/财务会计/应收款管理/应收单据处理/应收单据审核"命令，系统弹出"应收单过滤条件"窗口，单击"确定"按钮，进入"单据处理"窗口，在"应收单据列表"中选择对应的销售专用发票，单击"审核"按钮后，系统会弹出审核结果的提示窗，以显示单据是否被审核成功。只有单据被审核成功才可制单。

(8) 会计陈宏在企业应用平台中执行"业务工作/财务会计/应收款管理/制单处理"命令，打开"制单查询"窗口，默认选择"发票制单"条件制单，单击"确定"按钮，进入制单界面，双击该张发票所在行，在"选择标志"栏中会显示数字标志，单击"制单"按钮，进入"填制凭证"窗口。

(9) 单击"主营业务收入"所在行，将鼠标移至"项目"辅助项，当鼠标呈现蓝色钢笔形状时双击，系统会弹出主营业务收入的辅助项窗口，辅助项项目名称选择为"男式上衣"，单击"确定"按钮完成辅助项输入，单击"保存"按钮，即可生成凭证，结果如图 5-122 所示。

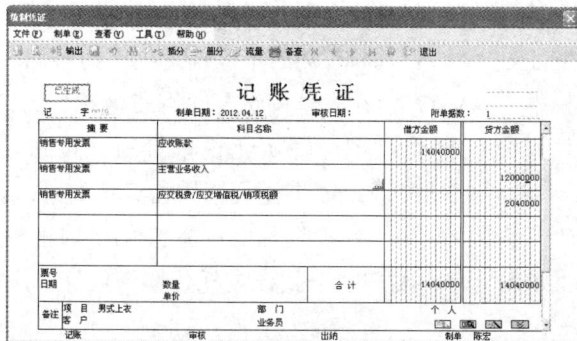

图 5-122　应收款管理应收单据制单

实训十七　委托代销业务

【任务十七】

2012 年 4 月 16 日，销售员夏雪与华联商场签订委托代销合同(合同编号：WT0701)，委托华联商场代销 200 套女式套装，无税协议价每套 1,200 元，增值税为 17%。200 套女式套装即日已发给华联商场。合同约定每月底结算一次并开具增值税发票。

【业务说明】

本笔业务是签订委托代销合同、委托代销发货业务。需要进行委托代销类型的销售订单和委托代销发货单的录入与审核，并审核销售出库单。本业务的业务流程如图 5-123 所示。

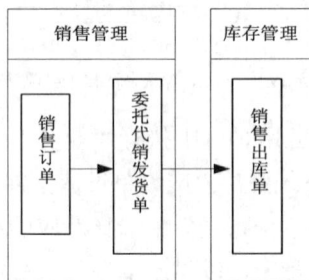

图 5-123　任务十七操作流程图

【岗位说明】

销售员夏雪负责委托代销类型的销售订单和委托代销发货单的录入，账套主管章宏斌负责销售订单和发货单的审核，库管员李丽对销售出库单进行审核。

【操作指导】

(1) 2012 年 4 月 16 日，销售员夏雪在企业应用平台中执行"业务工作/供应链/销售管理/销售订货/销售订单"命令，进入"销售订单"窗口。

(2) 单击"增加"按钮，修改订单号为"WT0701"，修改"业务类型"为"委托代销"、选择"销售类型"为"批发"、"客户简称"为"华联商场"、"销售部门"为"销售部"、"业务员"为"夏雪"，"税率"为"17"；在表体中选择"存货名称"为"女式套装"，"数量"为"200"件，其他信息系统自动计算，确认无税单价为"1,200"元，预发货日期为"2012-04-16"，单击"保存"按钮完成该笔委托代销销售订单的录入。

(3) 账套主管章宏斌在企业应用平台中执行"业务工作/供应链/销售管理/销售订货/销售订单"命令，进入"销售订单"窗口，查找该委托代销销售订单，单击"审核"按钮完成审核。

(4) 销售员夏雪在企业应用平台中执行"业务工作/供应链/销售管理/委托代销/委托代

销发货单"命令，进入"委托代销发货单"窗口。单击"增加"按钮，系统自动进入"过滤条件选择-参照订单"窗口，单击"过滤"按钮，进入"参照生单"窗口，选择订单号为"WT0701"的订单，单击"确定"按钮，返回"委托代销发货单"窗口，相关信息自动带出，选择发运方式为"发货"，在表体栏目中选择"仓库"为"女装仓库"，单击"保存"按钮，完成该笔委托代销发货单的录入。

(5) 账套主管章宏斌在企业应用平台中执行"业务工作/供应链/销售管理/委托代销/委托代销发货单"命令，进入"委托代销发货单"窗口，对此委托代销发货单进行审核，查出此张委托代销发货单，单击"审核"按钮，结果如图5-124所示。

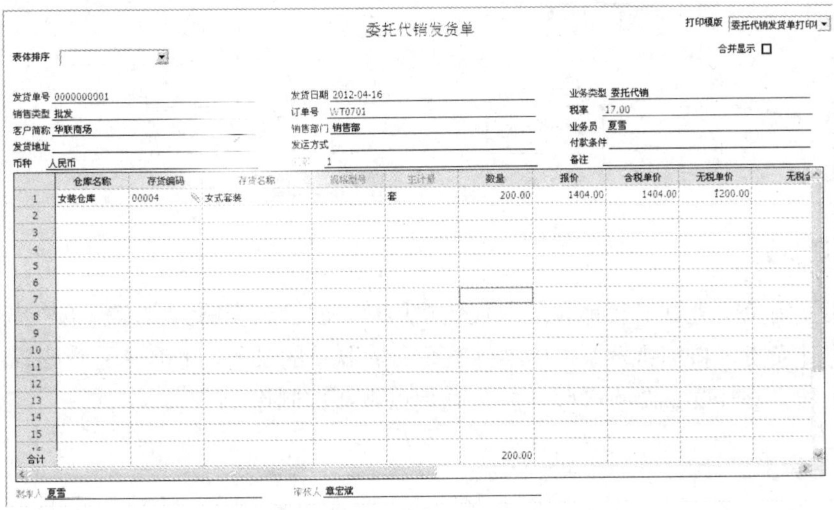

图 5-124　委托代销销售订单填制与审核

(6) 库管员李丽在企业应用平台中执行"业务工作/供应链/库存管理/出库业务/销售出库单"命令，打开"销售出库单"窗口，查出此张销售出库单，单击"审核"按钮完成审核。

实训十八　销售发货业务

【任务十八】

2012年4月16日，按照2日的合同(编号：XS0701)约定向华联商场送货400件女式毛衣。以现金代垫运输费用500元。收到华联商场开具的为期两个月的商业承兑汇票向本公司支付剩余货款，商业承兑汇票的编号为00004858。

【业务说明】

本笔业务是签订销售合同、查询发货并销售出库送货、垫付费用、收款及预收冲抵业务。需要进行发货查询和销售出库审核，代垫费用单和收款单的录入、审核及制单，以及预收冲应收制单。本业务的业务流程如图 5-125 所示。

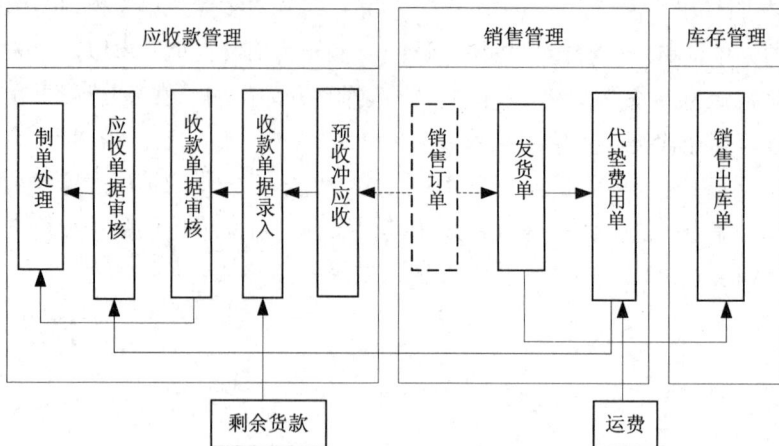

图 5-125　任务十八操作流程图

【岗位说明】

销售员夏雪负责查询发货单和录入代垫费用单，库管员李丽负责审核销售出库单，财务经理陈志伟负责审核销售发票，出纳王欢负责收款单的录入，账套主管章宏斌负责代垫费用单的审核，会计陈宏负责预收冲应收处理以及凭证制作。

【操作指导】

(1) 2012 年 4 月 16 日，销售员夏雪在企业应用平台中执行"业务工作/供应链/销售管理/销售发货/发货单"命令，进入"发货单"窗口。单击格式栏翻页的箭头按钮，找到订单号为"XS0701"的发货单，查询并确认发货信息。

(2) 库管员李丽在企业应用平台中执行"业务工作/供应链/库存管理/出库业务/销售出库单"命令，进入"销售出库单"窗口，查出此张销售出库单，单击"审核"按钮即可完成。

(3) 账套主管章宏斌对收款单单据格式进行修改。添加收款单的表头数据项(到期日)，以便完整填写商业承兑汇票的收款单，操作步骤如下。

① 账套主管章宏斌在企业应用平台中执行"基础设置/单据设置/单据格式设置/应收单据管理/应收收款单/显示/应收收款单显示模板"命令，单击"表头项目"按钮，弹出"表头"对话框，勾选"项目名称"为"表头自定义项4"，在下方"显示名称"处填写"到期日"字样，单击"确定"按钮，如图 5-126 所示。

② 将"到期日"项目的位置调整好，单击"保存"按钮，即在收款单格式中成功添加"到期日"项目，如图 5-127 所示，单击"保存"按钮并退出。

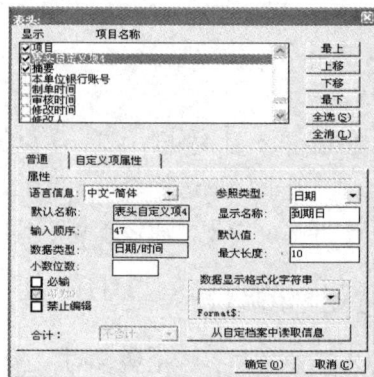

图 5-126　单据格式修改

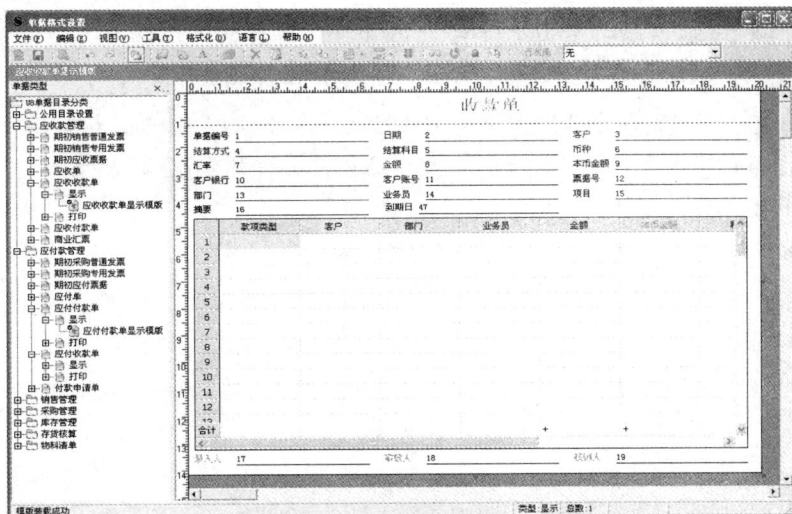

图 5-127 收款单单据格式设置

(4) 出纳王欢在企业应用平台中执行"业务工作/财务会计/应收款管理/收款单据处理/收款单据录入"命令，进入"收款单"界面。单击"增加"按钮，选择客户为"华联商场"，结算方式为"商业承兑汇票"、输入金额为"83,600"、票据号为"00004858"、部门为"财务部"、业务员为"王欢"、录入到期日为"2012-06-16"，单击表体中的任意一行，系统将自动带出相关信息，单击"保存"按钮即完成收款单的录入，如图 5-128 所示。

图 5-128 应收款管理收款单录入

(5) 财务经理陈志伟在企业应用平台中执行"业务工作/财务会计/应收款管理/收款单据处理/收款单据审核"命令，打开"收款单过滤条件"窗口，单击"确定"按钮，进入"收付款单据列表"窗口，单击"全选"、"审核"按钮，系统会弹出审核结果的提示窗，以显示单据是否被审核成功。只有单据被审核成功才可制单。

(6) 销售员夏雪在企业应用平台中执行"业务工作/供应链/销售管理/代垫费用/代垫费用单"命令，进入"代垫费用单"界面。单击"增加"按钮，选择客户为"华联商场"、销售部门为"销售部",业务员为"夏雪",在表体中选择费用项目为"运杂费",输入代垫金额为"500",单击"保存"按钮,完成代垫费用单的录入。

(7) 账套主管章宏斌在企业应用平台中执行"业务工作/供应链/销售管理/代垫费用/代垫费用单"命令,进入"代垫费用单"界面,查出此张代垫费用单,单击"审核"按钮,结果如图 5-129 所示。

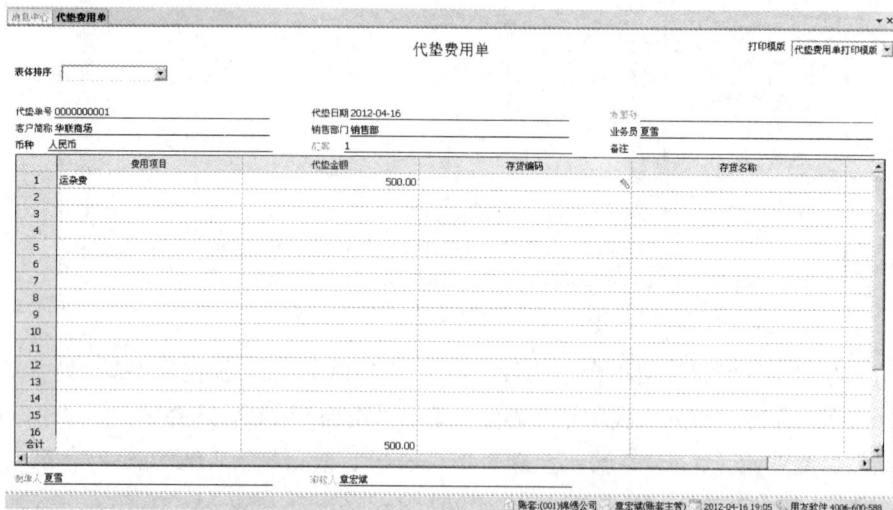

图 5-129   销售管理代垫费用单填制与审核

(8) 财务主管陈志伟在企业应用平台中执行"业务工作/财务会计/应收款管理/应收单据处理/应收单据审核"命令,进入"应收单过滤条件"窗口,单击"确定"按钮,进入"单据处理"窗口,在"应收单据列表"中选择相应的应收单据,单击"审核"按钮,系统会弹出审核结果的提示窗,以显示单据是否被审核成功。只有单据被审核成功才可制单。

(9) 会计陈宏在企业应用平台中执行"业务工作/财务会计/应收款管理/转账/预收冲应收"命令,进入"预收冲应收"对话框,在"预收款"选项卡中选择客户为"华联商场",单击"过滤"按钮,即显示出单据记录行,单击 4 月 2 日收款单的所在行,在转账金额栏输入"10,000",如图 5-130 所示。

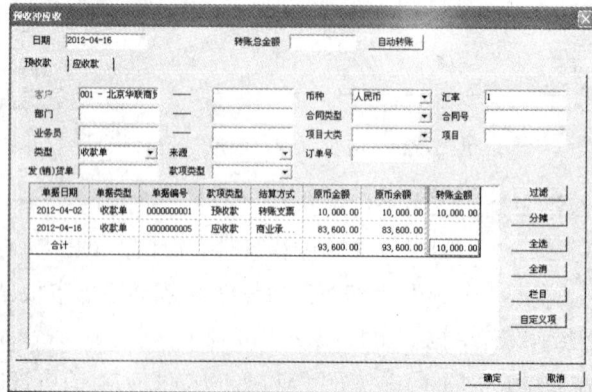

图 5-130   "预收冲应收"的"预收款"转账金额编辑窗口

(10) 在"应收款"选项卡中单击"过滤"按钮，显示出单据记录行，单击4月2日专用发票所在行，在转账金额栏输入"10,000"，如图5-131所示。

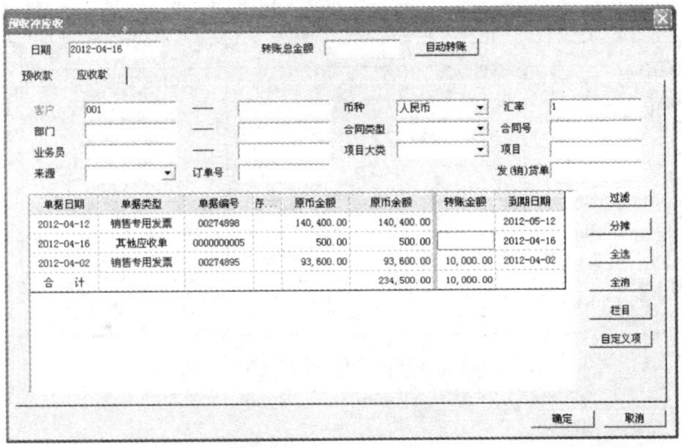

图5-131 "预收冲应收"的"应收款"转账金额编辑窗口

(11) 单击"确定"按钮，统统弹出"是否立即制单"窗口，选择"是"，进入"填制凭证"窗口，预收账款分录金额显示红字，将鼠标移至红字贷方金额"10,000"处，按空格键将红字贷方金额移至借方金额，红字即变为黑字，在确认无误之后(此时也可以自行修改"预收账款"行摘要为"收取定金")，单击"保存"按钮生成凭证，结果如图5-132所示。

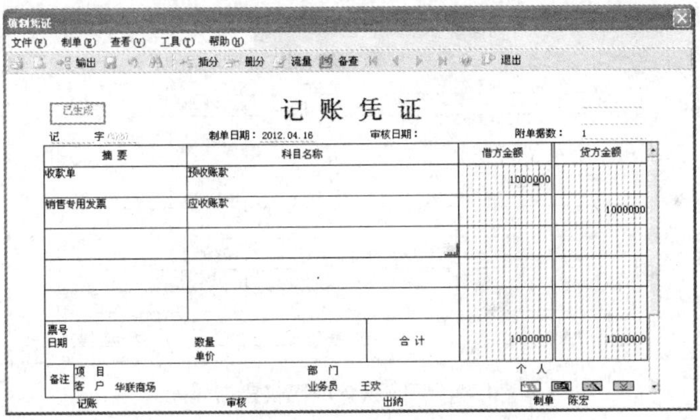

图5-132 预收冲应收记账凭证

(12) 会计陈宏在企业应用平台中执行"业务工作/财务会计/应收款管理/制单处理"命令，打开"制单查询"对话框，取消选中"发票制单"复选框，选中"应收单制单"和"收付款单制单"，单击"确定"按钮，进入"制单"界面。单击"全选"、"制单"按钮，进入"填制凭证"窗口，在确认无误之后(此时也可以自行修改摘要为"代垫运费")。单击"保存"按钮生成凭证，如图5-133所示。

(13) 单击"下张"按钮，显示第二张待生成凭证，在确认无误之后(此时也可以自行修改摘要为"应收余款")，单击"保存"按钮生成应收票据凭证，结果如图5-134所示。

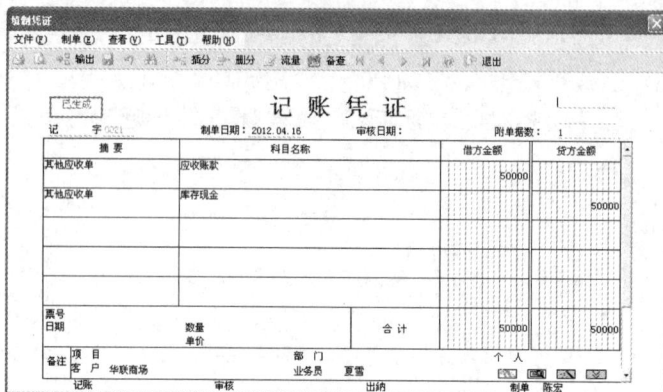

图 5-133　应收款管理代垫费用凭证

提示：

● 本业务不采用票据管理。

● 代垫费用单审核后，即可自动生成其他应收单。如果单击"弃审"按钮则自动删除所生成的其他应收单。

● 预收冲应收制单功能受应付款管理系统"选项/凭证"选项卡中的"预收冲应收生成凭证"选项控制。

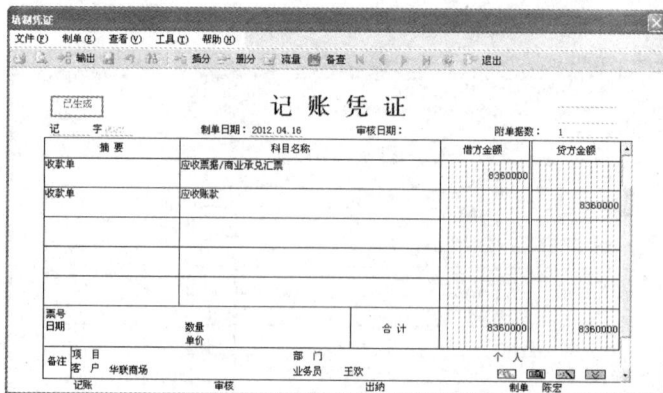

图 5-134　应收款管理应收票据凭证

实训十九　分批发货业务

【任务十九】

2012 年 4 月 16 日，按 2 日的销售合同(合同编号：XS0702)对嘉兴公司进行第二批发货 1500 条男式裤子，嘉兴公司用转账支票向本公司支付剩余的 70%合同货款，转账支票号为 15107703。

【业务说明】

本笔业务是销售发货、销售出库、收款业务。需要进行销售发货单、销售出库单、收款单的录入与审核，并进行制单。本业务的操作流程如图 5-135 所示。

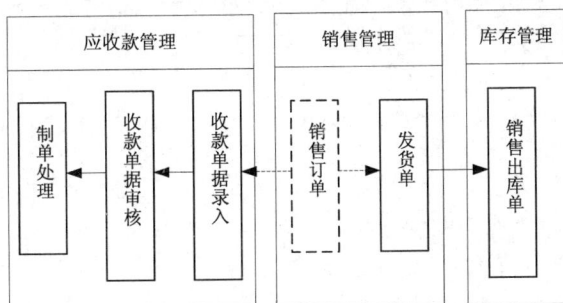

图 5-135　任务十九操作流程图

【岗位说明】

销售员夏雪负责填制发货单，账套主管章宏斌负责发货单审核，库管员李丽负责销售出库单审核，出纳王欢负责录入收款单，财务经理陈志伟审核收款单，会计陈宏负责编制记账凭证。

【操作指导】

(1) 2012 年 4 月 16 日，销售员夏雪在企业应用平台中执行"业务工作/供应链/销售管理/销售发货/发货单"命令，进入"发货单"窗口。单击"增加"按钮，打开"过滤条件选择-参照订单"窗口，单击"过滤"按钮，进入"参照生单"窗口，在订单日期为"2012-04-02"的嘉兴公司销售订单记录行双击选择栏显示为"Y"，则下方"发货单参照订单"视窗中显示出已被选择的未发货记录，即预发货日期为"2012-04-16"的 1500 条男式裤子。单击"确定"按钮，返回"发货单"界面，系统自动带出相关信息，在表头中补充填写"发运方式"为"发货"，在表体中补充填写"仓库"为"男装仓库"，单击"保存"按钮后完成第二笔发货单的录入。

(2) 账套主管章宏斌在企业应用平台中执行"业务工作/供应链/销售管理/销售发货/发货单"命令，进入"发货单"窗口，查出此张发货单，确认信息无误后单击"审核"按钮，完成对发货单的审核。

(3) 库管员李丽在企业应用平台中执行"业务工作/供应链/库存管理/出库业务/销售出库单"命令，进入"销售出库单"窗口，查出此张销售出库单，确认信息无误后单击"审核"按钮，完成对销售发货单的审核。

(4) 出纳王欢在企业应用平台中执行"业务工作/财务会计/应收款管理/收款单据处理/收款单据录入"命令，进入"收款单"界面，单击"增加"按钮，选择客户为"嘉兴公司"、结算方式为"转账支票"，输入金额为"191,646"，输入票据号为"15107703"，部门为"财务部"，业务员为"王欢"，单击表体第一行，相关信息自动带出，单击"保存"按钮完成收款单的录入，如图 5-136 所示。

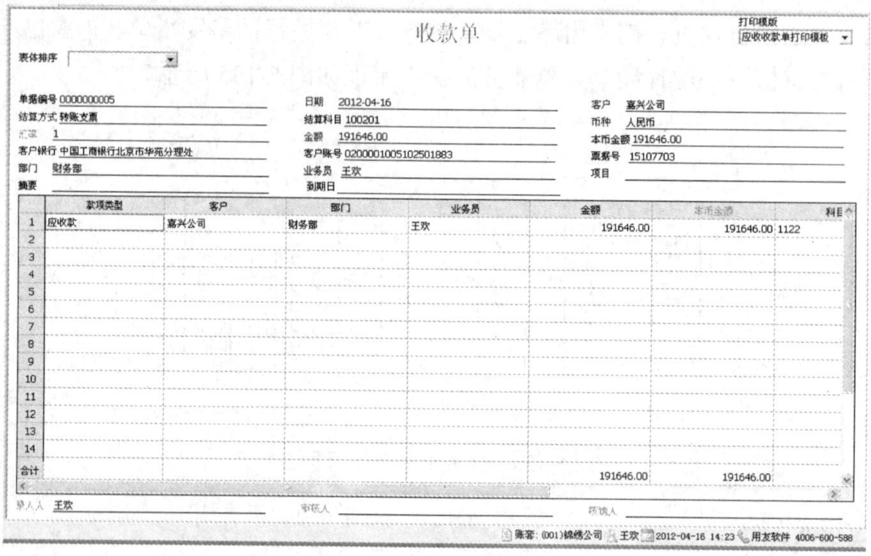

图 5-136　收款单据录入

(5) 财务经理陈志伟在企业应用平台中执行"业务工作/财务会计/应收款管理/收款单据处理/收款单据审核"命令，打开"收款单过滤条件"窗口，单击"确定"按钮，进入收付款单据列表，选择此笔业务单据，单击"审核"按钮，在弹出的提示框中单击"确定"按钮完成收款单的审核。

(6) 会计陈宏在企业应用平台中执行"业务工作/财务会计/应收款管理/制单处理"命令，打开"制单查询"窗口，取消选中"发票制单"复选框，选中"收付款单制单"，单击"确定"按钮进入制单界面，选择需要制单的凭证，单击"制单"按钮，进入"填制凭证"窗口，在确认无误之后(此时也可以自行修改摘要为"收回余款")，单击"保存"按钮即生成应收款的凭证，如图 5-137 所示。

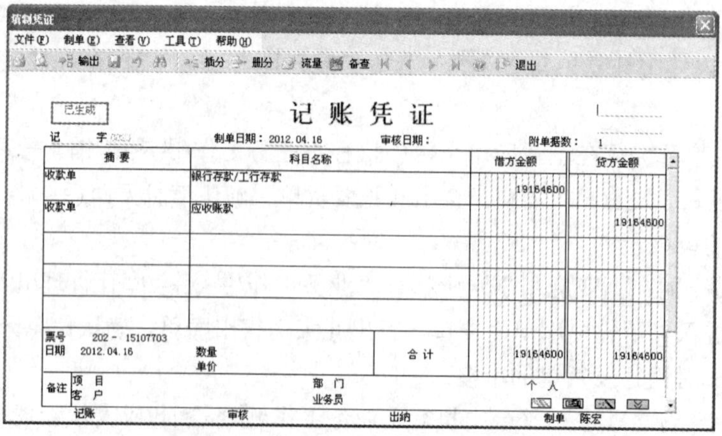

图 5-137　应收款管理收款单制单

实训二十 支付采购尾款业务

【任务二十】

2012 年 4 月 17 日，支付合同编号为 CG0702 的 400 件男式上衣的剩余尾款。电汇票号为 16345601。

【业务说明】

本笔业务是支付尾款业务。需要进行付款单录入、审核与制单，预付冲应付处理。

【岗位说明】

出纳王欢录入付款单，财务经理陈志伟负责审核，会计陈宏负责制单以及进行预付冲应付转账处理。

【实验数据准备】

(1) 系统时间为 2012 年 4 月 17 日。

(2) 引入光盘"实验数据"文件夹中"第五章任务二十数据准备"的数据账套。

【操作指导】

(1) 填制付款单并进行账务处理

① 2012 年 4 月 17 日，出纳王欢在企业应用平台中执行"业务工作/财务会计/应付款管理/付款单据处理/付款单据录入"命令，打开"付款单"窗口，单击"增加"按钮，在表头中"供应商"选择为"正祥公司"、"结算方式"选择为"电汇"、"金额"为"136,400"、"票据号"为"16345601"、"部门"为"财务部"、"业务员"为"王欢"、"摘要"输入"支付尾款"字样，单击表体第一行单元格，系统将自动生成一条记录，单击"保存"按钮。

② 财务经理陈志伟在企业应用平台中执行"业务工作/财务会计/应付款管理/付款单据处理/付款单据审核"命令，打开"付款单过滤条件"对话框，单击"确定"按钮，系统打开"收付款单列表"窗口，选中该付款单，单击"审核"按钮，系统会弹出审核结果的提示窗，以显示单据是否被审核成功。只有单据被审核成功才可制单。

③ 会计陈宏在企业应用平台中执行"业务工作/财务会计/应付款管理/制单处理"命令，在系统弹出的"制单查询"对话框中取消选中"发票制单"复选框，选中"收付款单制单"复选框，单击"确定"按钮，进入"制单"窗口，单击"全选"按钮，该笔付款单据被选中，再单击"制单"按钮，进入"填制凭证"窗口，单击"保存"按钮即生成该凭证，如图 5-138 所示。

(2) 预付冲应付转账处理并制单

① 会计陈宏在企业应用平台中执行"业务工作/财务会计/应付款管理/转账/预付冲应付"命令，打开"预付冲应付"窗口，选择"供应商"为"正祥公司"，再单击"过滤"

按钮，并在 2012-04-03 的"付款单"的"转账金额"栏中输入"4,000"，如图 5-139 所示。

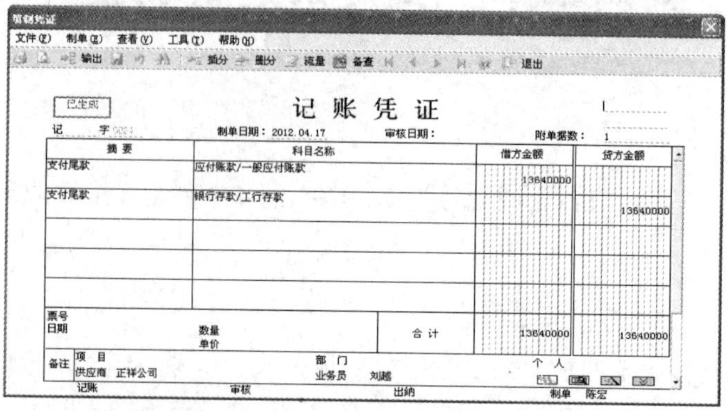

图 5-138　合同 CG0702 付尾款的记账凭证

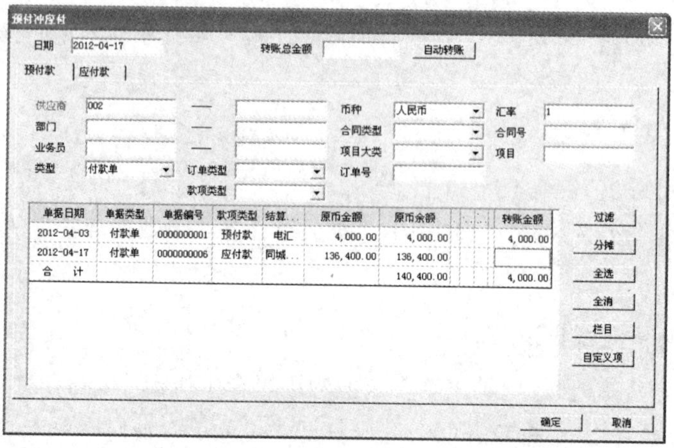

图 5-139　"预付冲应付"的"预付款"转账金额编辑窗口

② 选择"应付款"选项卡，然后单击"过滤"按钮，并在 2012-04-10 的"采购专用发票"的"转账金额"栏输入"4,000"，如图 5-140 所示。

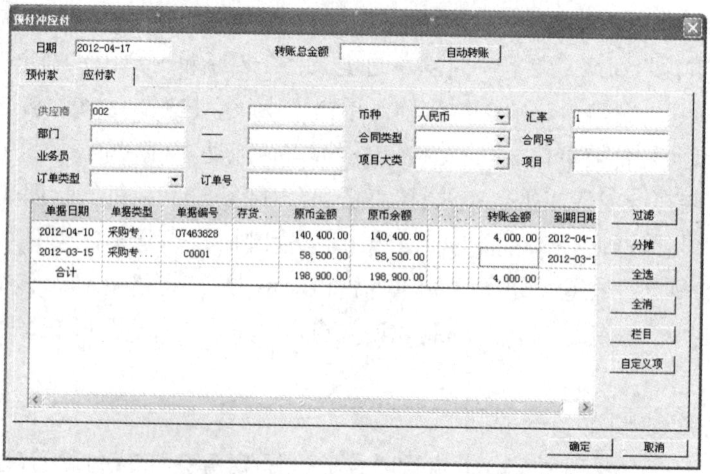

图 5-140　"预付冲应付"的"应付款"转账金额编辑窗口

③ 单击"确定"按钮，系统弹出"是否立即制单？"信息提示框，单击"是"按钮，

系统打开"填制凭证"窗口，此时预收账款分录金额显示红字，将鼠标移至红字借方金额"4,000"处，按空格键将红字借方金额移至贷方金额，红字即变为黑字，在确认无误之后(此时也可以自行修改摘要为"定金抵货款")，单击"保存"按钮生成凭证，如图 5-141 所示。

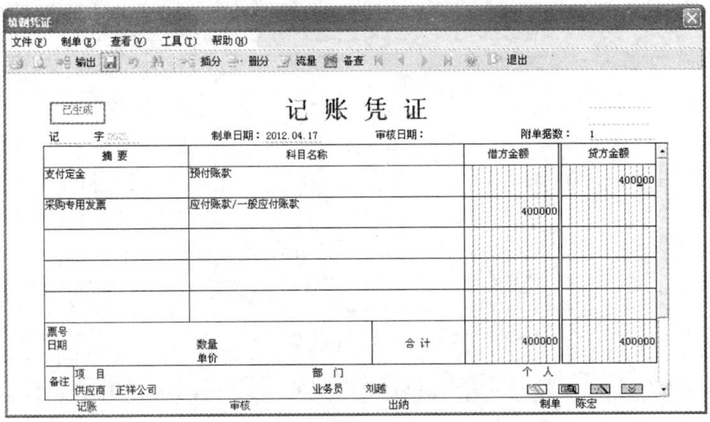

图 5-141　预付转应付的记账凭证

实训二十一　现金折扣处理

【任务二十一】

2012 年 4 月 20 日，本公司收到华联商场以转账支票支付的 300 件男式上衣的货款，按付款条件约定给予华联商场 2%的现金折扣。转账支票号为 13156004。销售合同编号为XS0703。

【业务说明】

本笔业务是有现金折扣的收款业务。需要通过选择收款完成收款单据的录入、审核及制单业务。

【岗位说明】

出纳王欢负责录入收款单，会计陈宏负责制单。

【操作指导】

(1) 2012 年 4 月 20 日，出纳王欢在企业应用平台中执行"业务工作/财务会计/应收款管理/选择收款"命令，进入"选择收款-条件"对话框，选择客户为"华联商场"，选中"可享受折扣"复选框，如图 5-142 所示，单击"确定"按钮，进入"选择收款列表"窗口。

(2) 双击选中该笔业务应收单据，单击"OK 确认"按钮，进入"选择收款-收款单"窗口，修改结算方式为"转账支票"，票据号为"13156004"，订单号选择"XS0703"，如

图 5-143 所示，单击"确定"完成选择收款。

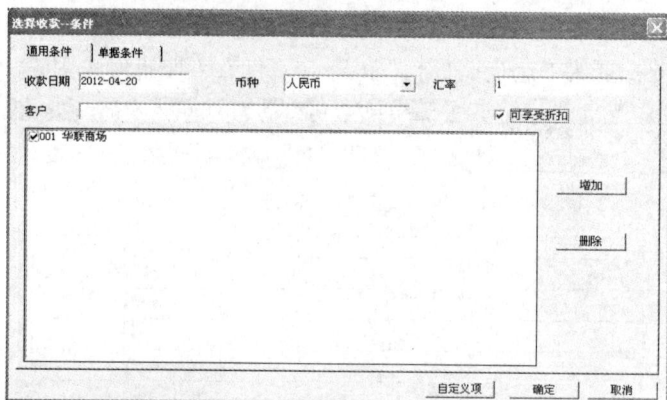

图 5-142　应收款管理选择收款条件

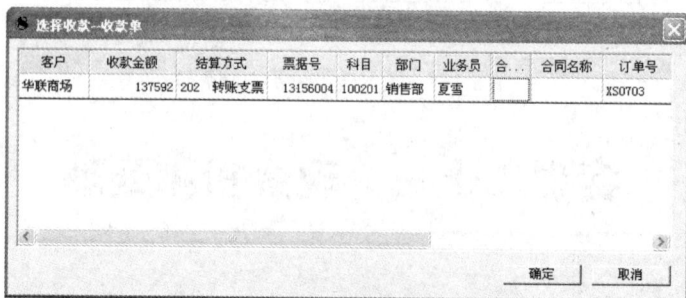

图 5-143　应收款管理选择收款

(3) 会计陈宏在企业应用平台中执行 "业务工作/财务会计/应收款管理/制单处理"命令，打开"制单查询"窗口，取消选中"发票制单"复选框，选中"收付款单制单"和"核销制单"复选框，单击"确定"按钮进入制单界面，单击"全选"按钮，选择全部需要制单的凭证，单击"制单"按钮进入"填制凭证"窗口。此时第三行核销分录金额显示红字，将鼠标移至红字贷方金额"137,592"处，按空格键将红字贷方金额移至借方金额，红字即变为黑字，在确认无误之后，单击"保存"按钮生成凭证，如图 5-144 所示。

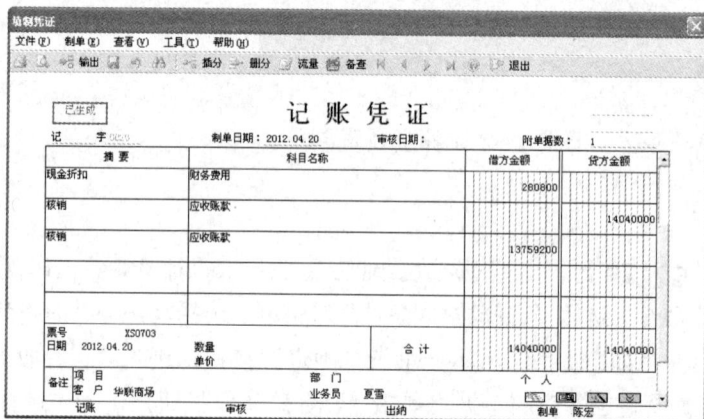

图 5-144　核销生成的记账凭证

(4) 单击"下张"按钮，显示第二张待生成凭证，确认信息无误后，单击"保存"按钮生成凭证，如图 5-145 所示。

图 5-145 应收款管理收款单制单凭证

实训二十二 购置固定资产业务

【任务二十二】

2012 年 4 月 25 日，公司销售部向北京南方汽车有限责任公司购置一辆中型货车 ABS 到货，购车价 60,000 元，收到增值税专用发票(票号：00756952)，税率 17%，价税合计 70,200 元。以转账支票支付，支票号为 12100565。(注：增值税的分录，也可以到总账系统中手工录入)

卡片编号	00006
固定资产编号	
固定资产名称	中型货车 ABS
类别编号	03
类别名称	运输工具
部门名称	销售部
增加方式	直接购入
使用状况	在用
使用年限	8 年
折旧方法	平均年限法(一)
开始使用日期	2012 年 4 月 25 日
币种	人民币
原值	60,000
净残值率	5%

净残值	
累计折旧	
月折旧率	
月折旧额	
净值	
对应折旧科目	销售费用/折旧费

【业务说明】

本笔业务是本公司购置固定资产的业务。需要进行新增固定资产卡片的录入，并对新增固定资产业务进行制单处理。

【岗位说明】

会计陈宏负责录入固定资产卡片并填制凭证。

【实验数据准备】

(1) 系统时间为 2012 年 4 月 25 日。

(2) 引入光盘"实验数据"文件夹中"第五章任务二十二数据准备"的数据账套。

【操作指导】

(1) 新增固定资产卡片

① 2012 年 4 月 25 日，会计陈宏在企业应用平台中执行"业务工作/财务会计/固定资产/卡片/资产增加"命令，系统打开"固定资产类别档案"窗口，如图 5-146 所示。

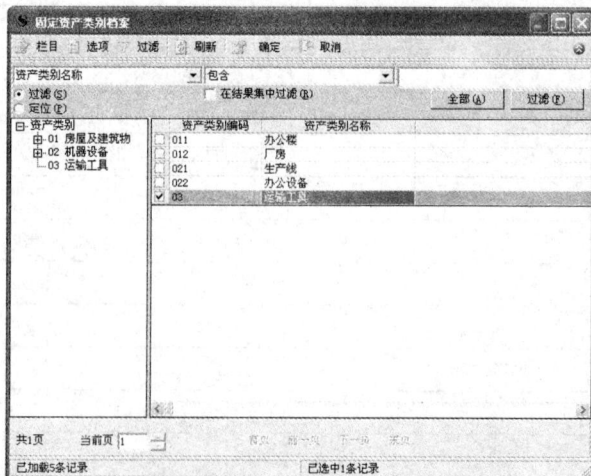

图 5-146　固定资产类别档案

② 双击"03 运输工具"所在行，进入"固定资产卡片"窗口，在"固定资产名称"录入"中型货车 ABS"，单击"使用部门"，再单击出现的"使用部门"参照按钮，打开"固定资产-本资产部门使用方式"对话框，确认选择为"单部门使用"，再单击"确定"按钮，即确认该固定资产只供一个部门使用。

③ 在系统打开的"部门基本参照"窗口中，双击"销售部"所在行，选择"销售部"并返回"固定资产卡片"窗口，如图 5-147 所示。

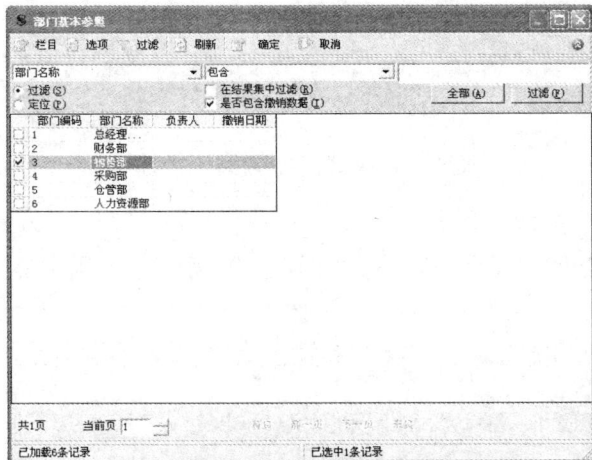

图 5-147　部门基本参照

④ 单击"增加方式"栏，再单击出现的"增加方式"参照按钮，打开"固定资产增加方式"对话框，双击"直接购入"所在行，如图 5-148 所示。

⑤ 单击"使用状况"栏，单击出现的"使用状况"参照按钮，打开"使用状况参照"对话框，双击"1001 在用"所在行，如图 5-149 所示。

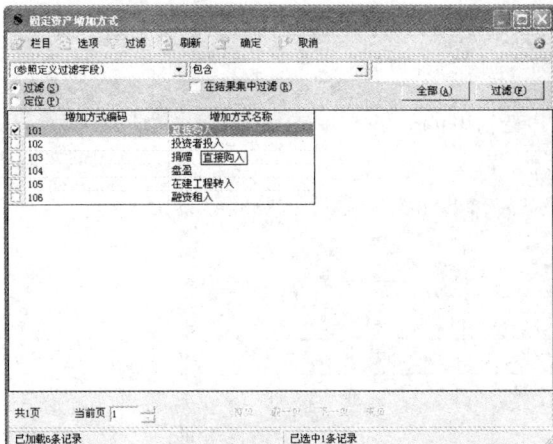

图 5-148　固定资产增加方式选择窗口

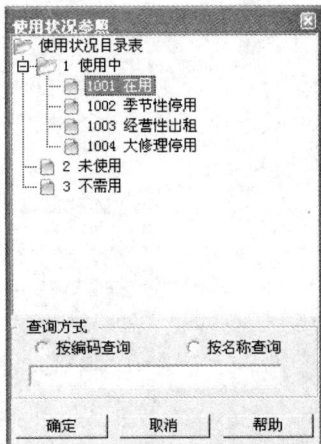

图 5-149　使用情况参照

⑥ 在"原值"栏录入"60,000"，如图 5-150 所示。单击"保存"按钮，系统提示"数据成功保存！"，单击"确定"按钮，返回"固定资产卡片"窗口。

图 5-150　新增固定资产卡片管理

(2) 新增固定资产制单

① 会计陈宏在企业应用平台中执行"业务工作/财务会计/固定资产/处理/批量制单"命令，打开"批量制单-制单选择"窗口，如图 5-151 所示。

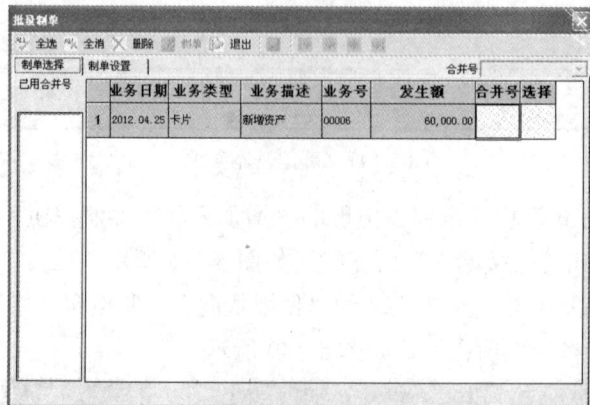

图 5-151　制单选择窗口

② 双击第 1 行的"选择"栏，选中要制单的业务，单击"制单设置"选项卡，如图 5-152 所示。

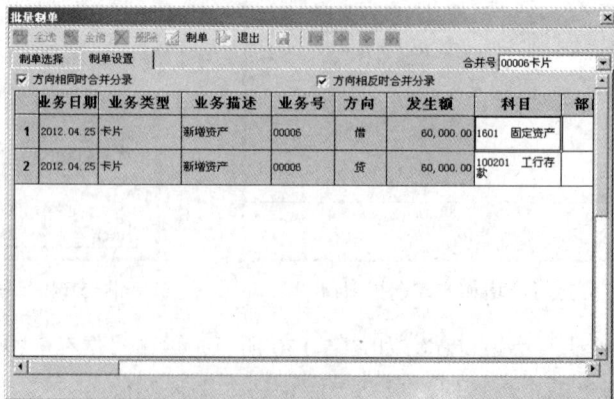

图 5-152　新增固定资产卡片管理

③ 单击"制单"按钮，打开"填制凭证"窗口，单击"凭证类别"参照按钮，修改凭证类别为"记账凭证"，在第 2 条分录上单击"插分"按钮，在插入的分录中设置"科目名称"为"应交税费/应交增值税/进项税额"(22210101)，"借方金额"为"10200"。

④ 设置"银行存款/工行存款"科目"项目"辅助项的"结算方式"为"转账支票"、"票号"为"12100565"、"发生日期"为"2012-04-25"，"贷方金额"为 70,200(直接单击"="，系统将自动填充该值)，如图 5-153 所示，单击"确定"按钮。确认信息无误后单击"保存"按钮生成凭证，如图 5-154 所示。

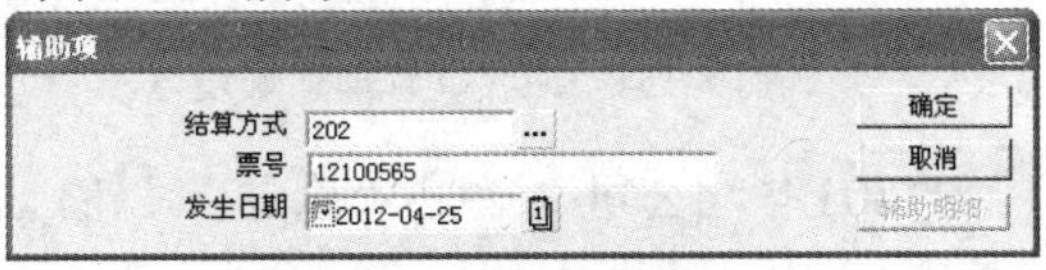

图 5-153　辅助项设置

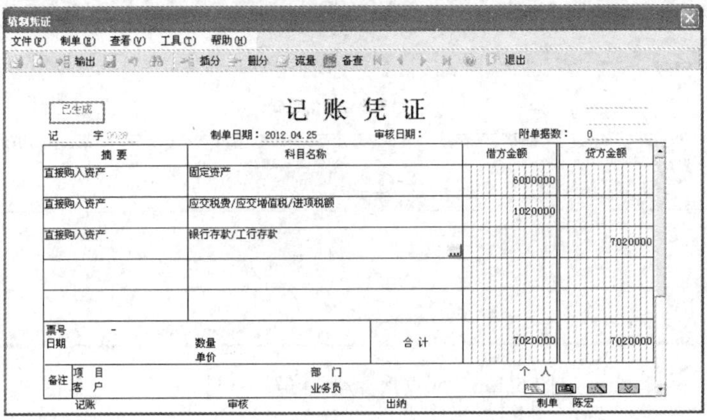

图 5-154　新增固定资产的记账凭证

实训二十三　坏账处理

【任务二十三】

2012 年 4 月 26 日，有确切消息表明华润公司经营出现问题，上一年发货给华润公司的女式毛衣全部货款和运费合计 23,900 元已无法收回，因此，公司对该笔应收账款进行了坏账注销。

【业务说明】

本笔业务是对坏账进行处理的业务。需要进行坏账发生的数据录入与制单处理。

【岗位说明】

会计陈宏负责录入坏账发生数据并进行凭证的制作。

【操作指导】

(1) 2012 年 4 月 26 日，会计陈宏在企业应用平台中执行"业务工作/财务会计/应收款管理/坏账处理/坏账发生"命令，弹出"坏账发生"对话框，如图 5-155 所示。

图 5-155 应收款管理坏账发生

(2) 选择"客户"为"003 华润公司"，单击"确定"按钮，进入"坏账发生单据明细"窗口，如图 5-156 所示。

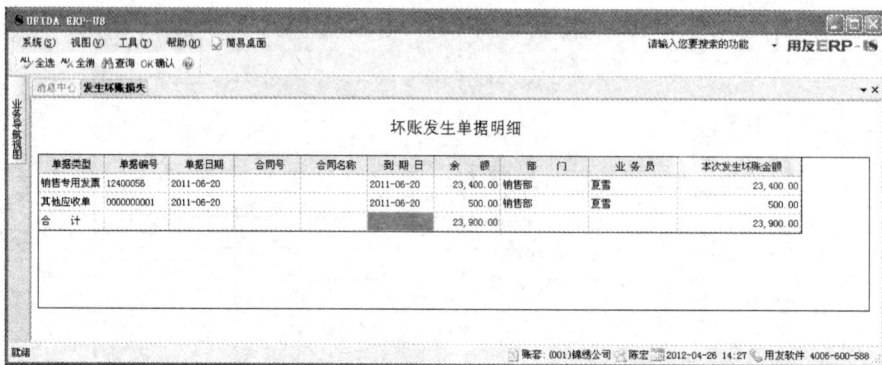

图 5-156 应收款管理坏账发生单据明细

(3) 单击"全选"按钮后，"本次发生坏账金额"栏目的数据自动显示，再单击"OK确认"按钮，系统提示"是否立即制单？"，选择"是"，进入"填制凭证"窗口，确定信息无误后单击"保存"生成凭证，如图 5-157 所示。

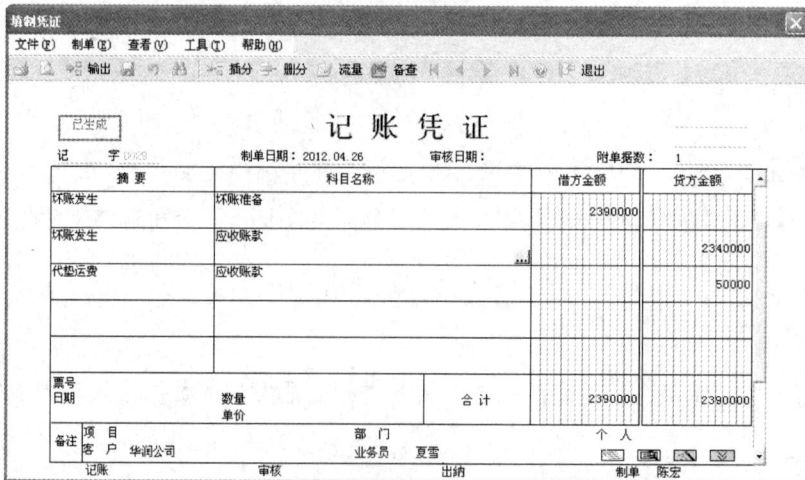

图 5-157 应收款管理坏账发生记账凭证

实训二十四　固定资产调配业务

【任务二十四】

2012 年 4 月 27 日，公司领导章宏斌批复将销售部的丰田小汽车转给总经理办公室使用。变动原因是公司统一调配资源。

【业务说明】

本笔业务是公司固定资产变动业务。需要填制部门转移的固定资产变动单。

【岗位说明】

会计陈宏录入固定资产变动单。

【操作指导】

(1) 2012 年 4 月 27 日，会计陈宏在企业应用平台中执行"业务工作/财务会计/固定资产/卡片/变动单/部门转移"命令，系统打开"固定资产变动单"窗口。

(2) 在"卡片编号"栏单击"卡片编号"参照按钮，选择"00005(丰田汽车)"，如图 5-158 所示。

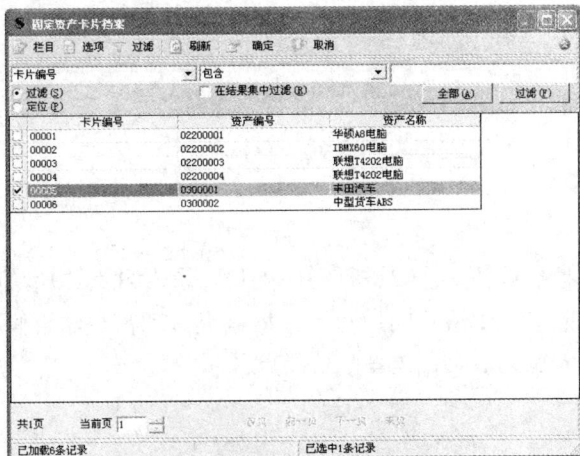

图 5-158　固定资产卡片档案

(3) 单击"变动后部门"栏，再单击出现的"变动后部门"参照按钮，打开"固定资产-本资产部门使用方式"对话框，确认选择为"单部门使用"，单击"确定"按钮，即确认该固定资产只供一个部门使用。

(4) 在系统打开的"部门基本参照"窗口中，双击"总经理办公室"所在行，返回"固定资产变动单"窗口。在"变动原因"栏输入"公司统一调配资源"，如图 5-159 所示。

(5) 单击"保存"按钮，系统提示"数据成功保存！部门已改变，请检查资产对应折旧科目是否正确！"，单击"确定"退出该信息提示框。

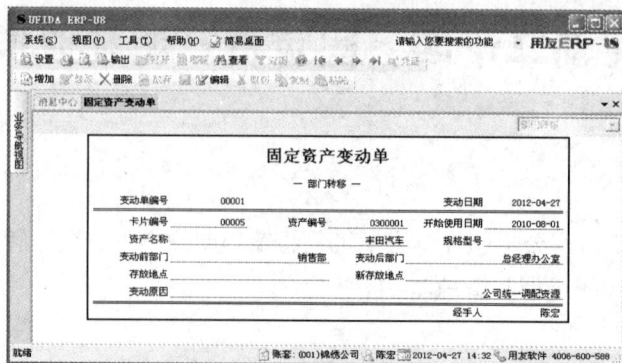

图 5-159　固定资产的部门调配

提示：

- 进行部门转移变动的资产在变动当月就按变动后的部门计提折旧。
- 当月原始录入或新增的资产不允许做此种变动业务。
- 变动单不能修改，只有当月可删除重做。

实训二十五　存货盘点业务

【任务二十五】

2012 年 4 月 30 号，公司对存货进行了清查，结果盘亏五条男式裤子，单位成本为 100 元。盘盈两套女式套装，单位成本为 700 元。

【业务说明】

本笔业务是存货盘点业务，需要进行盘库处理，录入盘点数量，对其他出库单和其他入库单进行审核。按照盘点单进行实地盘点，根据盘亏和盘盈结果修改和审核盘库数据，并生成和审核其他入库单和其他出库单。

【岗位说明】

库管员李丽制作盘点单，账套主管章宏斌审核盘点单和其他出入库单。

【实验数据准备】

(1) 系统时间为 2012 年 4 月 30 日。

(2) 引入光盘"实验数据"文件夹中"第五章任务二十五数据准备"的数据账套。

【操作指导】

(1) 2012 年 4 月 30 日，库管员李丽在企业应用平台中执行"业务工作/供应链/库存管理/盘点业务"命令，打开"盘点单"窗口，单击"增加"按钮，进入"盘点单"界面，选择"盘点仓库"为"男装仓库"、"出库类别"为"盘亏出库"、"入库类别"为"盘盈入库"、"部门"为"仓管部"、"经手人"为"李丽"，完成表头信息的输入，如图 5-160 所示。

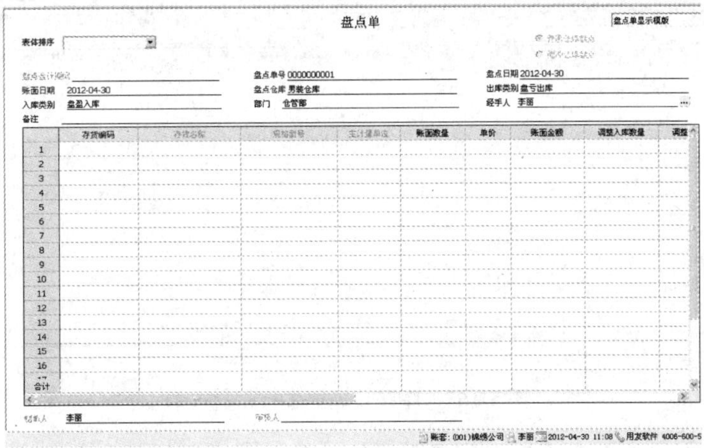

图 5-160　新增盘点单

(2) 单击"盘库"按钮，系统提示"盘库将删除未保存的所有记录，是否继续？"，单击"是"按钮，系统弹出如图 5-161 所示对话框，选择"盘点方式"为"按仓库盘点"，单击"确认"按钮，返回"盘点单"窗口，该仓库中的存货数量会自动显示，如图 5-162 所示。

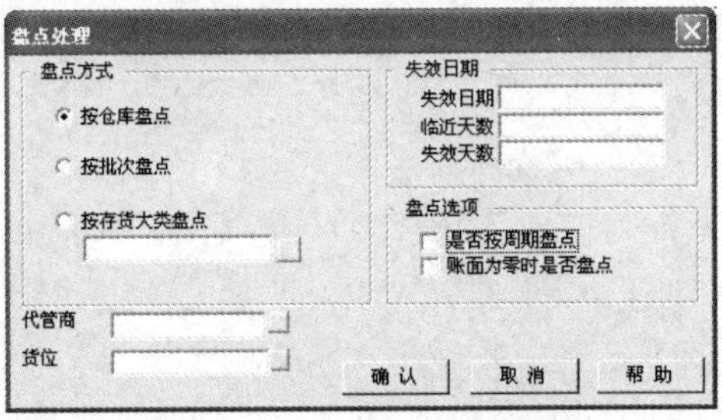

图 5-161　库存管理盘点处理

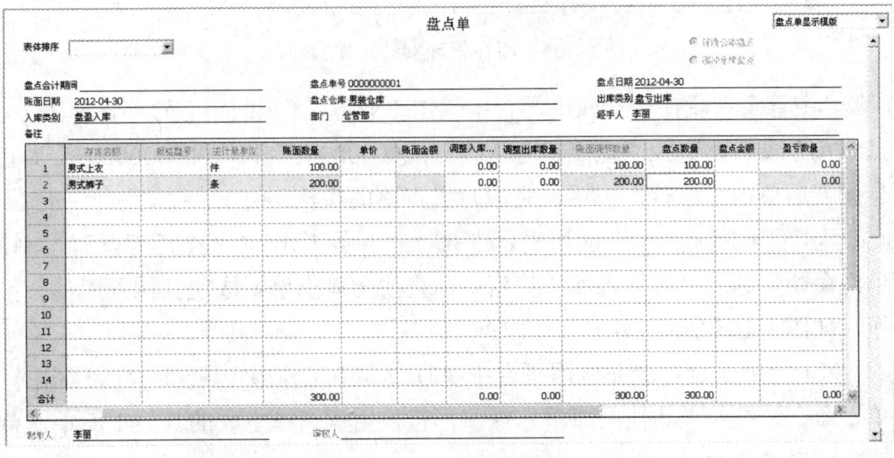

图 5-162　原始盘点单

(3) 修改"男式裤子"的"盘点数量"为"195",单击"保存"按钮,如图 5-163 所示。

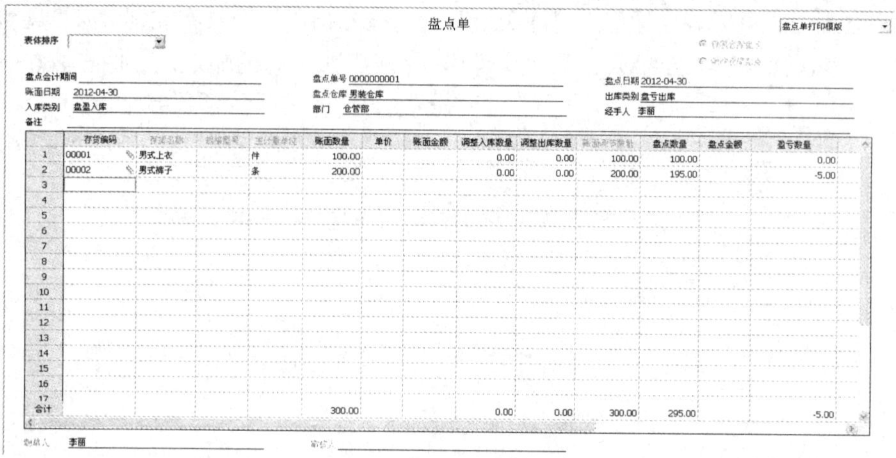

图 5-163　库存管理男装仓库盘点单

(4) 同理,对"女装仓库"进行盘点,生成盘点单。注意:在盘点单中将"女式套装"的"盘点数量"修改为"92",如图 5-164 所示。

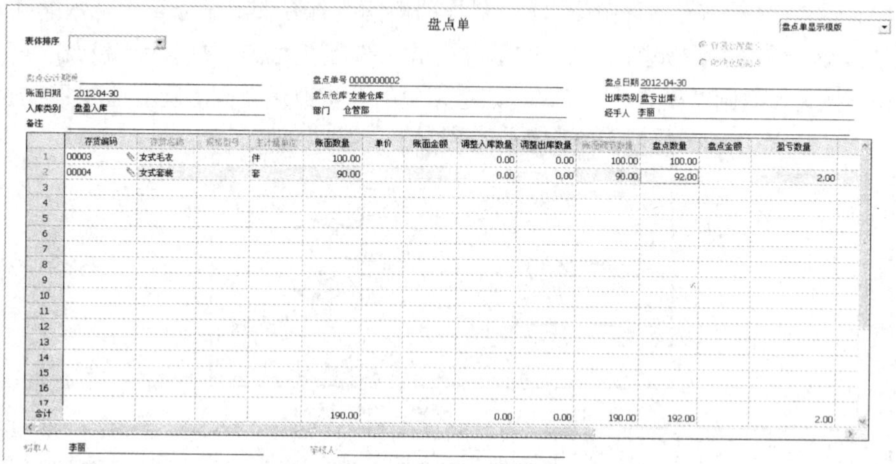

图 5-164　库存管理女装仓库盘点单

(5) 账套主管章宏斌在企业应用平台中双击"业务工作/供应链/库存管理/盘点业务",打开"盘点单"窗口,查找"盘点单号"为"0000000001"和"0000000002"的盘点单,确认信息无误后单击"审核"按钮,完成对盘点单的审核。

(6) 账套主管章宏斌在企业应用平台中执行"业务工作/供应链/库存管理/入库业务/其他入库单"命令,进入"其他入库单"窗口,查找由盘点单生成的其他入库单,单击"审核"按钮,如图 5-165 所示。

(7) 账套主管章宏斌在企业应用平台中执行"业务工作/供应链/库存管理/出库业务/其他出库单"命令,进入"其他出库单"窗口,查找由盘点单生成的其他出库单,单击"审核"按钮,结果如图 5-166 所示。

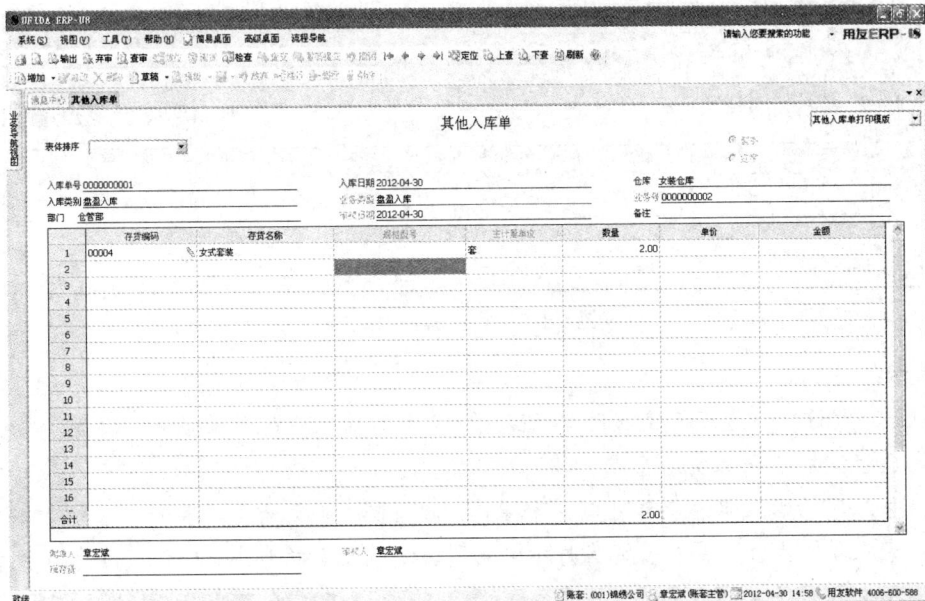

图 5-165　库存管理其他入库单审核

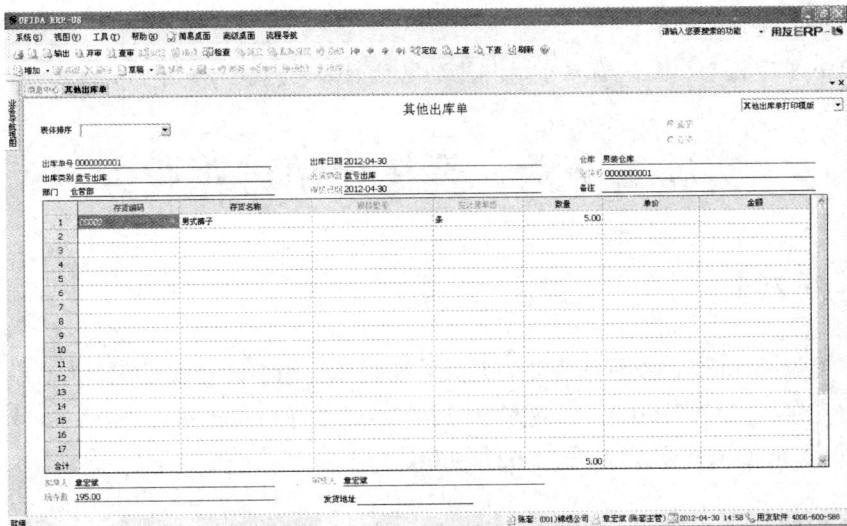

图 5-166　库存管理其他出库单审核

审核其他出入库单的另一种方法

审核完盘点单后，直接单击男装仓库的"盘点单"中的"下查"按钮，系统会弹出"其他出库/入库单列表"窗口，双击表体中的"选择"栏，显示"Y"即表示该单据被选中，单击"审核"按钮，弹出"批审完成！(……)"提示框，单击"确定"按钮完成此张其他出库单的审核，如图 5-167 所示。同理，单击女装仓库"盘点单"中的"下查"按钮，可以完成对该张其他入库单的审核。

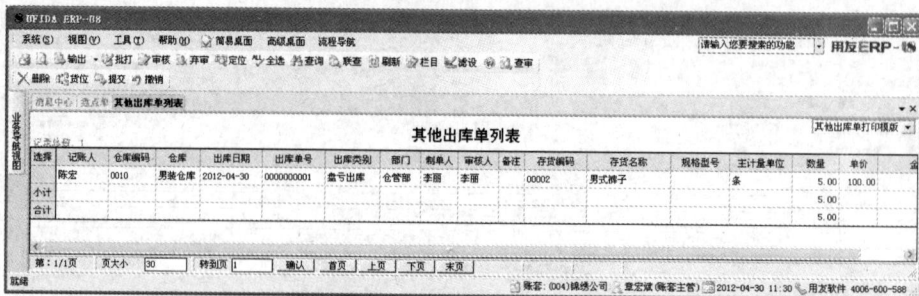

图 5-167　审核其他出库单

提示:

● 图 5-163 中,盘点单输入的盘点数量是实际存货盘点的实物数量。此前,库管人员已经完成了手工实地盘点工作。

● 手工实物盘点单的制作可以如下操作:参见图 5-162 所示,单击"保存"按钮生成盘点单,然后库管人员将其打印出来到实地进行实物盘点,登记实际盘点数量。这项工作是手工的盘点工作,在系统处理时此步骤的操作可以省略。当手工盘点工作完成后,打开系统"盘点单",按照实际盘点的存货数量修改"盘点数量"栏目的数据,操作见步骤(3)。

● 盘点单审核后,系统自动生成相应的其他入库单(盘盈)和其他出库单(盘亏)。

实训二十六　委托代销结算业务

【任务二十六】

2012 年 4 月 30 日,收到华联商场开具的委托其代销 100 套女式套装的代销清单,用转账支票(支票号:13176005)方式向本公司支付代销款 120,000 元和税额 20,400 元。已为华联商场开具增值税发票(发票号:00274900)。

【业务说明】

本笔业务是对委托代销业务进行现结收款、开具发票及结算处理。需要进行委托代销结算单、销售发票的录入与审核,对应收单据进行审核并制单。本业务的操作流程如图 5-168 所示。

【岗位说明】

会计陈宏负责录入委托代销结算单、负责对销售发票进行现结处理以及记账凭证编制,财务经理陈志伟负责销售发票审核,账套主管章宏斌负责委托代销结算单审核。

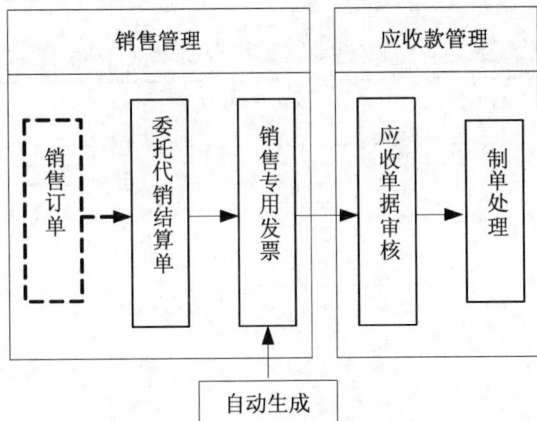

图 5-168 任务二十六操作流程图

【操作指导】

(1) 账套主管章宏斌对委托代销结算单单据格式进行修改。添加委托代销结算单的表头数据项，以便自动生成完整的销售专用发票信息。

① 账套主管章宏斌在企业应用平台中执行"基础设置/单据设置/单据格式设置/销售管理/委托代销结算单/显示/委托代销结算单显示模板"命令，单击"表头项目"按钮，弹出"表头"对话框，选择项目名称为"发票号"，如图 5-169 所示，单击"确定"按钮。

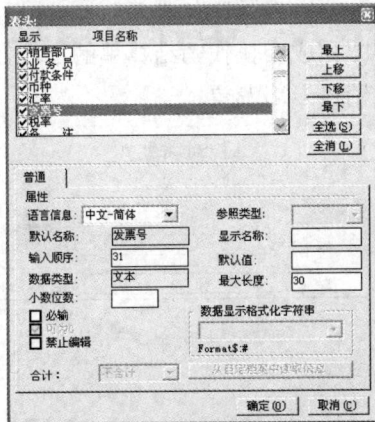

图 5-169 委托代销结算单表头格式选项

② 将"发票号"项目的位置调整好，单击"保存"按钮，如图 5-170 所示。即在委托代销结算单格式中成功添加"发票号"项目。

(2) 2012 年 4 月 30 日，会计陈宏在企业应用平台中执行"业务工作/供应链/销售管理/委托代销/委托代销结算单"命令，进入委托代销结算单窗口，单击"增加"按钮，自动进入"过滤条件选择—委托结算参照发货单"，单击"过滤"按钮，进入参照生单窗口，选择 4 月 16 日的发货单，单击"确定"按钮，进入委托代销结算单界面，发票号输入为"00274900"，数量修改为"100"，单击"保存"按钮。

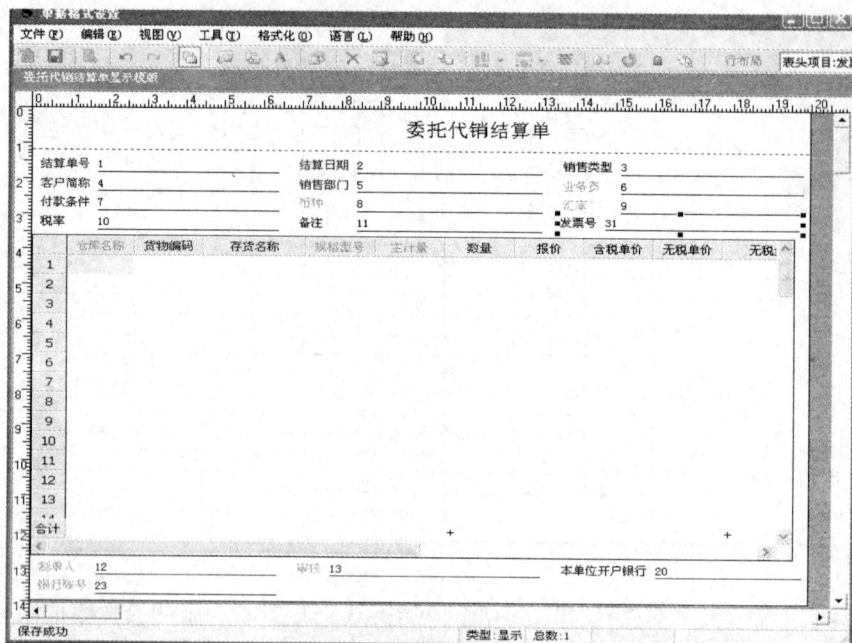

图 5-170　委托代销结算单单据格式设置

(3) 账套主管章宏斌在企业应用平台中执行"业务工作/供应链/销售管理/委托代销/委托代销结算单"命令，进入委托代销结算单窗口，查找该笔委托代销结算单，确认信息无误后单击"审核"按钮，系统弹出"选择发票类型"窗口，确认选择发票类型为"专用发票"并单击"确认"按钮，即完成委托代销结算单的审核，如图 5-171 所示。此时系统根据委托代销结算单自动生成销售专用发票。

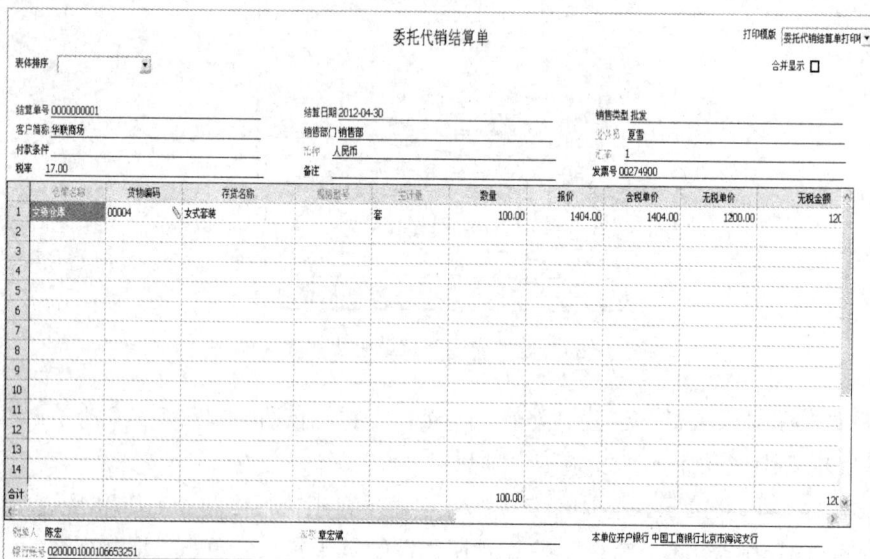

图 5-171　委托代销结算单

(4) 会计陈宏在企业应用平台中执行"业务工作/供应链/销售管理/销售开票/销售专用

发票”命令，进入“销售专用发票”窗口，查找该笔委托代销的销售专用发票。单击“现结”按钮进入现结窗口，选择结算方式为“转账支票”，输入金额为“140,400”，票据号为“13176005”，“项目大类编码”为“00 商品项目管理”，“项目编码”为“101 女式套装”，“订单号”为“WT0701”，单击“确定”按钮完成现结。

(5) 财务经理陈志伟在企业应用平台中执行“业务工作/供应链/销售管理/销售开票/销售专用发票”命令，进入“销售专用发票”窗口，查找该笔业务的销售专用发票，确认信息无误后单击“复核”按钮完成对销售专用发票的审核。

(6) 财务经理陈志伟在企业应用平台中执行“业务工作/财务会计/应收款管理/应收单据处理/应收单据审核”命令，打开“应收单过滤条件”对话框，选中“包含已现结发票”，单击“确定”按钮，进入应收单据列表，选择该笔销售业务形成的应收款，单击“审核”按钮完成应收款的审核。

(7) 会计陈宏在企业应用平台中执行“业务工作/财务会计/应收款管理/制单处理”命令，打开“制单查询”窗口，取消选中“发票制单”复选框，选中 “现结制单”复选框，单击“确定”按钮，进入制单界面，选择需要制单的凭证，单击“制单”按钮，进入“填制凭证”窗口，在销售专用发票凭证的主营业务收入一栏中，输入“项目”辅助项为“女式套装”，单击“保存”按钮生成现结凭证，如图 5-172 所示。

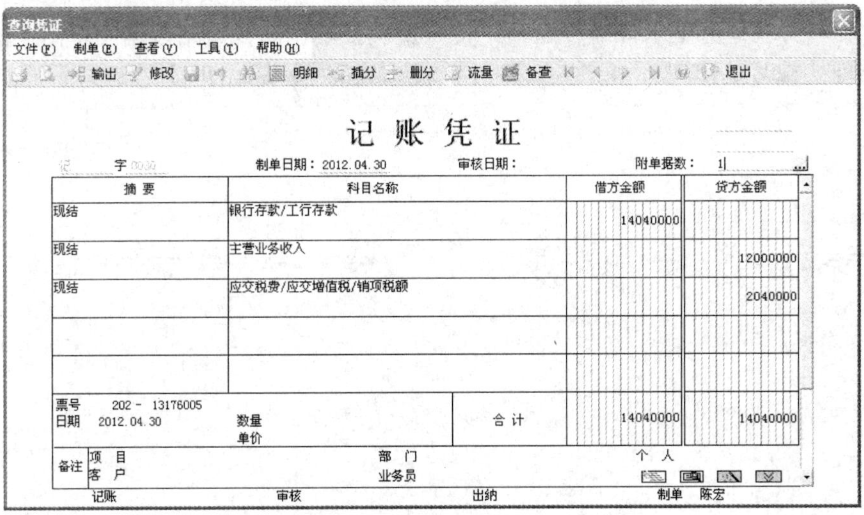
查询凭证
文件(F)　制单(E)　查看(V)　工具(T)　帮助(H)
输出　修改　明细　插分　删分　流量　备查　退出

记账凭证

记　字 0030　制单日期：2012.04.30　审核日期：　附单据数：1

摘要	科目名称	借方金额	贷方金额
现结	银行存款/工行存款	14040000	
现结	主营业务收入		12000000
现结	应交税费/应交增值税/销项税额		2040000
票号 202 - 13176005 日期 2012.04.30	数量 单价 合计	14040000	14040000

备注　项目　部门　个人
客户　业务员
记账　审核　出纳　制单 陈宏

图 5-172　委托代销结算现结制单凭证

实训二十七　检查存货入库单

【任务二十七】

2012 年 4 月 30 日，检查货物的采购入库单、其他出入库单是否缺少单价数据，并对这些单据补充录入价格。

【业务说明】

本笔业务是存货入库单价检查业务。需要进行采购入库单、其他入库单、其他出库单的单价检查与修改。

【岗位说明】

库管员李丽补充录入单价数据。

【实验数据准备】

(1) 系统时间为 2012 年 4 月 30 日。

(2) 引入光盘"实验数据"文件夹中"第五章任务二十七数据准备"的数据账套。

【操作指导】

(1) 2012 年 4 月 30 日，库管员李丽在企业应用平台中执行"业务工作/供应链/存货核算/日常业务/采购入库单"命令，打开"采购入库单"窗口，按顺序翻页，逐单检查，检查是否缺少价格数据，若缺少单价则补充其"本币单价"信息。

(2) 库管员李丽在企业应用平台中执行"业务工作/供应链/存货核算/日常业务/其他入库单"命令，打开"其他入库单"窗口，检查发现该单据缺少价格数据，单击"修改"按钮，填写女式套装单价为"700"，单击"保存"按钮，结果如图 5-173 所示。

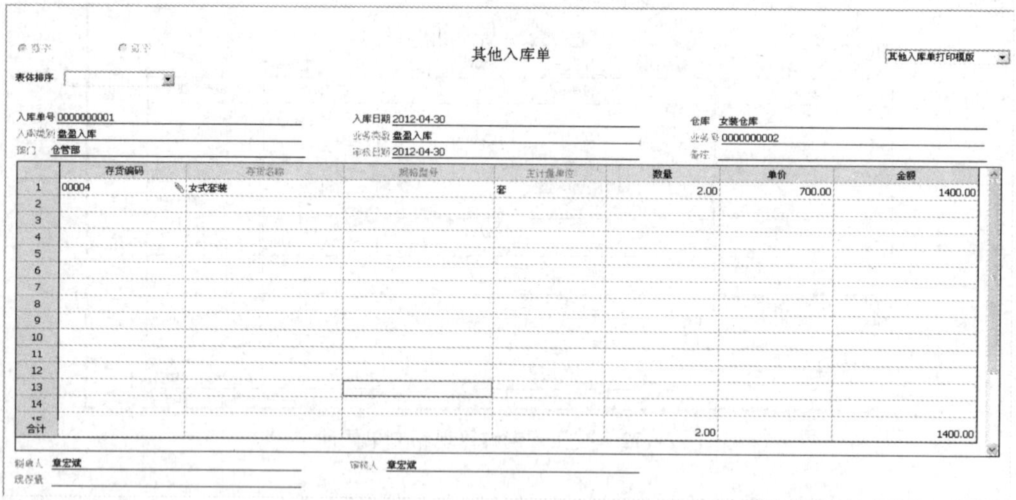

图 5-173 其他入库单

(3) 库管员李丽在企业应用平台中执行"业务工作/供应链/存货核算/日常业务/其他出库单"命令，打开"其他出库单"窗口，检查发现该单据缺少价格数据，单击"修改"按钮，修改男式裤子单价为"100"，单击"保存"按钮，结果如图 5-174 所示。

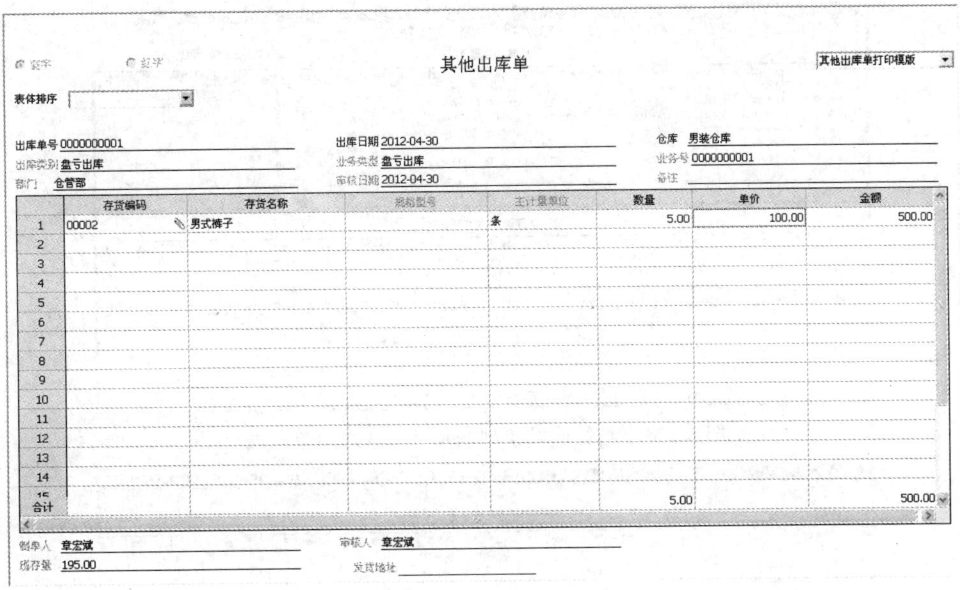

图 5-174　其他出库单

实训二十八　采购成本结算和运费分摊

【任务二十八】

2012 年 4 月 30 日，检查本期是否已进行采购成本结算和运费分摊。

【业务说明】

本笔业务是采购入库单与采购发票进行结算和运费分摊业务。需要进行手工或者自动方式对采购入库单、运费与发票进行匹配处理。

【岗位说明】

库管人员李丽负责结算采购成本和分摊运费处理。

【操作指导】

(1) 2012 年 4 月 30 日，库管人员李丽在企业应用平台中执行"业务工作/供应链/采购管理/采购结算/手工结算"命令，进入"手工结算"窗口，单击"选单"按钮，进入"结算选单"界面，单击"过滤"按钮，进入"过滤条件选择-采购手工结算"窗口，单击"过滤"按钮，显示出全部"结算选发票列表"和"结算选入库单列表"，如图 5-175 所示。

(2) 在"结算选发票列表"中选择"女式毛衣"记录，单击"匹配"按钮，弹出"匹配成功 1 条数据"窗口，单击"确定"按钮，在"结算选入库单列表"上会自动选择与上面对应的入库单，如图 5-176 所示。

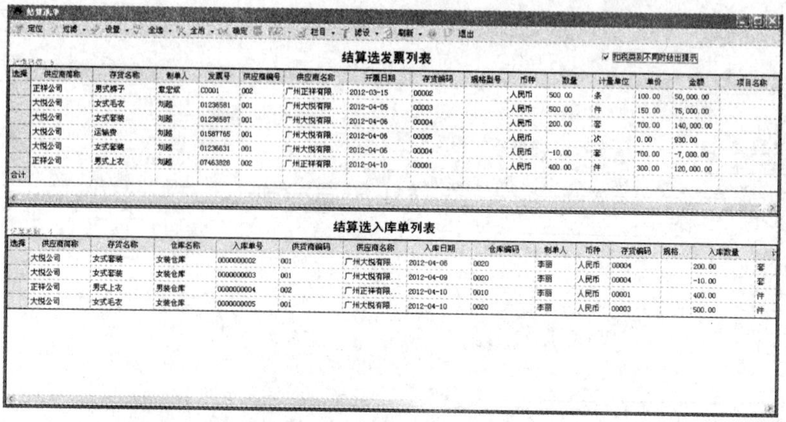

图 5-175　结算选发票列表及结算选入库单列表

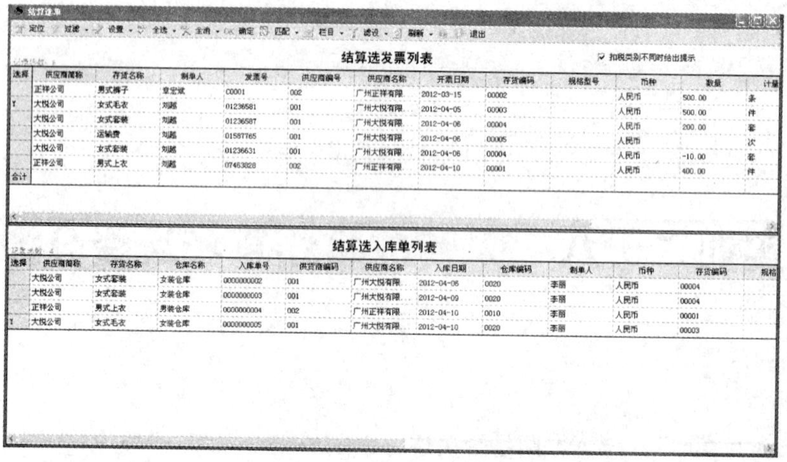

图 5-176　结算发票列表与结算选入库单列表匹配

(3) 单击"OK 确定"按钮，返回"手工结算"界面，如图 5-177 所示。单击"结算"按钮，系统会弹出"结算完成"窗口，单击"确定"按钮完成结算。

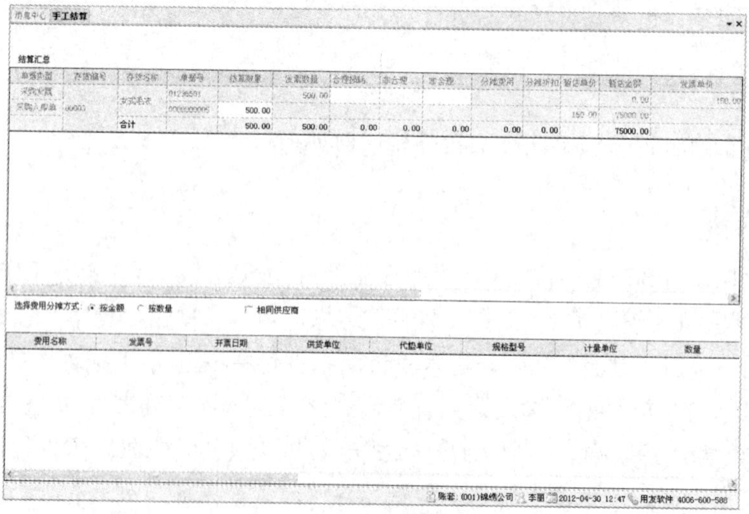

图 5-177　手工结算界面

(4) 同理操作，可以对本月 9 号发生的女式套装退货业务和 10 号发生的男式上衣采购业务进行手工结算。

(5) 针对本月 6 号的运费业务发生的 200 套女式套装的采购业务进行采购结算，可以在"结算选发票列表"中选择开票日期为"2012-04-06"的两行记录(女式套装和运输费)，在"结算选入库单列表"中选择对应的入库单，单击"OK 确定"按钮，弹出"所选单据扣税类别不同，是否继续？"窗口，如图 5-178 所示，单击"是"按钮。

图 5-178 采购发票和运费发票手工结算

(6) 返回手工结算界面。单击"分摊"按钮，弹出"选择按金额分摊，是否开始计算？"提示框，如图 5-179 所示。单击"是"按钮，系统弹出"费用分摊(按金额)完毕，请检查。"提示框，单击"确定"按钮。再单击"结算"按钮，系统弹出"结算：费用列表中有折扣或费用属性的存货信息，在结算前请确认是否进行了分摊。是否继续？"提示框，单击"确定"按钮，系统显示"完成结算"窗口，完成结算。

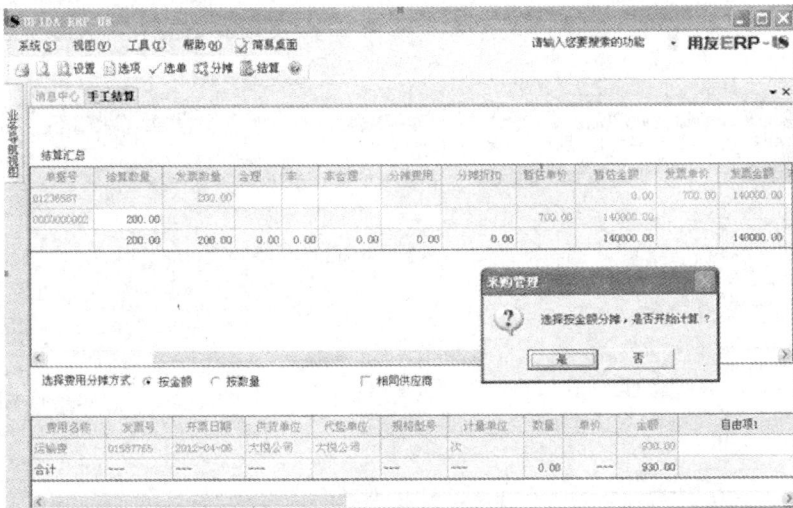

图 5-179 费用分摊

提示：

上述方法为第一种方法。此外，针对有运费发生的业务进行"采购结算与费用分摊"的第二种方法为：对采购专用发票和采购入库单进行手工结算，运费发票与对应的采购入库单使用"费用折扣结算"功能进行结算。然后在存货核算系统中先执行正常单据记账，再执行"结算成本处理"，最终完成运费的分摊，此时，将自动生成出库调整单和入库调整单，在制单时要针对出库调整单和入库调整单进行凭证生成。此方法与第一种方法中步骤(5)、(6)并行，可以相互替代。

(1) 对本月 6 号发生的采购 200 套女式套装业务的采购专用发票和入库单进行手工结算。

(2) 对本月 6 号发生的采购 200 套女式套装业务进行运费分摊处理。双击"业务工作/采购管理/采购结算/费用折扣结算"，进入"费用折扣结算"界面，单击"过滤"按钮，系统弹出"条件输入"对话框，单击"确定"按钮，如图 5-180 所示。

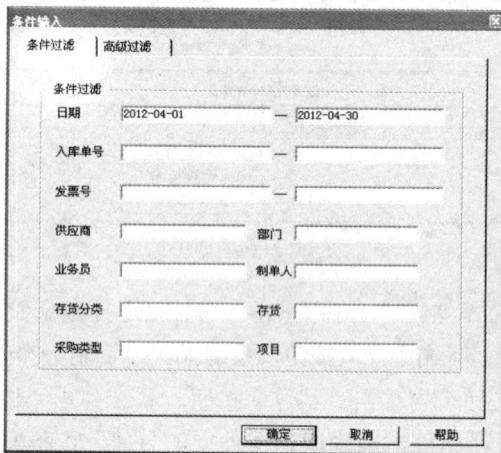

图 5-180　条件输入

(3) 单击"入库"按钮，进入"入库单选择"界面，选中 4 月 6 日的入库单，如图 5-181 所示。

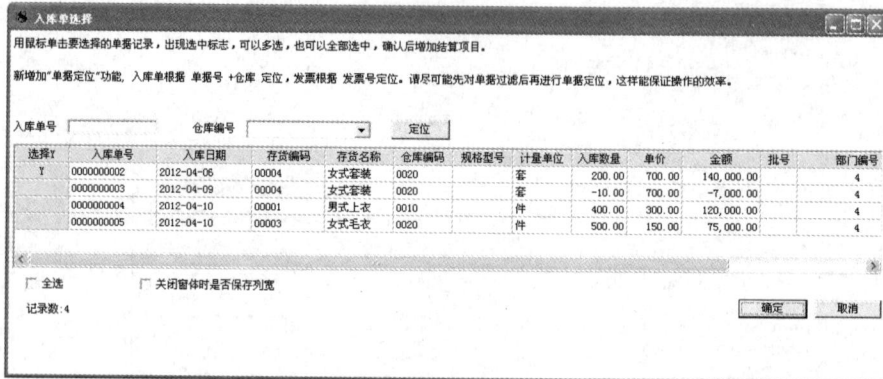

图 5-181　入库单选择

(4) 单击"确定"按钮，返回"费用折扣结算"界面，单击"发票"按钮，进入"发票选择"界面，选中该笔业务的运费发票，如图 5-182 所示。

(5) 单击"确定"按钮，返回"费用折扣结算"界面，单击"分摊"按钮，如图 5-183 所示。单击"结算"按钮，系统弹出"结算成功"对话框，单击"确定"按钮，即费用折扣结算完成。

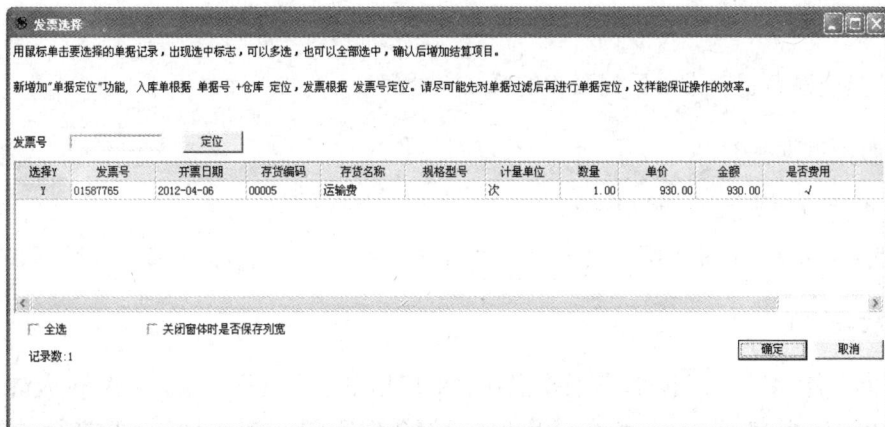

图 5-182 发票选择

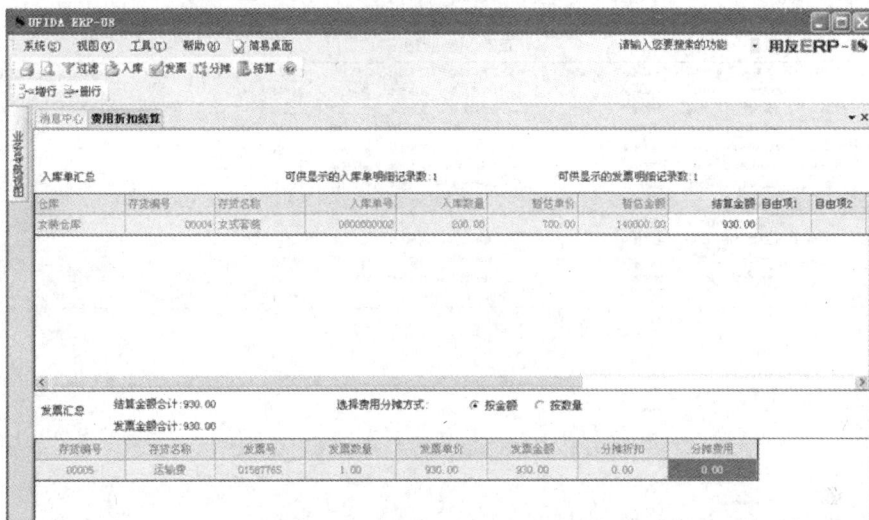

图 5-183 费用折扣结算分摊

实训二十九 存货的正常单据记账 及结算成本处理

【任务二十九】

2012 年 4 月 30 日，对存货进行正常单据记账以及结算成本处理。

【业务说明】

本笔业务是存货核算时正常单据记账业务。需要进行正常单据的记账，以及采购成本的运费分摊处理。

【岗位说明】

库管员李丽负责正常单据记账和结算成本处理。

【实验数据准备】

(1) 系统时间为 2012 年 4 月 30 日。

(2) 引入光盘"实验数据"文件夹中"第五章任务二十九数据准备"的数据账套。

【操作指导】

(1) 2012 年 4 月 30 日，库管员李丽在企业应用平台中执行"业务工作/供应链/存货核算/业务核算/正常单据记账"命令，弹出"过滤条件选择"窗口，单击"过滤"按钮，进入"未记账单据一览表"界面，单击"全选"按钮，如图 5-184 所示。

正常单据记账列表

选择	日期	单据号	存货编码	存货名称	规格型号	存货代码	单据类型	仓库名称	收发类别	数量	单价	金额	计划单价	计划金额
	2012-04-02	00274895	00003	女式毛衣			专用发票	女装仓库	销售出库	400.00				
	2012-04-02	00274896	00002	男式裤子			专用发票	男装仓库	销售出库	1,800.00				
	2012-04-06	0000000002	00004	女式套装			采购入库单	女装仓库	采购入库	200.00	704.65	140,930.00		
	2012-04-09	0000000003	00004	女式套装			采购入库单	女装仓库	采购退货	-10.00	700.00	-7,000.00		
	2012-04-10	0000000004	00001	男式上衣			采购入库单	男装仓库	采购入库	400.00	300.00	120,000.00		
	2012-04-10	00274897	00003	女式毛衣			专用发票	女装仓库	销售出库	75.00				
	2012-04-10	0000000005	00003	女式毛衣			采购入库单	女装仓库	采购入库	500.00	150.00	75,000.00		
	2012-04-12	00274898	00001	男式上衣			专用发票	男装仓库	销售出库	300.00				
	2012-04-30	0000000002	00002	男式裤子			其他出库单	男装仓库	盘亏出库	5.00	100.00	500.00		
	2012-04-30	0000000001	00004	女式套装			其他入库单	女装仓库	盘盈入库	2.00	700.00	1,400.00		
	2012-04-30	00274900	00004	女式套装			专用发票	女装仓库	销售出库	100.00				
小计										3,772.00		330,630.00		

图 5-184　正常单据记账列表

(2) 单击"记账"按钮，进入"手工输入单价列表"窗口，双击选中该单据，输入女式毛衣的单价为"150"，如图 5-185 所示，单击"确定"按钮，系统提示"记账成功"，单击"确定"按钮则记账成功。

手工输入单价列表

选择	存货编码	存货名称	存货代码	规格型号	部门编码	仓库编码	仓库名称	部门名称	单价	存货目
Y	00003	女式毛衣				0020	女装仓库		150.00	
小计										

图 5-185　手工输入女式毛衣单价列表

提示：

上述方法为第一种方法。此外，正常单据记账方法二为：先选中入库单进行记账，再选中出库单进行记账，此时，出库单上的单价按照先进先出法自动算出。

若运费分摊处理是按照【任务二十八】中第一种方法进行分摊和结算的，则此处不需要在存货核算系统中进行结算成本处理。若是按照【任务二十八】提示中的第二种方法进行运费分摊，此时要在存货核算系统中先执行"正常单据记账"，再执行"结算成本处理"，最终完成运费的分摊，此时，将自动生成出库调整单和入库调整单，在制单时要针对出库调整单和入库调整单进行凭证生成。在执行了正常单据记账以后，执行"结算成本处理"的操作步骤如下。

(1) 执行"业务工作/供应链/存货核算/业务核算/结算成本处理"命令，系统弹出"暂估处理查询"对话框，选中仓库为"女装仓库"，如图 5-186 所示。

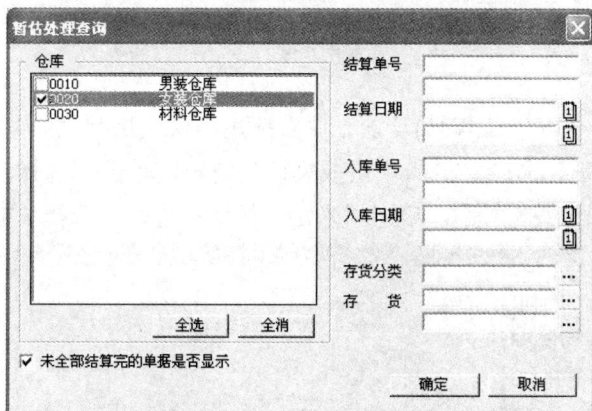

图 5-186　"暂估处理查询"对话框

(2) 单击"确定"按钮，进入"结算成本处理"界面，在"结算成本处理"列表中选中该单据，选中"将运费分摊给结算时指定的入库单"和"未指定入库单的运费系统自动分摊给结存的入库单"，如图 5-187 所示。单击"暂估"按钮，系统弹出"暂估处理完成"对话框，单击"确定"按钮则结算成本处理完成。

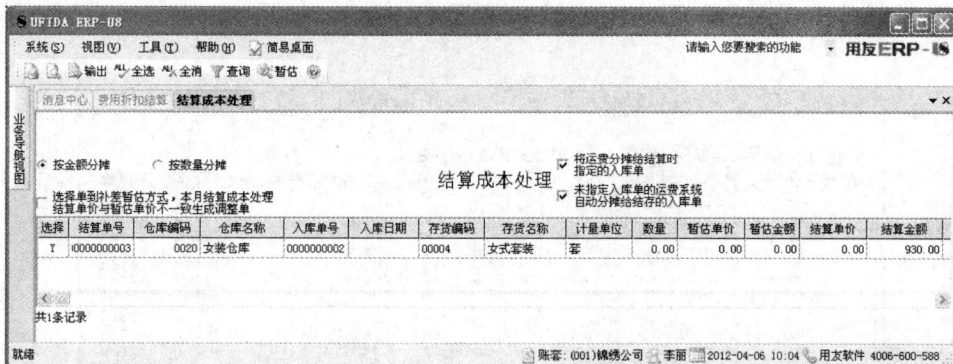

图 5-187　结算成本处理

实训三十　存货核算的制单业务

【任务三十】

2012 年 4 月 30 日，对存货核算结果进行制单处理。

【业务说明】

本笔业务是存货核算时的制单处理业务，需要进行凭证的生成。

【岗位说明】

库管员李丽负责凭证制单处理。

【操作指导】

(1) 2012 年 4 月 30 日，库管员李丽在企业应用平台中执行"业务工作/供应链/存货核算/财务核算/生成凭证"命令，进入"生成凭证"窗口，单击"选择"按钮，进入"查询条件"对话框，如图 5-188 所示，单击"确定"按钮，进入"选择单据"窗口。

图 5-188　查询条件窗口

(2) 在"未生成凭证单据一览表"中选择需要制单的 8 张存货核算单据，如图 5-189 所示。

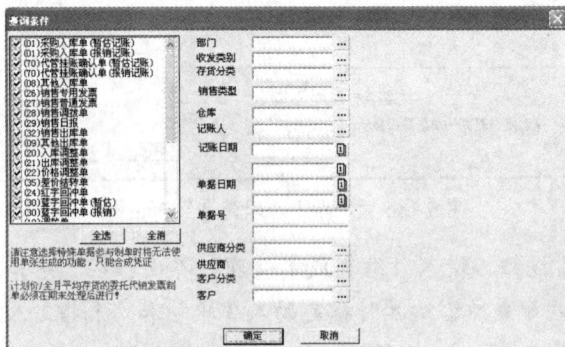

图 5-189　选择单据

(3) 单击"确定"按钮，系统返回"生成凭证"界面，如图 5-190 所示。

选择	单据类型	单据号	摘要	科目类型	科目编码	科目名称	借方金额	贷方金额	借方数量	贷方数量	存货编码	存货名称	部门编码	部门名称	业务员
	其他出库单		其他出库单	对方	190101	待处理流动资产损溢	500.00			5.00	00002	男式裤子	5	仓管部	008
		0000000001		存货	1405	库存商品		500.00		5.00	00002	男式裤子	5	仓管部	008
	其他入库单		其他入库单	对方	190101	待处理流动资产损溢	1,400.00		2.00		00004	女式套装	5	仓管部	008
				存货	1405	库存商品		1,400.00	2.00		00004	女式套装	5	仓管部	008
	采购入库单	0000000005	采购入库单	存货	1405	库存商品	75,000.00		500.00		00003	女式毛衣	4	采购部	007
				对方	1402	在途物资		75,000.00		500.00	00003	女式毛衣	4	采购部	007
1	专用发票	00274895	专用发票	对方	6401	主营业务成本	60,000.00		400.00		00003	女式毛衣	3	销售部	006
				存货	1405	库存商品		60,000.00		400.00	00003	女式毛衣	3	销售部	006
		00274896		对方	6401	主营业务成本	180,000.00		1,800.00		00002	男式裤子	3	销售部	006
				存货	1405	库存商品		180,000.00		1,800.00	00002	男式裤子	3	销售部	006
		00274897		对方	6401	主营业务成本	11,250.00		75.00		00004	女式套装	3	销售部	006
				存货	1405	库存商品		11,250.00		75.00	00004	女式套装	3	销售部	006
		00274898		对方	6401	主营业务成本	90,000.00		300.00		00001	男式上衣	3	销售部	006
				存货	1405	库存商品		90,000.00		300.00	00001	男式上衣	3	销售部	006
		00274900		对方	6401	主营业务成本	67,500.00		90.00		00004	女式套装	3	销售部	006
				存货	1405	库存商品		67,500.00		90.00	00004	女式套装	3	销售部	006
				对方	6401	主营业务成本	7,046.50		10.00		00004	女式套装	3	销售部	006
				存货	1405	库存商品		7,046.50		10.00	00004	女式套装	3	销售部	006
合计							492,696.50	492,696.50							

图 5-190　生成凭证界面

(4) 单击"生成"按钮，即可生成图 5-190 中所有业务凭证。在填制凭证界面，将辅助项信息补充完整，单击"保存"按钮即完成所有凭证的填制。所生成的凭证如下所示：

① 对"采购入库单"生成的相应凭证的"库存商品"和"在途物资"分录补充其"辅助项项目名称"为"203 女式毛衣"，在填制凭证窗口中单击"保存"按钮即生成凭证，如图 5-191 所示。

图 5-191　CG0701 采购入库单记账凭证

② 同理，对"其他入库单"生成的相应凭证的"库存商品"分录补充其"辅助项项目名称"为"101 女式套装"，在填制凭证窗口中单击"保存"按钮即生成凭证，如图 5-192 所示。

③ 同理，对"其他出库单"生成的相应凭证中的"库存商品"分录补充其"项目"辅助项信息为"男式裤子"。单击"制单"按钮，选择"插入分录"，增加一条分录，在摘要栏中输入摘要为"进项税转出"，科目名称栏中选择"22210102 应交税费/应交增值税/

进项税额转出",在贷方金额栏中输入"85",修改借方金额为"585"(或按"="号)。单击"保存"按钮即生成凭证,如图 5-193 所示。

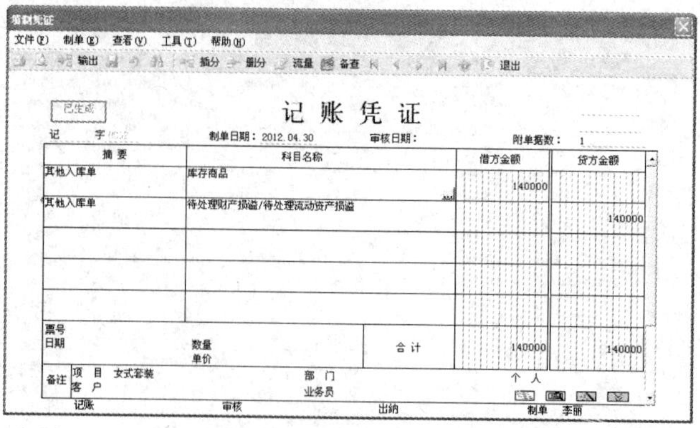

图 5-192　存货盘盈业务的记账凭证

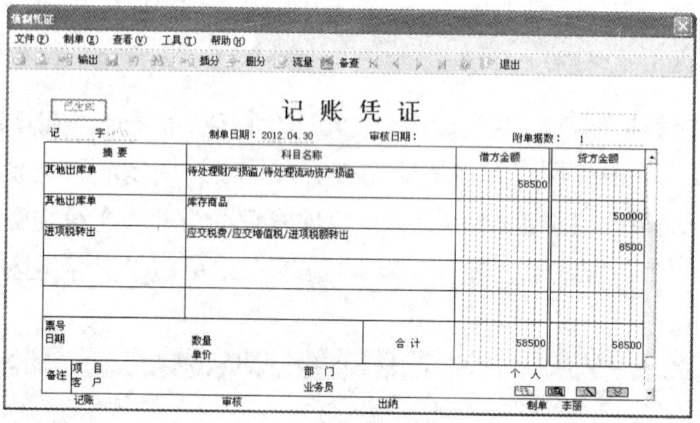

图 5-193　存货盘亏业务的记账凭证

④ 单击"下张凭证"按钮,将"库存商品"和"主营业务成本"的辅助项项目名称设置为"203 女式毛衣",在填制凭证窗口中单击"保存"按钮即生成凭证,如图 5-194 所示。

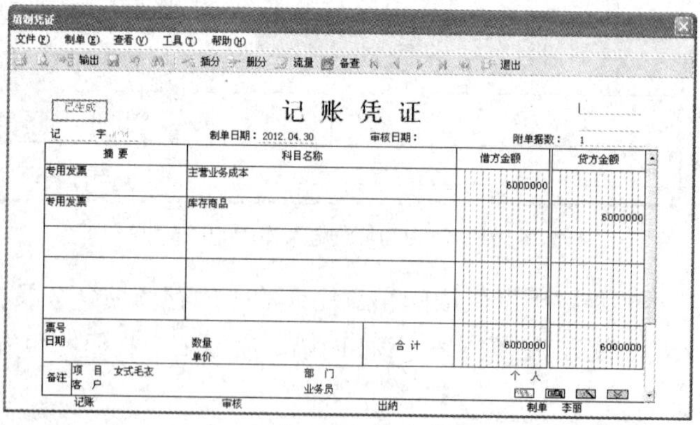

图 5-194　XS0701 销售出库的记账凭证

⑤ 单击"下张凭证"按钮,分别将"库存商品"和"主营业务成本"的辅助项项目名称设置为"202 男式裤子",在填制凭证窗口中单击"保存"按钮即生成凭证,如图 5-195

所示。

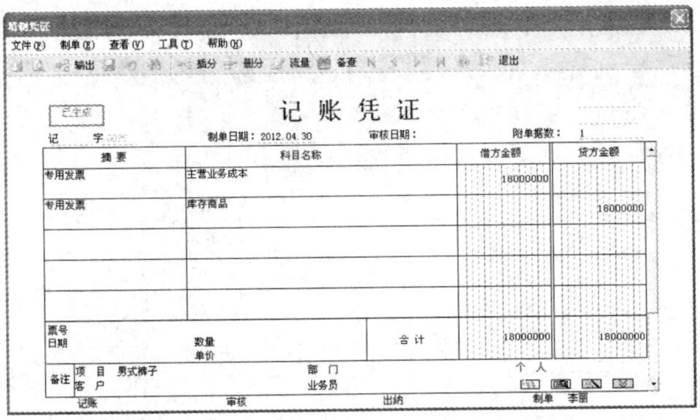

图 5-195　XS0702 销售出库的记账凭证

⑥ 单击"下张凭证"按钮，分别将"库存商品"和"主营业务成本"的辅助项项目名称设置为"203 女式毛衣"，在填制凭证窗口中单击"保存"按钮即生成凭证，如图 5-196所示。

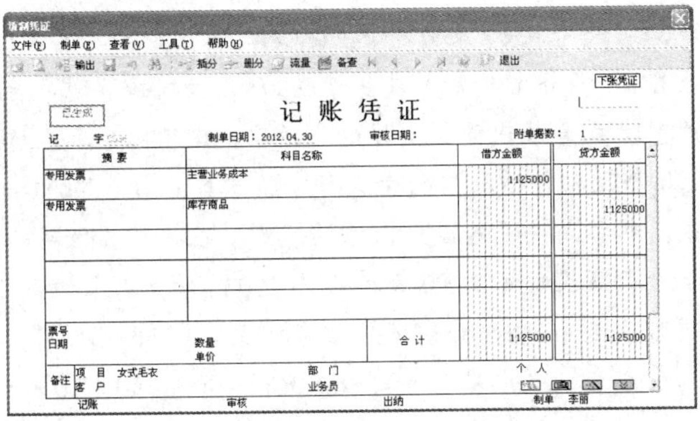

图 5-196　上月销售出库业务的记账凭证

⑦ 单击"下张凭证"按钮，分别将"库存商品"和"主营业务成本"的辅助项项目名称设置为"201 男式上衣"，在填制凭证窗口中单击"保存"按钮即生成凭证，如图 5-197所示。

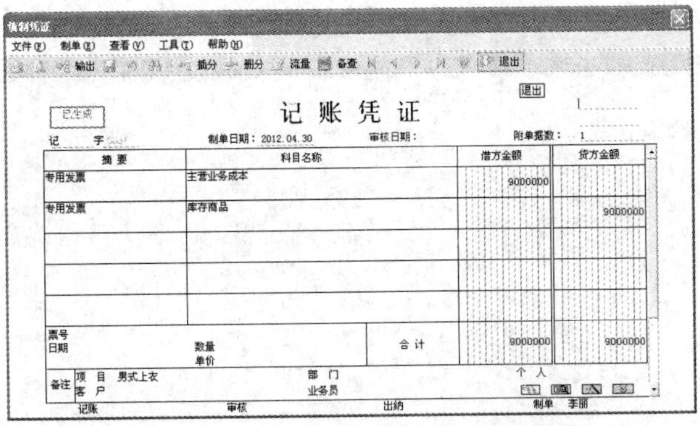

图 5-197　XS0703 销售出库的记账凭证

⑧ 单击"下张凭证"按钮，分别将"库存商品"和"主营业务成本"的辅助项项目名称设置为"101 女式套装"，单击"保存"按钮即生成凭证，如图 5-198 所示。

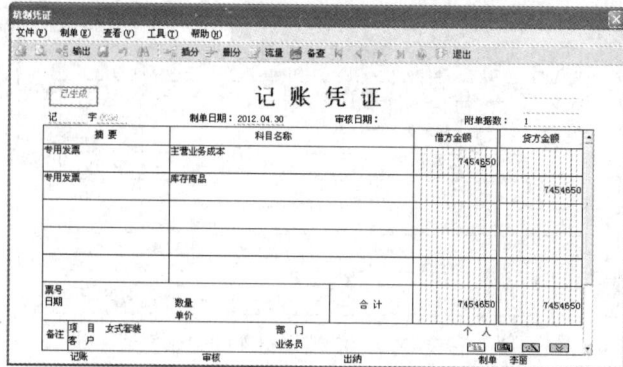

图 5-198　委托代销结算的记账凭证

提示 1：

图 5-198 委托代销结算的记账凭证中主营业务成本金额为 74,546.5 元，原因是：将 930元的运费分摊到 200 套女式套装中，此时平均分摊到每套上的金额为 4.65 元(即 930÷200)。按照先进先出法的规则，【任务十二】本月 9 号退 10 套女式套装时，是从期初暂估入库的单价为 750 元的 100 套女式套装中退货出库的，所以，退货以后，在库存中剩余的存货是由单价为 750 元的 90 套期初暂估入库的女式套装和本月 6 号采购入库的单价为 700 元的200 套女式套装构成。那么，按照先进先出法的规则，在执行【任务二十六】时，委托代销结算单中 100 套女式套装应该是由 90 套单价为 750 元的女式套装和 10 套单价为 700 元的女式套装构成，同时，这 10 套女式套装应该分摊运输费 46.5 元(即 4.65 元/套×10 套)，由此可推算出 100 套女式套装的成本为 74,546.5 元(即 90×750＋10×700＋46.5)。

提示 2：

若【任务二十八】是按照第二种方法对运费发票和对应的入库单进行费用折扣分摊的，在存货核算模块生成凭证时，在"选择单据"窗口中"未生成凭证单据一览表"中选择需要制单的单据，如图 5-199 所示。未选择的入库单、入库单调整单、蓝字回冲单已在应付款管理模块中制单，此处不要重复制单。操作如下。

图 5-199　未生成凭证单据一览表

【操作指导】

(1) 在"选择单据"窗口单击"确定"按钮，系统返回"生成凭证"界面，补充输入出库调整单的对方科目为"主营业务成本"，如图 5-200 所示。

选择	单据类型	单据号	摘要	科目类型	科目编码	科目名称	借方金额	贷方金额	借方数量	贷方数量	存货编码	存货名称	部门编码	部门名称	业务员编码	业务员
	其他出库单	0000000001	其他出库单	对方	190101	待处理流动资产损溢	500.00		5.00		00002	男式裤子	5	仓管部	008	李
				存货	1405	库存商品		500.00		5.00	00002	男式裤子	5	仓管部	008	李
	其他入库单		其他入库单	存货	1405	库存商品	1,400.00		2.00		00004	女式套装	5	仓管部	008	李
				对方	190101	待处理流动资产损溢		1,400.00		2.00	00004	女式套装	5	仓管部	008	李
	出库调整单	0000000002	0000000000000006	对方			46.50				00004	女式套装	4	采购部	007	刘
				存货	1405			46.50			00004	女式套装	4	采购部	007	刘
1	采购入库单	0000000005	采购入库单	对方	1405	库存商品	75,000.00		500.00		00003	女式毛衣	4	采购部	007	刘
				对方	1402	在途物资		75,000.00		500.00	00003	女式毛衣	4	采购部	007	刘
		00274895		对方	6401	主营业务成本	60,000.00		400.00		00003	女式毛衣	3	销售部	006	夏
				存货	1405	库存商品		60,000.00		400.00	00003	女式毛衣	3	销售部	006	夏
		00274896		对方	6401	主营业务成本	180,000.00		1,800.00		00002	男式裤子	3	销售部	006	夏
				存货	1405	库存商品		180,000.00		1,800.00	00002	男式裤子	3	销售部	006	夏
	专用发票	00274897	专用发票	对方	6401	主营业务成本	11,250.00		75.00		00003	女式毛衣	3	销售部	006	夏
				存货	1405	库存商品		11,250.00		75.00	00003	女式毛衣	3	销售部	006	夏
		00274898		对方	6401	主营业务成本	90,000.00		300.00		00001	男式上衣	3	销售部	006	夏
				存货	1405	库存商品		90,000.00		300.00	00001	男式上衣	3	销售部	006	夏
		00274900		对方	6401	主营业务成本	67,500.00		90.00		00004	女式套装	3	销售部	006	夏
				存货	1405	主营业务成本		67,500.00		90.00	00004	女式套装	3	销售部	006	夏
				存货	1405	库存商品	7,000.00		10.00		00004	女式套装	3	销售部	006	夏
				存货	1405	库存商品		7,000.00		10.00	00004	女式套装	3	销售部	006	夏
合计							492,696.50	492,696.50								

图 5-200 待生成凭证列表

(2) 单击"生成"按钮，进入"填制凭证"界面，按照【任务三十】步骤(4)逐一生成凭证，生成的凭证与①-⑧相同，但是【方法2】会多生成一张出库调整单凭证，分别补充"库存商品"科目和"主营业务成本"科目的项目辅助项设置为"女式套装"，如图 5-201 所示。

图 5-201 出库调整单凭证

特别说明：(此方法可以作为处理采购业务的第三种方法)

本案例中使用采购科目设置为"库存商品"。如果应付款管理系统中的采购科目设置为"在途物资"科目，则相应采购业务的账务处理操作方法如下：

1. 首先设置采购科目和存货对方科目

当采购科目是"在途物资"时，存货对方科目也应为"在途物资"。那么，无论票货是否同到，将由采购发票生成的记账凭证，其借方科目均为"在途物资"；当采购的货品到货并入库时，则需要在存货核算模块生成凭证，借方科目为"库存商品"，贷方科目为"在途物资"。

(1) 账套主管章宏斌在企业应用平台中执行"业务工作/财务会计/应付款管理/设置/初始设置/基本科目设置"命令，对"采购科目"设置为"1402"(在途物资)，对"产品科目设置"中"服装"的采购科目设置为"1402"(在途物资)。

(2) 账套主管章宏斌在企业应用平台中执行"业务工作/供应链/存货核算/初始设置/科目设置/对方科目"命令，将"采购入库"类型的存货对方科目设置为"1402"(在途物资)。

2. 采购业务处理

以【任务七】和【任务十五】为例，说明采购业务的账务处理操作。

【任务七】2012 年 4 月 5 日，刘越与大悦公司签订采购合同编号为 CG0703，购买 500 件女式毛衣，无税单价 150 元，增值税为 17%，价税合计 87,750 元。合同签订后取得全额发票(发票号 01236581)并用电汇支付合同总金额的 40%(电汇票号为 12354561)。要求本月 10 日到货，验收合格后 30 日内支付剩余货款。

【任务十五】2012 年 4 月 10 日，编号为 CG0703 采购合同的 500 件女式毛衣到货，验收合格入女装仓库。

操作步骤如下：

(1) 采购员刘越完成【任务七】中采购订单的录入与审核，采购专用发票的录入及现付处理。详见"第五部分【任务七】的操作指导"。

(2) 财务经理陈志伟完成对该张采购专用发票的审核。

(3) 会计陈宏在应付款管理系统中执行"业务工作/财务会计/应付款管理/制单处理"命令，在弹出的"制单查询"对话框中，"发票制单"选择默认条件，单击"确定"按钮，进入"制单"窗口，单击"全选"按钮选择采购发票，单击"制单"按钮，进入"填制凭证"窗口，显示借方科目为"在途物资"和"应交税费/应交增值税/进项税额"，贷方科目为"银行存款/工行存款"和"应付账款/一般应付账款"，补充输入借方科目"在途物资"的辅助项目信息为"女式毛衣"，单击"保存"按钮，生成此凭证，如图 5-202 所示。

(4) 库管员李丽对【任务十五】的货品入库进行采购结算。执行"业务工作/采购管理/采购结算/手工结算"命令，在系统弹出的"手工结算"页面中单击"选单"按钮，显示"手工结算"窗口，单击"过滤"按钮。在"结算选发票列表"中双击该发票对应记录行的选择栏，出现"Y"，单击"匹配"按钮，系统弹出"匹配成功 1 条数据"窗口，单击"确定"按钮，即选中对应的入库单，如图 5-203 所示。单击"确定"按钮，返回手工结算页面。单击"结算"按钮，系统弹出"完成结算"对话框，单击"确定"即完成采购结算处理。

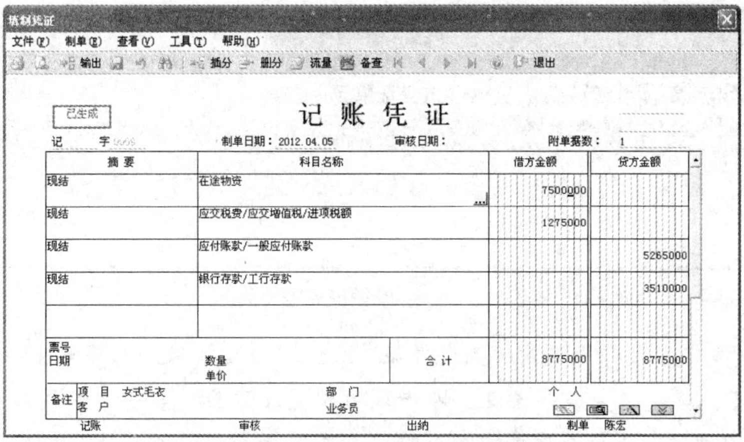

图 5-202 任务七业务的记账凭证

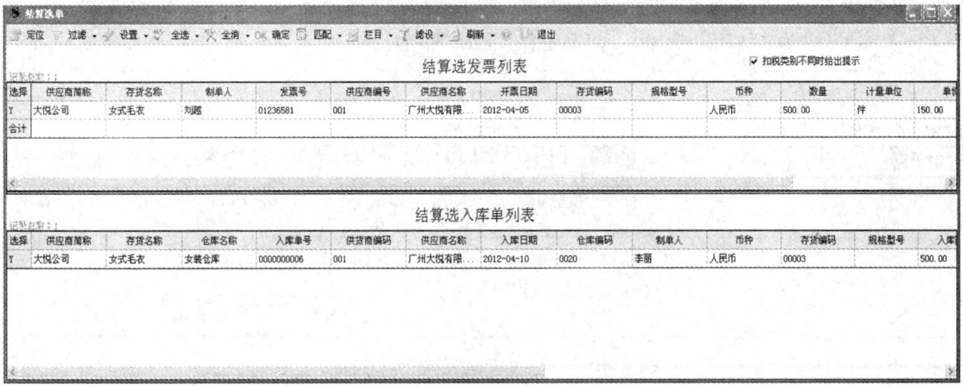

图 5-203 结算选发票列表

(5) 执行"业务工作/供应链/存货核算/业务核算/正常单据记账"命令，系统弹出"过滤条件选择"对话框，单击"确定"按钮，进入"未记账单据一览表"页面，在"正常单据记账列表"中选中该采购入库单。单击"记账"按钮，系统弹出"记账成功"窗口，单击"确定"按钮，即完成正常单据记账，如图 5-204 所示。

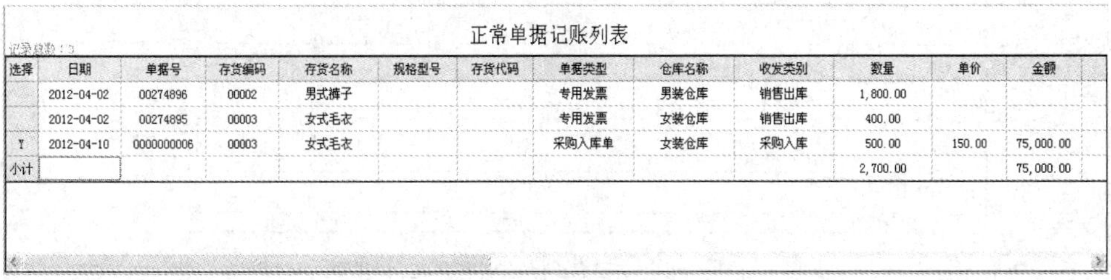

图 5-204 正常单据记账列表

(6) 执行"业务工作/供应链/存货核算/财务核算/生成凭证"命令，进入"生成凭证"页面，单击"选择"按钮，弹出"查询条件"对话框，单击"确定"按钮，进入"选择单据"页面，不选中"已结算采购入库单自动选择全部结算单上单据"，在"未生成凭证单据一览表"中选中该采购入库单，如图 5-205 所示。

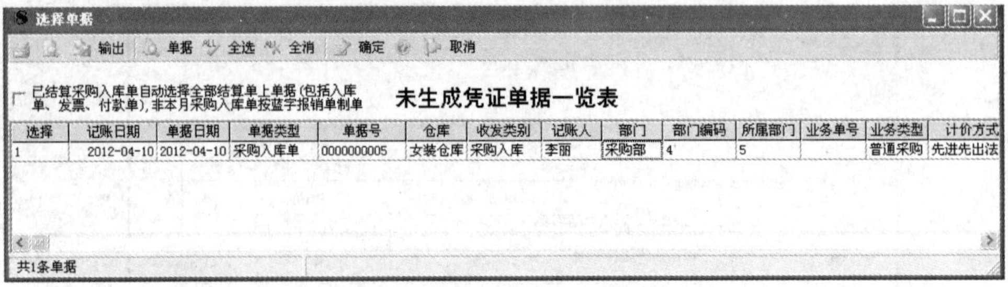

图 5-205　未生成凭证单据一览表

(7) 单击"确定"按钮，进入"生成凭证"页面，显示按采购入库单生成的凭证列表，如图 5-206 所示，单击"生成"按钮，即进入填制凭证界面，单击"库存商品"科目，补充输入其辅助项目信息为"女式毛衣"，单击"在途物资"科目，补充输入其辅助项目信息为"女式毛衣"，单击"保存"按钮，即生成到货入库货品的凭证，借方科目为"库存商品"，贷方科目为"在途物资"，如图 5-207 所示。

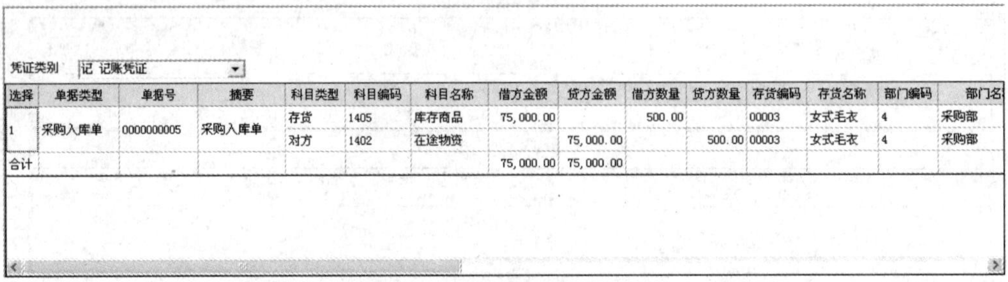

图 5-206　女式毛衣生成凭证窗口

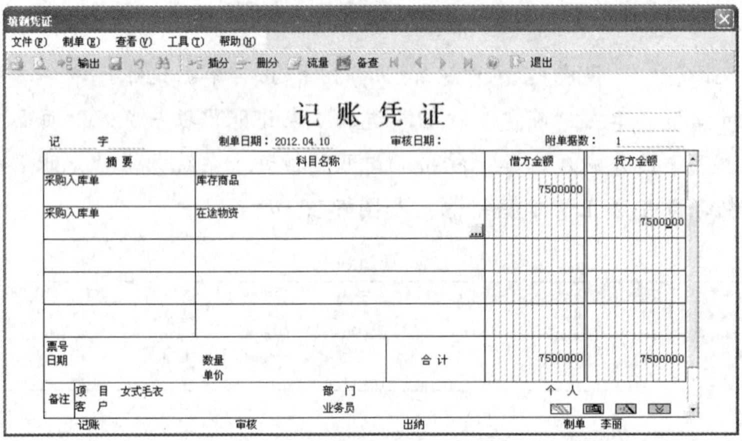

图 5-207　女式毛衣到货入库的记账凭证

总结：

● 针对有运费发生的业务进行"采购结算与费用分摊"的第一种方法：在"采购结算/手工结算"中选中需要处理的采购发票、运费发票和对应的入库单，先执行"分摊"再执行"结算"，此时，运费金额将自动分摊到相应的入库单上。

● 针对有运费发生的业务进行"采购结算与费用分摊"的第二种方法：对采购专用发

票和采购入库单进行手工结算，对运费发票与对应的采购入库单使用"费用折扣结算"功能进行结算，然后在存货核算系统中先对其入库单据执行正常单据记账，再执行"结算成本处理"，选中该运费单据，单击"暂估"按钮将运费分摊到其入库单中，此时，将自动生成出库调整单和入库调整单，在制单时要针对出库调整单和入库调整单进行凭证生成。

实训三十一　计提本月固定资产折旧

【任务三十一】

2012 年 4 月 30 日，固定资产会计对各部门的固定资产计提本月折旧。

【业务说明】

本笔业务是当月计提固定资产折旧业务。需要进行计提本月折旧处理。

【岗位说明】

会计陈宏负责计提固定资产折旧。

【实验数据准备】

(1) 系统时间为 2012 年 4 月 30 日。
(2) 引入光盘"实验数据"文件夹中"第五章任务三十一数据准备"的数据账套。

【操作指导】

(1) 会计陈宏在企业应用平台中执行"业务工作/财务会计/固定资产/处理/计提本月折旧"命令，系统弹出"是否要查看折旧清单？"信息提示框，单击"是"按钮，系统提示"本操作将计提本月折旧，并花费一定时间，是否继续？"，单击"是"按钮，即可进入"折旧清单"窗口查看所有固定资产信息，如图 5-208 所示。

图 5-208　4 月份的折旧清单

(2) 单击"退出"按钮，系统进入"折旧分配表"窗口，如图 5-209 所示。

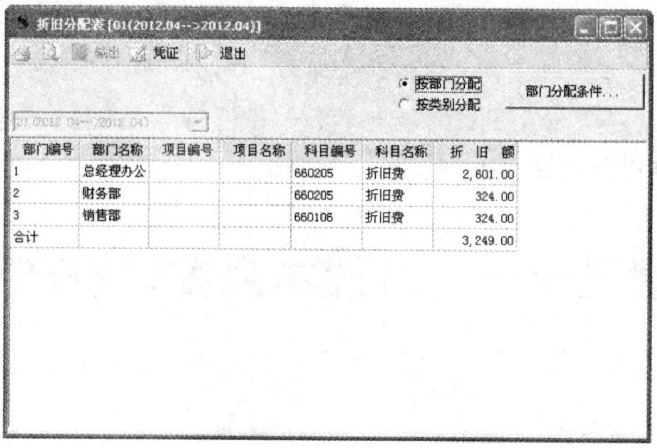

图 5-209　4 月份的部门折旧分配表

(3) 单击"凭证"按钮，系统进入"填制凭证"窗口，即显示出会计分录，修改其凭证类别为"记账凭证"，单击"保存"按钮，即可生成凭证，完成本月的折旧计提工作，如图 5-210 所示。

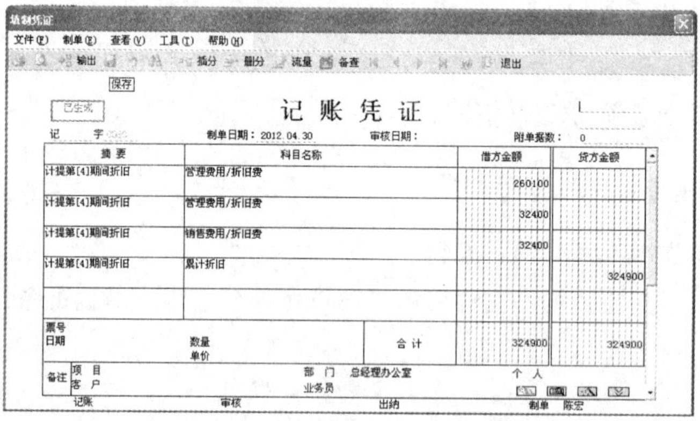

图 5-210　计提固定资产折旧的记账凭证

实训三十二　固定资产报废处理

【任务三十二】

2012 年 4 月 30 日，公司对固定资产进行清理，账实相符。总经理办公室一台华硕 A8 电脑申请报废，主管领导章宏斌已审批同意报废。

【业务说明】

本笔业务是公司固定资产减少业务。需要进行固定资产减少单据的录入，固定资产清理并进行制单。本业务的业务流程如图 5-211 所示。

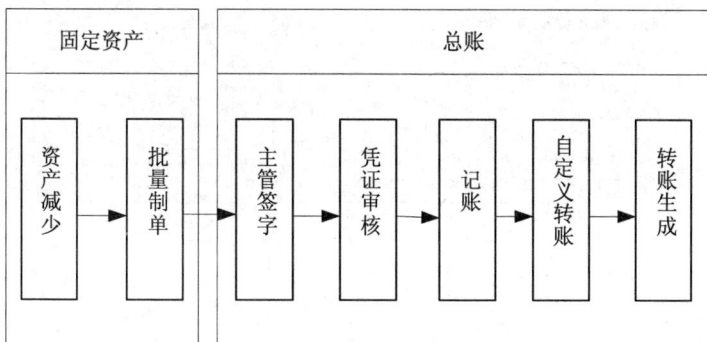

图 5-211　任务三十二操作流程图

【岗位说明】

会计陈宏负责填制固定资产减少单据并制单、记账，财务经理陈志伟负责审核和主管签字，会计陈宏进行自定义转账将固定资产清理转入营业外支出。

【操作指导】

(1) 填制固定资产减少单据并制单

① 会计陈宏在企业应用平台中执行"业务工作/财务会计/固定资产/卡片/资产减少"命令，系统打开"资产减少"窗口。在"卡片编号"栏录入或参照生成"00001"(华硕 A8 电脑)，单击"增加"按钮，即在表体增加一条记录，修改其"减少方式"为"报废"，"清理原因"输入"报废"，如图 5-212 所示。单击"确定"按钮，系统提示"所选卡片已经减少成功!"，单击"确定"按钮退出。

图 5-212　固定资产报废单据的填制

② 会计陈宏在企业应用平台中执行"业务工作/财务会计/固定资产/处理/批量制单"命令，系统打开"批量制单"窗口，在"制单选择"选项卡中单击"全选"按钮；选择"制单设置"选项卡，如图 5-213 所示。单击"制单"按钮，系统打开"填制凭证"窗口，修改凭证类别为"记账凭证"，单击"保存"按钮，即完成固定资产减少业务的处理，结果如图 5-214 所示。

(2) 凭证的签字、审核与记账

① 财务经理陈志伟在企业应用平台中执行"业务工作/财务会计/总账/凭证/主管签字"命令，系统打开"主管签字"对话框。单击"确定"按钮，系统显示出所有凭证的"主管签字"对话框，双击"摘要"为"资产减少"的凭证，系统打开该张记账凭证，单击"签字"按钮，即完成对该张凭证的主管签字工作。

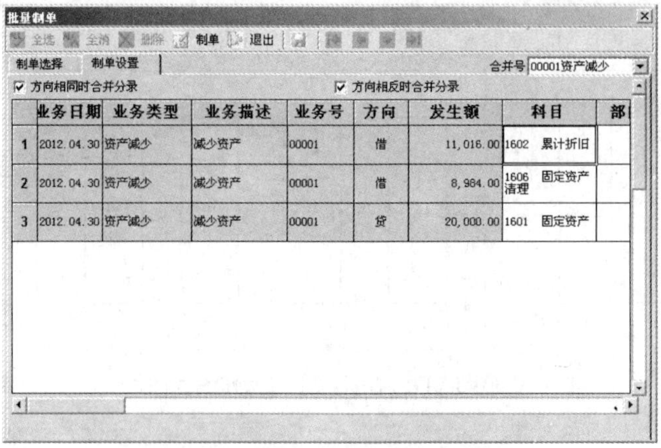

图 5-213　固定资产报废的制单设置

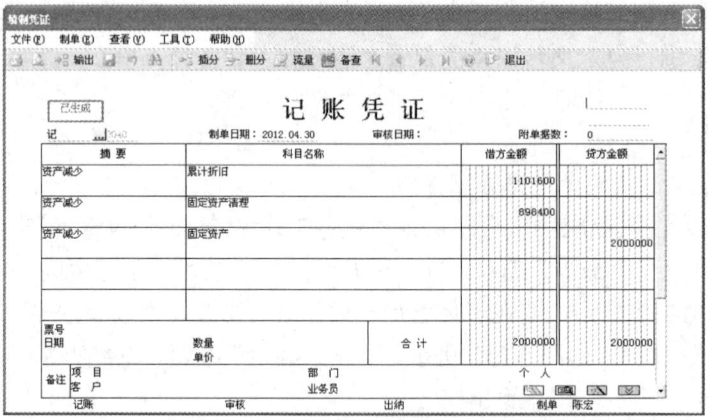

图 5-214　固定资产报废的记账凭证

② 财务经理陈志伟在企业应用平台中执行"业务工作/财务会计/总账/凭证/审核凭证"命令，系统打开"凭证审核"对话框，单击"确定"按钮，系统打开显示所有凭证的对话框。双击"摘要"为"资产减少"的凭证，打开该张记账凭证，单击"审核"按钮，完成对该张凭证的审核工作，如图 5-215 所示。

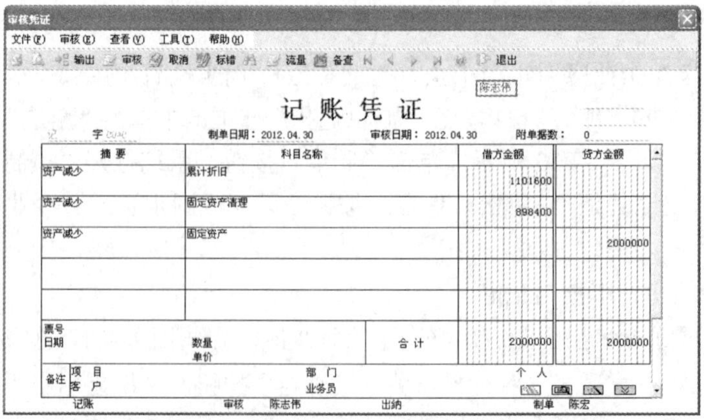

图 5-215　固定资产报废记账凭证的主管签字与审核结果

③ 会计陈宏在企业应用平台中执行"业务工作/财务会计/总账/凭证/记账"命令，系统打开"记账"对话框，在"记账范围"栏中输入凭证号"40"，单击"记账"按钮，系统打开"期初试算平衡表"，表明试算平衡，单击"确定"按钮，系统自动完成记账工作，并给出信息提示框和记账报告，结果如图5-216所示。

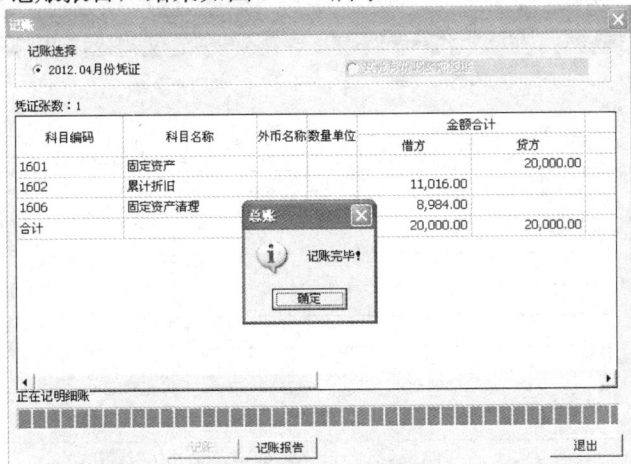

图 5-216　固定资产报废凭证的记账

(3) 自定义转账

① 会计陈宏在企业应用平台中执行"业务工作/财务会计/总账/期末/转账定义/自定义转账"命令，系统打开"自定义转账设置"窗口，单击"增加"按钮，系统打开"转账目录"对话框，在"转账序号"编辑栏中录入"5001"，"转账说明"输入"固定资产清理转营业外支出"，单击"确定"按钮，返回"自定义转账设置"窗口。

② 单击"增行"按钮，在"科目编码"栏中选择科目编码为"6711 营业外支出"，"方向"为"借"，单击"金额公式"参照按钮，进入"公式向导"窗口，选择公式向导为"取对方科目计算结果"或函数名"JG()"，单击"下一步"，单击"完成"按钮，返回自定义转账设置窗口；单击"增行"按钮，参照生成"科目编码"为"1606"(固定资产清理)，"方向"为"贷"，选择"金额公式"为"期末余额"或函数名"QM()"，单击"下一步"按钮，确认"科目编码"为"1606 固定资产清理"，单击"完成"按钮，返回"自定义转账设置"窗口。如图 5-217 所示，单击"保存"按钮即完成固定资产报废的自定义转账设置。

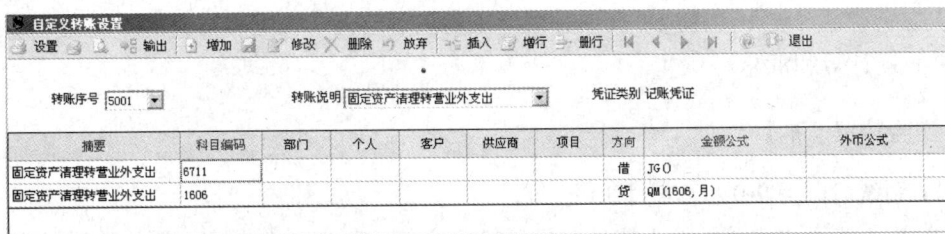

图 5-217　固定资产清理的自定义转账设置

③会计陈宏在企业应用平台中执行"业务工作/财务会计/总账/期末/转账生成"命令，系统打开"转账生成"对话框，双击"5001"所在行的"是否结转"栏，选中该行，单击"确定"按钮，系统提示"2012.04 月之前有未记账凭证，是否继续结转？"，单击"是"按钮，系统打开"转账"对话框，单击"保存"按钮，保存该凭证，结果如图 5-218 所示。

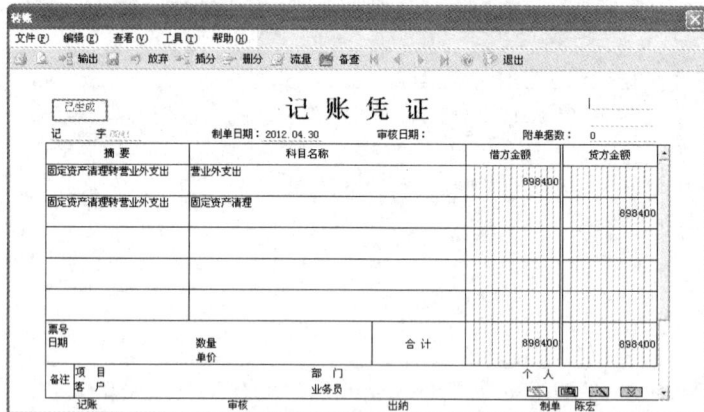

图 5-218　固定资产清理转营业外支出的记账凭证

实训三十三　工资数据变动处理

【任务三十三】

2012 年 4 月 30 日，计算本月职工工资。经过人力资源部绩效考核，总经理章宏斌已批准，4 月份对销售部每人增加绩效工资 500 元，其他人按上月标准发放。自 4 月份开始给每位职工发放交通补助，交通补助标准为"企管人员"和"销售人员"补助 100 元/月，其他人员补助 50 元/月。

【业务说明】

本笔业务是计算本月职工工资业务。需要录入工资变动数据和工资项公式设置。

【岗位说明】

人力资源部经理王勇完成"交通补助"工资项目的公式设置和本月的工资变动数据录入，并重新计算和汇总。

【实验数据准备】

(1) 系统时间为 2012 年 4 月 30 日。

(2) 引入光盘"实验数据"文件夹中"第五章任务三十三数据准备"的数据账套。

【操作指导】

(1) "交通补助"工资项目的公式设置

① 经理王勇在企业应用平台中执行"业务工作/人力资源/薪资管理/设置/工资项目设置"命令，打开"工资项目设置"对话框，选择"公式设置"选项卡，单击"增加"按钮，并从左上角的"工资项目"列表中选择"交通补助"。单击"函数公式向导输入..."按钮，打开"函数向导—步骤之 1"对话框，单击选中"函数名"列表中的"iff"，如图 5-219 所示。

② 单击"下一步"按钮，打开"函数向导—步骤之 2"对话框。单击"逻辑表达式"栏的参照按钮，打开"参照"对话框。单击"参照列表"栏的下三角按钮，选择"人员类别"，如图 5-220 所示。

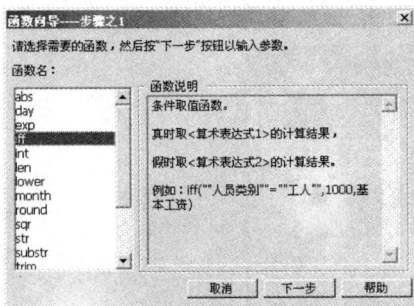

图 5-219　函数向导—步骤之 1(选择函数)　　　　图 5-220　函数向导的"参照"对话框

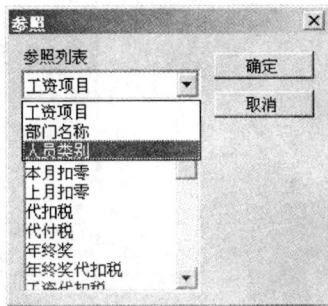

③ 单击选中"企管人员"，单击"确定"按钮，返回"函数向导—步骤之 2"对话框。在"算术表达式 1"文本框中输入"100"，如图 5-221 所示。单击"完成"按钮，返回"工资项目设置"对话框，将光标置于"交通补助公式定义"区域的"100,"之后，单击"函数公式向导输入..."按钮。

④ 单击选中"函数名"列表中的"iff"，单击"下一步"按钮，打开"函数向导—步骤之 2"对话框。单击"逻辑表达式"栏的参照按钮，打开"参照"对话框。单击"参照列表"栏的下三角按钮，选择"人员类别"，在"人员类别"中选择"销售人员"，单击"确定"按钮，在"算术表达式 1"文本框中输入"100"，在"算术表达式 2"文本框中输入"50"，如图 5-222 所示。

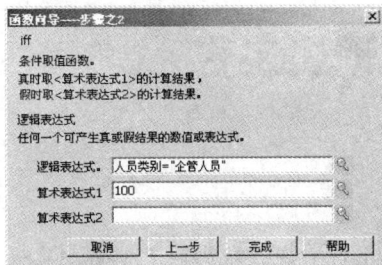

图 5-221　函数向导—步骤之 2(算术表达式 1)　　　　图 5-222　函数向导—步骤之 2(算术表达式 2)

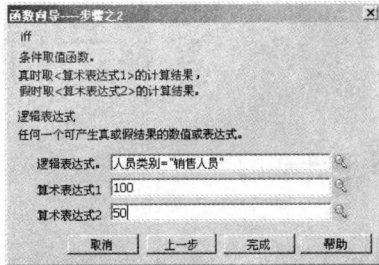

⑤ 单击"完成"按钮，返回"工资项目设置"对话框，此时"交通补助公式定义"区域的内容为"iff(人员类别="企管人员",100,iff(人员类别="销售人员",100,50))"，单击"公式确认"按钮，完成"交通补助"的公式定义。

⑥ 单击"确定"按钮，完成工资项目设置，退出对话框。

(2) 工资变动处理

① 经理王勇在企业应用平台中执行"业务工作/人力资源/薪资管理/业务处理/工资变动"命令，进入"工资变动"窗口。

② 单击工具栏的"全选"按钮，选择所有的员工，再单击"替换"按钮，打开"工资项数据替换"对话框。

③ 选中"将工资项目"下拉列表中的"绩效工资"，并在"替换成"栏输入"绩效工资+500"，设置"替换条件"为"部门"、"="、"销售部"，如图 5-223 所示。

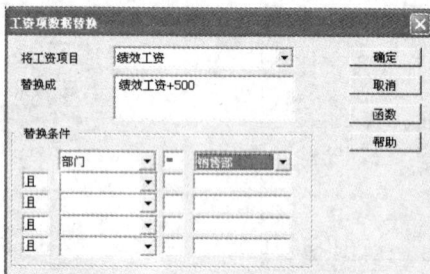

图 5-223　工资项数据批量修改设置

④ 单击"确定"按钮，系统弹出"数据替换后将不可恢复，是否继续？"，单击"是"按钮，系统继续提示"3 条记录被替换，是否重新计算？"，单击"是"按钮返回。

⑤ 单击"计算"按钮，再单击"汇总"按钮，即完成全部工资项目内容的计算。

提示：

● 如果只需对某些项目或符合条件的人员进行编辑录入，可单击"筛选"按钮，选择某些项目、部门或人员类别。

● 如果需录入某个指定部门或人员的数据，可先单击"定位"按钮，让系统自动定位到需要的部门或人员上，然后录入。

实训三十四　分配职工工资

【任务三十四】

2012 年 4 月 30 日，计算和分配本月职工工资。工资分摊设置如表 5-1 所示。

表 5-1　工资分摊设置

工资分摊		工资总额(100%)		
部门		工资项目	借方科目	贷方科目
总经理办公室	企管人员	实发合计	660201 管理费用/职工薪酬	221101 应付职工薪酬/工资
财务部	财务人员		660201 管理费用/职工薪酬	
销售部	销售人员	实发合计	660104 销售费用/职工薪酬	221101 应付职工薪酬/工资
采购部	采购人员		660201 管理费用/职工薪酬	
仓管部	库管人员		660201 管理费用/职工薪酬	
人力资源部	企管人员		660201 管理费用/职工薪酬	
总经理办公室	企管人员	养老保险	660201 管理费用/职工薪酬	221101 应付职工薪酬/工资
财务部	财务人员		660201 管理费用/职工薪酬	
销售部	销售人员		660104 销售费用/职工薪酬	
采购部	采购人员		660201 管理费用/职工薪酬	
仓管部	库管人员		660201 管理费用/职工薪酬	
人力资源部	企管人员		660201 管理费用/职工薪酬	
总经理办公室	企管人员	医疗保险	660201 管理费用/职工薪酬	221101 应付职工薪酬/工资
财务部	财务人员		660201 管理费用/职工薪酬	
销售部	销售人员		660104 销售费用/职工薪酬	
采购部	采购人员		660201 管理费用/职工薪酬	
仓管部	库管人员		660201 管理费用/职工薪酬	
人力资源部	企管人员		660201 管理费用/职工薪酬	
总经理办公室	企管人员	失业保险	660201 管理费用/职工薪酬	221101 应付职工薪酬/工资
财务部	财务人员		660201 管理费用/职工薪酬	
销售部	销售人员		660104 销售费用/职工薪酬	
采购部	采购人员		660201 管理费用/职工薪酬	
仓管部	库管人员		660201 管理费用/职工薪酬	
人力资源部	企管人员		660201 管理费用/职工薪酬	
总经理办公室	企管人员	住房公积金	660201 管理费用/职工薪酬	221101 应付职工薪酬/工资
财务部	财务人员		660201 管理费用/职工薪酬	
销售部	销售人员		660104 销售费用/职工薪酬	
采购部	采购人员		660201 管理费用/职工薪酬	
仓管部	库管人员		660201 管理费用/职工薪酬	
人力资源部	企管人员		660201 管理费用/职工薪酬	

【业务说明】

本笔业务是公司月末职工实发工资与个人承担的"三险一金"进行归集与制单操作。需要进行工资费用分配科目设置、分摊计算与制单。

【岗位说明】

会计陈宏负责职工工资费用分摊科目设置、分摊与制单。

【操作指导】

(1) 职工工资分摊设置

① 会计陈宏在企业应用平台中执行"业务工作/人力资源/薪资管理/业务处理/工资分摊"命令,系统打开"工资分摊"对话框,如图 5-224 所示。

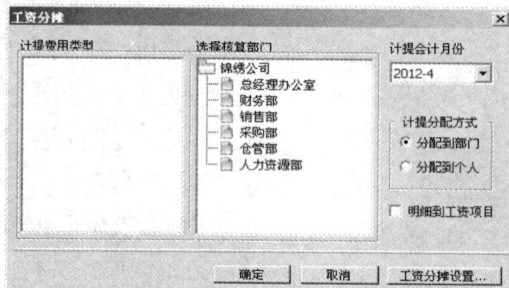

图 5-224 "工资分摊"对话框

② 单击"工资分摊设置"按钮,系统打开"分摊类型设置"对话框。单击"增加"按钮,打开"分摊计提比例设置"对话框,在"计提类型名称"栏录入"工资总额","分摊计提比例"栏录入"100%",如图 5-225 所示。

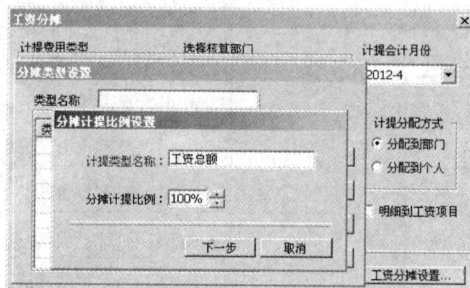

图 5-225 工资分摊设置的相关对话框

③ 单击"下一步"按钮,系统打开"分摊构成设置"对话框,根据表 5-1 录入"部门名称"、"人员类别"、"工资项目"、"借方科目"和"贷方科目",如图 5-226 所示。单击"完成"按钮,返回到"分摊类型设置"对话框。

图 5-226　工资总额分摊构成设置

(2) 工资的分摊与制单

① 会计陈宏在企业应用平台中执行"业务工作/人力资源/薪资管理/业务处理/工资分摊"命令，系统打开"工资分摊"对话框。单击选中"工资总额"，再选中所有的核算部门，并选中"明细到工资项目"复选框，如图 5-227 所示。

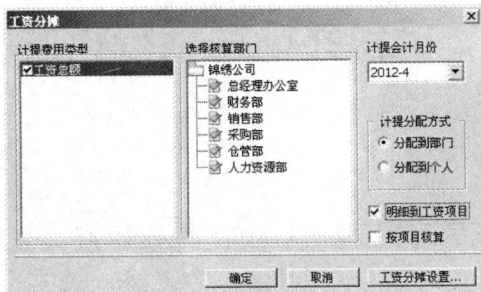

图 5-227　"工资分摊"对话框

② 单击"确定"按钮，完成本月职工工资的分配归集工作，系统打开"工资分摊明细"窗口，如图 5-228 所示。

图 5-228　工资总额明细

③ 选中"合并科目相同、辅助项相同的分录"，单击"制单"按钮，系统打开"填制凭证"窗口。修改凭证类型为"记账凭证"，单击"保存"按钮，如图 5-229 所示。

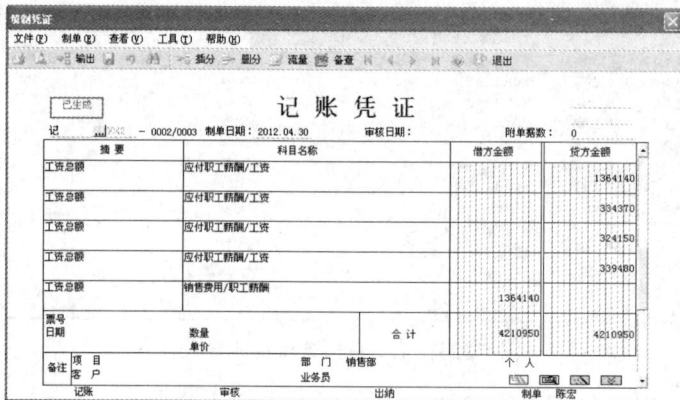

图 5-229　工资总额的记账凭证

实训三十五　结转代扣个人三险一金及个人所得税并委托银行代发工资

【任务三十五】

2012 年 4 月 30 日，结转代扣的职工个人负担的社会保险、住房公积金和个人所得税，并开出转账支票(支票号：12100566)，委托银行代发工资。职工个人承担社会保险和住房公积金的分摊科目如表 5-2 所示。

表 5-2　职工个人承担社会保险和住房公积金的分摊科目

部门 \ 工资分摊		个人承担社会保险费(10.2%) (养老保险 8%、医疗保险 2%、失业保险 0.2%)		个人承担住房公积金(12%)	
		借方科目	贷方科目	借方科目	贷方科目
总经理办公室	企管人员	221101 应付职工薪酬/工资	224101 其他应付款/应付社会保险费	221101 应付职工薪酬/工资	224102 其他应付款/应付住房公积金
财务部	财务人员				
销售部	销售人员				
采购部	采购人员				
仓管部	库管人员				
人力资源部	企管人员				

【业务说明】

本笔业务是公司月末结转代扣个人所得税、个人承担的社会保险(含养老保险、医疗保险和失业保险)和住房公积金，委托银行代发工资。需要进行代扣个人所得税与制单，个人承担的工资费用分摊科目设置、分摊与制单，工资总额、个人承担的社会保险和住房公积金凭证的主管签字、审核和记账，委托银行代发工资并自定义转账生成凭证等操作。本业务的操作流程如图 5-230 所示。

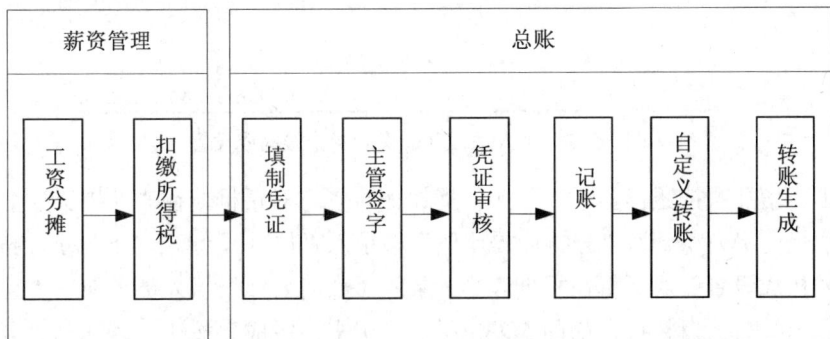

图 5-230　业务操作流程图

【岗位说明】

会计陈宏负责职工个人承担的工资费用分摊科目设置、分摊与制单。财务经理陈志伟对工资总额、个人承担的社会保险费和住房公积金的凭证进行主管签字和审核，会计陈宏负责凭证的记账。人力资源部经理王勇代扣个人所得税、办理委托银行代发工资。会计陈宏负责手工制单和自定义转账生成凭证。

【操作指导】

(1) 个人承担的社会保险和住房公积金分摊

① 会计陈宏在企业应用平台中执行"业务工作/人力资源/薪资管理/业务处理/工资分摊"命令，系统打开"工资分摊"对话框。单击"工资分摊设置"按钮，系统打开"分摊类型设置"对话框。单击"增加"按钮，显示"分摊计提比例设置"对话框，在"计提类型名称"栏录入"个人承担社会保险费"，"分摊计提比例"栏录入"10.2%"，如图 5-231 所示。

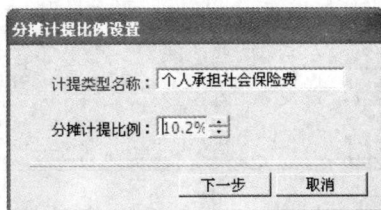

图 5-231　"分摊计提比例设置"对话框

② 单击"下一步"按钮，系统打开"分摊构成设置"对话框，根据表 5-2 录入"部门名称"、"人员类别"、"工资项目"、"借方科目"和"贷方科目"，如图 5-232 所示，单击"完成"按钮，返回到"分摊类型设置"对话框。

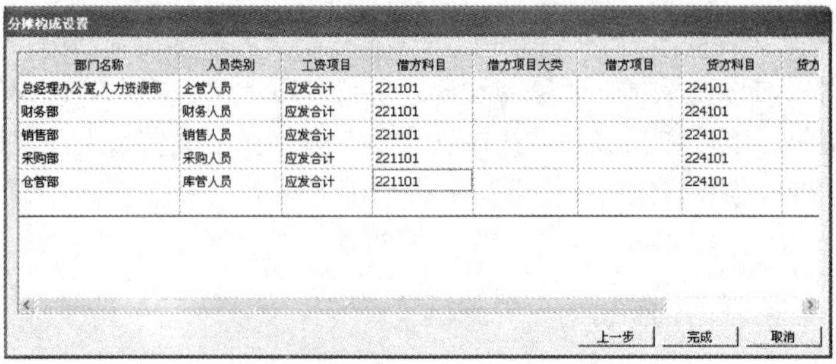

图 5-232　个人承担社会保险费分摊构成设置

③单击"增加"按钮，显示"分摊计提比例设置"对话框，在"计提类型名称"栏录入"个人承担住房公积金"，"分摊计提比例"栏录入"12%"。单击"下一步"按钮，系统打开"分摊构成设置"对话框，根据表 5-2 录入"部门名称"、"人员类别"、"工资项目"、"借方科目"和"贷方科目"，如图 5-233 所示，单击"完成"按钮，返回到"分摊类型设置"对话框。

图 5-233　个人承担住房公积金分摊构成设置

④ 单击"返回"按钮，进入"工资分摊"对话框。选中"个人承担社会保险费"和"个人承担住房公积金"，并取消"工资总额"选项，选中所有的核算部门，确认选中"明细到工资项目"，单击"确定"按钮，系统打开"工资分摊明细"窗口，如图 5-234 所示。

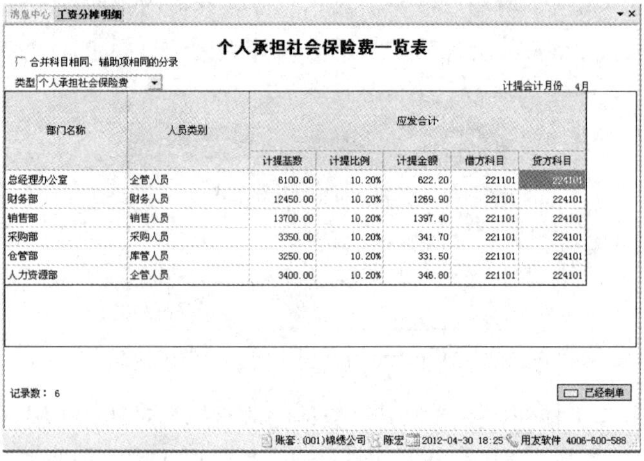

图 5-234　个人承担社会保险费明细

⑤ 选中"合并科目相同、辅助项相同的分录",单击"制单"按钮,系统打开"填制凭证"窗口,修改凭证类型为"记账凭证",单击"保存"按钮,生成"个人承担社会保险费"的记账凭证,如图 5-235 所示。

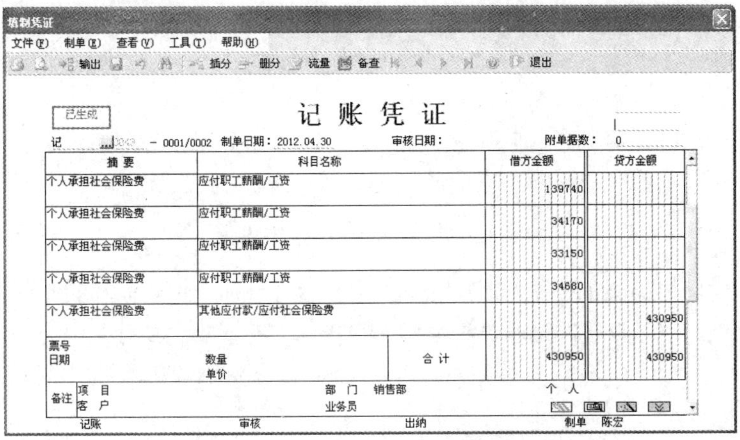

图 5-235 个人承担社会保险费的记账凭证

⑥ 单击"退出"按钮,返回"工资分摊明细"窗口,再单击"类型"栏的下三角按钮,选择"个人承担住房公积金",选中"合并科目相同、辅助项相同的分录",单击"制单"按钮,系统打开"填制凭证"窗口,修改凭证类型为"记账凭证",单击"保存"按钮,生成"个人承担住房公积金"的记账凭证,结果如图 5-236 所示。

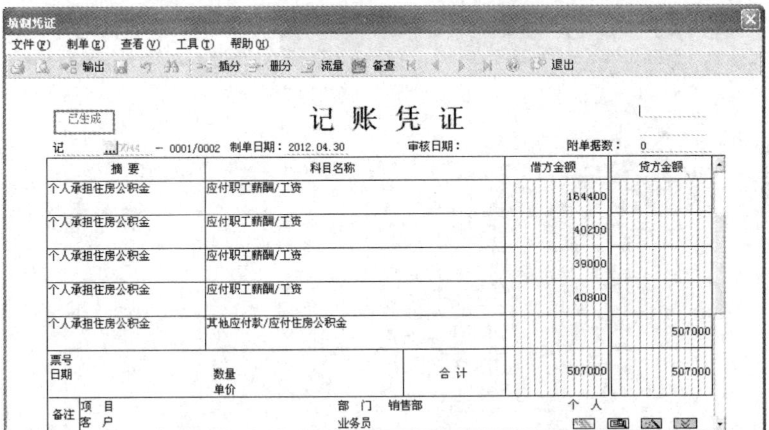

图 5-236 个人承担住房公积金的记账凭证

⑦ 单击"退出"按钮,返回"工资分摊明细"窗口,再关闭该窗口。

(2) 代扣个人所得税

① 经理王勇在企业应用平台中执行"业务工作/人力资源/薪资管理/业务处理/扣缴所得税"命令,系统打开"个人所得税申报模板"对话框,在"请选择所在地区名"中选择"北京",并选中"北京扣缴个人所得税报表"所在行,如图 5-237 所示。

图 5-237　个人所得税申报模板

② 单击"打开"按钮，进入"所得税申报"对话框，如图 5-238 所示。

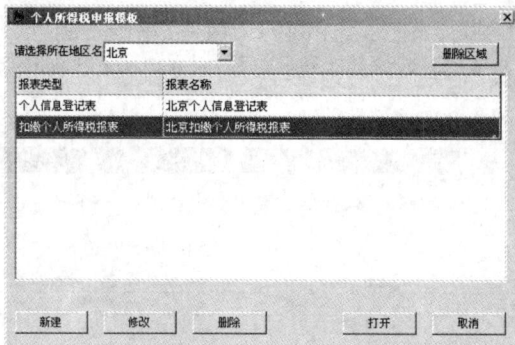

图 5-238　个人所得税申报设置

③ 单击"确定"按钮，系统打开"所得税申报"窗口，显示"北京扣缴个人所得税报表"，如图 5-239 所示。

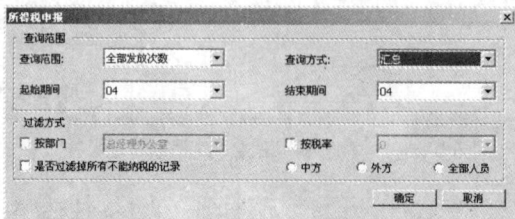

图 5-239　代扣个人所得税列表

(3) 在总账中对个人所得税制单

① 会计陈宏在企业应用平台中执行"业务工作/财务会计/总账/凭证/填制凭证"命令，系统打开"填制凭证"窗口。单击"制单/增加凭证"或直接按 F5 键，"摘要"中录入"个人所得税"，第 1 笔分录的科目名称参照生成为"660201 管理费用/职工薪酬"，设置其辅助项项目名称为"总经理办公室"，"借方金额"为"37.37"。

② 按 Enter 键后，第 2 笔分录的科目名称参照生成为"660201 管理费用/职工薪酬"，

设置其辅助项项目名称为"财务部","借方金额"为"10.53"。

③ 再次按 Enter 键，第 3 笔分录的科目名称参照生成为"660104 销售费用/职工薪酬"，"借方金额"为"49.07"。

④ 再次按 Enter 键，第 4 笔分录的科目名称参照生成为"222104 应交税费/应交个人所得税"，贷方金额为"96.97"(或者直接单击"="，系统将自动填充该值)，单击"保存"按钮，即生成个人所得税的记账凭证，如图 5-240 所示。

图 5-240 4 月份个人所得税的记账凭证

(4) 凭证的签字、审核与记账

① 财务经理陈志伟在企业应用平台中执行"业务工作/财务会计/总账/凭证/主管签字"命令，系统打开"主管签字"对话框。单击"确定"按钮，系统显示"主管签字"对话框，列示所有满足条件的凭证。双击"摘要"为"工资总额"的凭证，单击"签字"按钮，完成对该张凭证的主管签字工作，单击"退出"按钮，返回"主管签字"对话框。

② 双击"摘要"为"个人承担社会保险费"的凭证，单击"签字"按钮，完成对该张凭证的主管签字工作，单击"退出"按钮，返回"主管签字"对话框。

③ 双击"摘要"为"个人承担住房公积金"的凭证，单击"签字"按钮，完成对该张凭证的主管签字工作，单击"退出"按钮，返回"主管签字"对话框。

④ 单击"取消"按钮，返回系统主窗口。

⑤ 财务经理陈志伟在企业应用平台中执行"业务工作/财务会计/总账/凭证/审核凭证"命令，系统打开"凭证审核"对话框。单击"确定"按钮，系统打开"凭证审核"对话框。双击"摘要"为"工资总额"的凭证，单击"审核"按钮，完成对该张凭证的审核工作，单击"退出"按钮，返回 "审核凭证"对话框。

⑥ 同理，完成摘要为"个人承担社会保险费"和"个人承担住房公积金"的记账凭证的审核，单击"取消"按钮，返回系统主窗口。

⑦ 会计陈宏在企业应用平台中执行 "业务工作/财务会计/总账/凭证/记账"命令，系统打开"记账"对话框，对已经生成的 3 张凭证进行记账，在"记账范围"栏输入"42-44"；单击"记账"按钮，系统自动完成记账工作，并给出信息提示框和记账报告。单击"确定"按钮，单击"退出"按钮，关闭"记账"对话框。

(5) 委托银行代发工资的制单

① 会计陈宏在企业应用平台中执行"业务工作/财务会计/总账/期末/转账定义/自定义转账"命令，系统打开"自定义转账设置"窗口。

② 单击"增加"按钮，系统打开"转账目录"对话框，在"转账序号"文本框中录入"6001"，"转账说明"录入"代发职工工资"，如图 5-241 所示。单击"确定"按钮，返回"自定义转账设置"窗口。

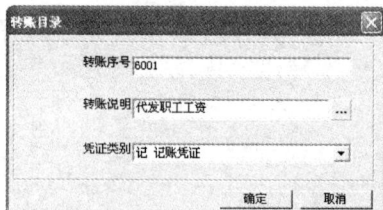

图 5-241　转账目录设置

③ 单击"增行"按钮，参照生成"科目编码"为"221101 应付职工薪酬/工资"，"部门"选择"总经理办公室"，"方向"为"借"，"金额公式"选择"期末余额"或"函数名QM()"，单击"下一步"按钮，进入"公式向导"窗口，选择"科目编码"为"221101"，单击"完成"按钮，此时"金额公式"栏显示"QM(221101,月,,1)"，即完成第 1 行的编辑。同理，完成第 2-6 行的编辑，相应信息如图 5-242 所示。

④ 再次单击"增行"按钮，参照生成"科目编码"为"100201 银行存款/工行存款"，"方向"为"贷"，"金额公式"选择"取对方科目计算结果"或"函数名 JG()"，单击"下一步"，单击"完成"按钮，返回自定义转账设置窗口，如图 5-242 所示，单击"保存"按钮完成设置。

图 5-242　委托银行代发工资制单的自定义转账设置

⑤ 会计陈宏在企业应用平台中执行"业务工作/财务会计/总账/期末/转账生成"命令，打开"转账生成"对话框。双击"6001"所在行的"是否结转"栏，选中该行，单击"确定"按钮，系统提示"2012.04 月或之前有未记账凭证，是否继续结转？"，单击"是"按钮，系统打开"转账"对话框。

⑥ 拖动右侧的滚动条查找到"银行存款/工行存款"分录，单击其"贷方金额"栏，

双击"备注"区的"项目",输入其辅助项"结算方式"为"202 转账支票"、"票号"为"12100566"、"发生日期"为"2012-04-30",单击"确定"按钮,单击"保存"按钮,如图 5-243 所示。

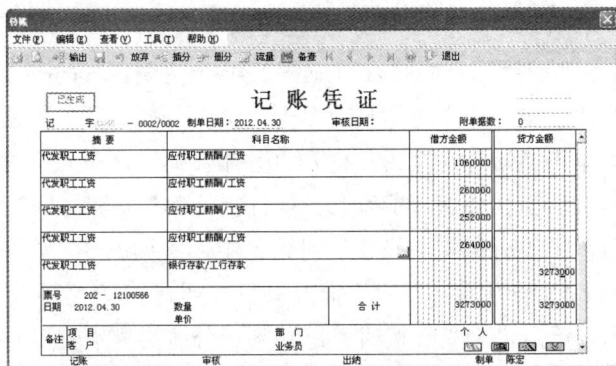

图 5-243 委托银行代发工资的记账凭证

实训三十六 计提单位承担的五险一金

【任务三十六】

2012 年 4 月 30 日,计提单位承担的社会保险和住房公积金。单位承担社会保险和住房公积金的分摊科目如表 5-3 所示。

表 5-3 单位承担社会保险和住房公积金的分摊科目

部门	工资分摊	单位承担社会保险费(32.8%)(养老保险 20%、医疗保险 10%、失业保险 1%、工伤保险 1%、生育保险 0.8%)		单位承担住房公积金(12%)	
		借方科目	贷方科目	借方科目	贷方科目
总经理办公室	企管人员	660201 管理费用/职工薪酬	221103 应付职工薪酬/社会保险费	660201 管理费用/职工薪酬	221104 应付职工薪酬/住房公积金
财务部	财务人员				
销售部	销售人员	660104 销售费用/职工薪酬		660104 销售费用/职工薪酬	
采购部	采购人员	660201 管理费用/职工薪酬		660201 管理费用/职工薪酬	
仓管部	库管人员				
人力资源部	企管人员				

【业务说明】

本笔业务是公司月末计提单位承担的社会保险费(含养老保险、医疗保险和失业保险)和住房公积金,需要进行工资费用分摊科目设置、工资费用分摊与制单等操作。

【岗位说明】

会计陈宏对单位承担的社会保险和住房公积金分摊科目进行设置与分摊、制单。

【操作指导】

(1) 会计陈宏在企业应用平台中执行"业务工作/人力资源/薪资管理/业务处理/工资分摊"命令，系统打开"工资分摊"对话框。单击"工资分摊设置"按钮，系统打开"分摊类型设置"对话框。单击"增加"按钮，打开"分摊计提比例设置"对话框，在"计提类型名称"栏录入"单位承担社会保险费"，"分摊计提比例"栏录入"32.8%"，单击"下一步"按钮，在系统打开的"分摊构成设置"对话框中，根据表 5-3 录入"部门名称"、"人员类别"、"工资项目"、"借方科目"和"贷方科目"，即完成单位承担社会保险的计提设置，如图 5-244 所示。单击"完成"按钮，返回到"分摊类型设置"对话框。

部门名称	人员类别	工资项目	借方科目	借方项目大类	借方项目	贷方科目	贷方
总经理办公室,人力资源部	企管人员	应发合计	660201			221103	
财务部	财务人员	应发合计	660201			221103	
销售部	销售人员	应发合计	660104			221103	
采购部	采购人员	应发合计	660201			221103	
仓管部	库管人员	应发合计	660201			221103	

图 5-244　单位承担社会保险分摊构成设置

(2) 同理，完成"单位承担住房公积金"分摊类型设置，结果如图 5-245 所示，单击"返回"按钮，返回"工资分摊"对话框。

部门名称	人员类别	工资项目	借方科目	借方项目大类	借方项目	贷方科目	贷方
总经理办公室,人力资源部	企管人员	应发合计	660201			221104	
财务部	财务人员	应发合计	660201			221104	
销售部	销售人员	应发合计	660104			221104	
采购部	采购人员	应发合计	660201			221104	
仓管部	库管人员	应发合计	660201			221104	

图 5-245　单位承担住房公积金分摊构成设置

(3) 选中"单位承担社会保险费"和"单位承担住房公积金"，取消选中其他复选框，选中所有的核算部门，选中"明细到工资项目"，单击"确定"按钮，完成单位承担社会保险费和住房公积金的计提设置工作，系统打开"工资分摊明细"窗口，显示 "单位承担社会保险费一览表"。

(4) 选中"合并科目相同、辅助项相同的分录"，单击"制单"按钮，系统打开"填制凭证"窗口，修改凭证类型为"记账凭证"，单击"保存"按钮，如图 5-246 所示。

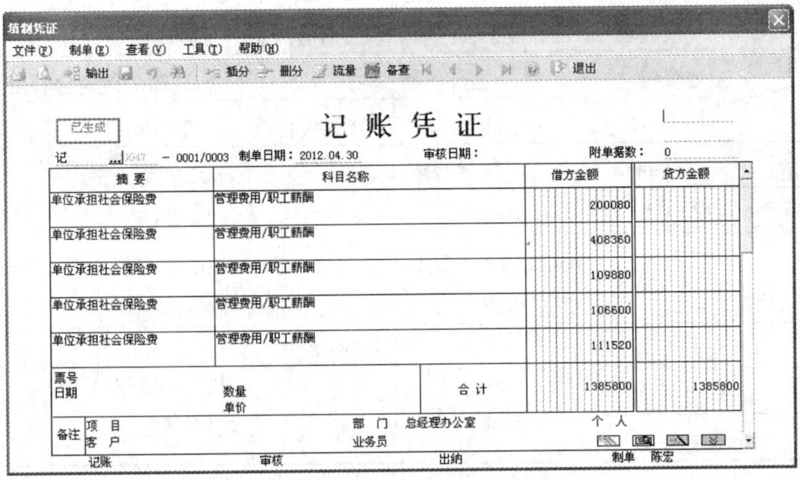

图 5-246　单位承担社会保险费的记账凭证

(5) 单击"退出"按钮，返回"工资分摊明细"窗口，单击"类型"栏的下三角按钮，选择"单位承担住房公积金"，选中"合并科目相同、辅助项相同的分录"，单击"制单"按钮，系统打开"填制凭证"窗口，修改凭证类型为"记账凭证"，单击"保存"按钮，生成相应的记账凭证，如图 5-247 所示。

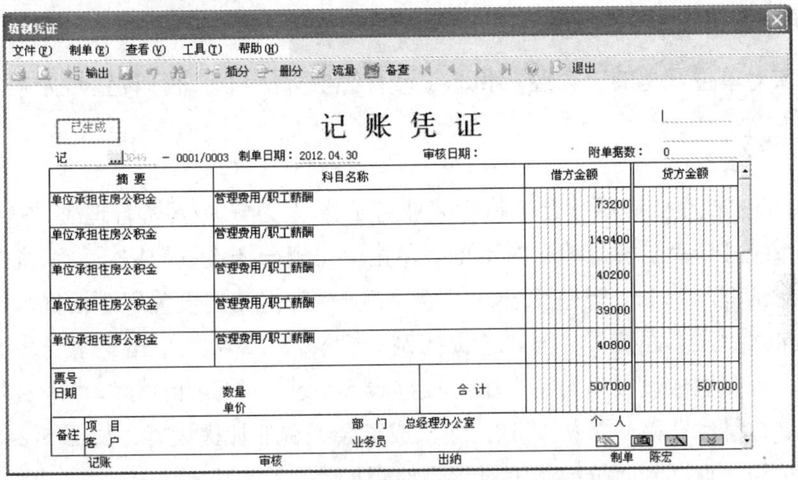

图 5-247　单位承担住房公积金的记账凭证

实训三十七　计提工会经费及职工教育经费

【任务三十七】

2012 年 4 月 30 日，计提本月工会经费、职工教育经费。单位计提工会经费和职工教育经费的分摊科目如表 5-4 所示。

表 5-4　单位计提工会经费和职工教育经费的分摊科目

部门\工资分摊		工会经费(2%)		职工教育经费(2.5%)	
		借方科目	贷方科目	借方科目	贷方科目
总经理办公室	企管人员	660201 管理费用/职工薪酬	221105 应付职工薪酬/工会经费	660201 管理费用/职工薪酬	221106 应付职工薪酬/职工教育经费
财务部	财务人员				
销售部	销售人员	660104 销售费用/职工薪酬		660104 销售费用/职工薪酬	
采购部	采购人员	660201 管理费用/职工薪酬		660201 管理费用/职工薪酬	
仓管部	库管人员				
人力资源部	企管人员				

【业务说明】

本笔业务是公司月末计提单位承担的工会经费(应发工资合计的 2%)和职工教育经费(应发工资合计的 2.5%),需要进行工会经费和职工教育经费分摊科目设置、工资费用分摊与制单等操作。

【岗位说明】

会计陈宏对单位承担的工会经费和职工教育经费分摊科目进行设置与分摊、制单。

【操作指导】

(1) 会计陈宏在企业应用平台中执行"业务工作/人力资源/薪资管理/业务处理/工资分摊"命令,系统打开"工资分摊"对话框。单击"工资分摊设置"按钮,系统打开"分摊类型设置"对话框。单击"增加"按钮,显示"分摊计提比例设置"对话框,在"计提类型名称"栏录入"工会经费","分摊计提比例"栏录入"2%",单击"下一步"按钮,在系统打开的"分摊构成设置"对话框中,根据表 5-4 录入"部门名称"、"人员类别"、"工资项目"、"借方科目"和"贷方科目",即完成工会经费的计提设置,如图 5-248 所示。单击"完成"按钮,返回到"分摊类型设置"对话框。

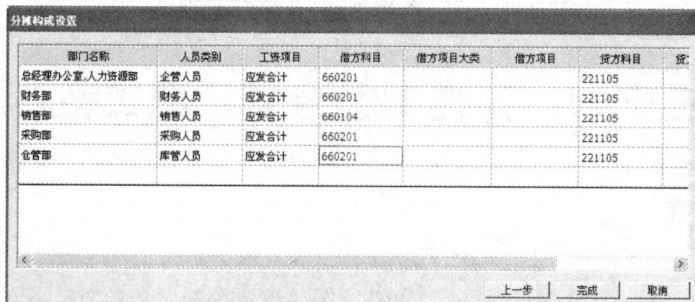

图 5-248　工会经费分摊构成设置

(2) 同理完成"职工教育经费"分摊类型设置,如图 5-249 所示,单击"返回"按钮,返回"工资分摊"对话框。

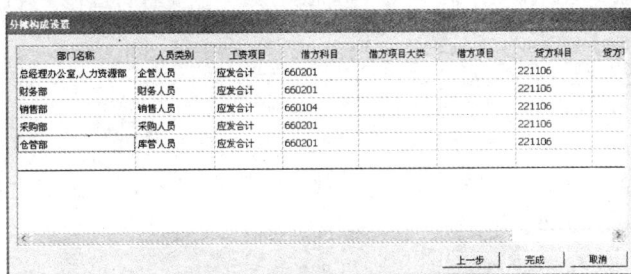

图 5-249　职工教育经费分摊构成设置

(3) 选中"工会经费"和"职工教育经费",选中所有的核算部门,选中"明细到工资项目",单击"确定"按钮,完成相应的计提工作,系统打开"工资分摊明细"窗口,显示 "工会经费一览表"。

(4) 选中"合并科目相同、辅助项相同的分录",单击"制单"按钮,系统打开"填制凭证"窗口,修改凭证类型为"记账凭证",单击"保存"按钮,如图 5-250 所示。

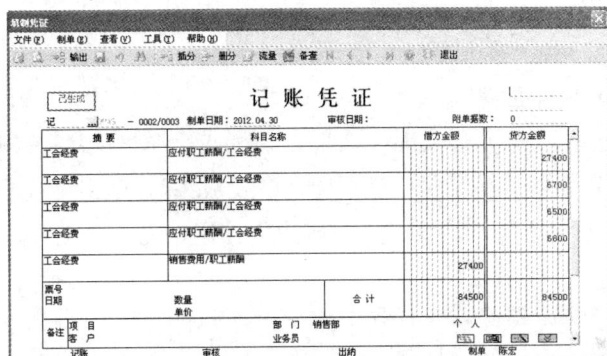

图 5-250　工会经费的记账凭证

(5) 单击"退出"按钮,返回"工资分摊明细"窗口,单击"类型"栏的下三角按钮,选择"职工教育经费",选中"合并科目相同、辅助项相同的分录",单击"制单"按钮,系统打开"填制凭证"窗口,选择凭证类型为"记账凭证",单击"保存"按钮,生成相应的记账凭证,如图 5-251 所示。

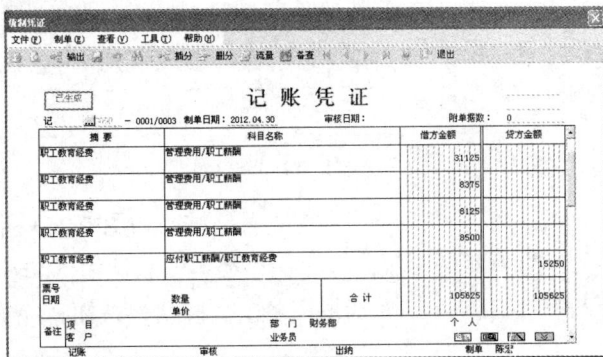

图 5-251　职工教育经费的记账凭证

实训三十八　查询并输出工资表

【任务三十八】

2012 年 4 月 30 日，查看薪资发放条、部门工资汇总表等，输出"薪资发放条.xls"、"部门工资汇总表.xls"文件，保存在考生目录下。

【业务说明】

本笔业务是查询和输出工资表。需要进行账表查询并输出。

【岗位说明】

人力资源部经理王勇查看薪资发放条和部门工资汇总表，并将其以 Excel 文件格式输出。

【操作指导】

(1) 查看并输出薪资发放条

① 经理王勇在企业应用平台中执行"业务工作/人力资源/薪资管理/统计分析/账表/工资表"命令，打开"工资表"对话框。选中"工资发放条"，单击"查看"按钮，打开"工资发放条"对话框，选中所有部门，单击"确定"按钮，显示"工资发放条"窗口，如图5-252 所示。

图 5-252　工资发放条窗口

② 单击"输出"按钮，系统打开"另存为"对话框，如图 5-253 所示。选择凭证输出的路径，录入"文件名"为"薪资发放条"，"保存类型"默认为".xls"，单击"保存"按钮，系统打开"请输入表/工作单名"对话框，单击"确认"按钮，完成工资条的输出。

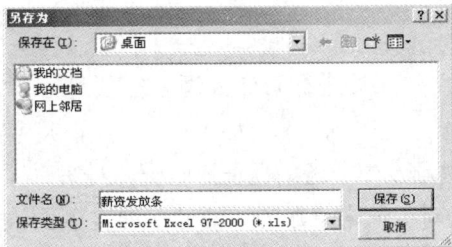

图 5-253　工资发发放条"另存为"对话框

(2) 查看并输出部门工资汇总表

① 经理王勇在企业应用平台中执行"业务工作/人力资源/薪资管理/统计分析/账表/工资表"命令，打开"工资表"对话框。选中"部门工资汇总表"，单击"查看"按钮，打开"部门工资汇总表—选择部门范围"对话框。选中所有部门，单击"确定"按钮，打开"部门工资汇总表—选择部门范围"对话框。单击"确定"按钮，进入"部门工资汇总表"窗口，结果如图 5-254 所示。

图 5-254　部门工资汇总表窗口

② 单击"输出"按钮，系统打开"另存为"对话框，选择凭证输出的路径，录入"文件名"为"部门工资汇总表"，"保存类型"默认为".xls"，单击"保存"按钮，并在系统打开的对话框中录入工作表名为"2012 年 4 月部门工资汇总"，单击"确定"按钮，完成2012 年 4 月部门工资汇总数据的输出。

实训三十九　处理盘亏及盘盈业务

【任务三十九】

2012 年 4 月 30 日，根据主管领导章宏斌批示，盘亏的 5 条男式裤子作为非常损失 585元，转入营业外支出。盘盈的 2 套女式套装 1,400 元作为额外收入，记入营业外收入。

【业务说明】

本笔业务是对盘亏和盘盈业务进行月末处理。需要进行自定义转账方式生成凭证并记账。

注意：在月末时需要对已发生业务的凭证进行记账处理，才能够生成结转的凭证，因此，在本业务操作之前，先对以前未记账的凭证做出纳签字、审核、主管签字和记账处理，然后再对盘盈和盘亏的业务通过自定义结转方式生成凭证。

【岗位说明】

会计陈宏负责自定义转账凭证的设置与生成、记账处理，出纳王欢负责凭证的出纳签字，财务经理陈志伟负责凭证的审核和主管签字。

【实验数据准备】

(1) 系统时间为 2012 年 4 月 30 日。

(2) 引入光盘"实验数据"文件夹中"第五章任务三十九数据准备"的数据账套。

【操作指导】

(一) 对以前发生的业务的凭证进行记账处理：

(1) 出纳签字

① 出纳王欢在企业应用平台中执行"业务工作/财务会计/总账/凭证/出纳签字"命令，进入"出纳签字"过滤条件窗口，单击"确定"按钮，进入"出纳签字"凭证列表窗口，系统显示需要进行出纳签字的凭证，单击"确定"按钮，进入"出纳签字"窗口，执行"出纳/成批出纳签字"命令，完成所有待签字凭证的成批出纳签字。

② 单击"退出"按钮，返回"出纳签字"凭证列表窗口。单击"取消"按钮。

(2) 审核

① 财务经理陈志伟在企业应用平台中执行"业务工作/财务会计/总账/凭证/审核凭证"命令，进入"凭证审核"过滤条件窗口，单击"确定"按钮，进入"凭证审核"列表窗口，单击"确定"按钮，进入"审核凭证"窗口，执行"审核/成批审核凭证"命令，完成所有待审核凭证的成批审核。

② 单击"退出"按钮，返回"凭证审核"列表窗口，单击"取消"按钮。

(3) 主管签字

① 财务经理陈志伟在企业应用平台中执行"业务工作/财务会计/总账/凭证/主管签字"命令，进入"主管签字"过滤条件窗口，单击"确定"按钮，进入"主管签字"凭证列表窗口，单击"确定"按钮，进入"主管签字"窗口，执行"主管/成批主管签字"命令，完成所有待签字凭证的成批主管签字。

② 单击"退出"按钮，返回"主管签字"凭证列表窗口，单击"取消"按钮。

(4) 记账

① 会计陈宏在企业应用平台中执行"业务工作/财务会计/总账/凭证/记账"命令，进入"记账"窗口，选择"2012.04 月份凭证"，单击"全选"按钮，记账范围自动显示为所有已审核凭证，单击"记账"按钮，系统自动进行记账，并弹出"记账完毕！"提示框，如图 5-255 所示。

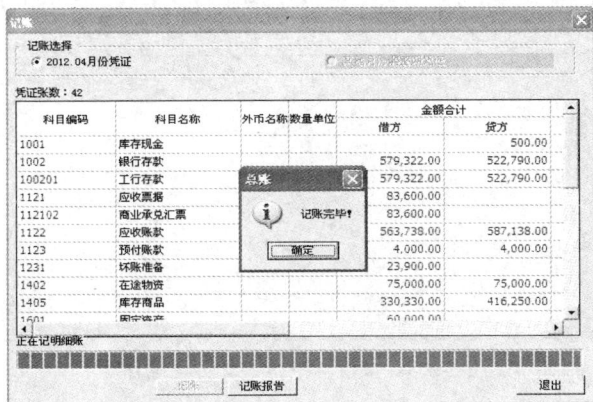

图 5-255　记账

② 单击"确定"按钮，进入记账窗口，显示出记账报告，可以选择打印、预览、输出记账结果报告。单击"退出"按钮退出记账功能。

(二) 对存货的盘亏盘盈业务的凭证进行自定义设置：

(1) 自定义转账设置

① 会计陈宏在企业应用平台中执行"业务工作/财务会计/总账/期末/转账定义/自定义转账"命令，进入"自定义转账设置"窗口，单击"增加"按钮，弹出"转账目录"对话框，输入"转账序号"为"0005"，"转账说明"为"盘亏"，"凭证类别"为"记 记账凭证"，如图 5-256 所示。

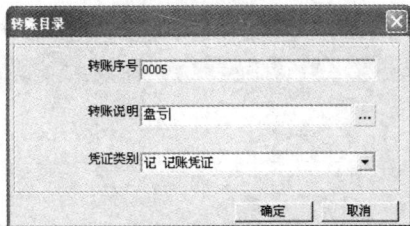

图 5-256　盘亏业务自定义转账目录设置

② 单击"确定"按钮，返回自定义转账设置窗口。单击"增行"按钮，输入科目编码"190101 待处理资产损益/待处理流动资产损溢"，方向为"贷"，单击金额公式参照按钮，弹出"公式向导"对话框。选择公式名称"借方发生额"或输入函数名"FS()"，单击"下一步"按钮，选择科目编码为"190101 待处理资产损益/待处理流动资产损溢"，其他选项为默认，单击"完成"按钮，返回自定义转账设置窗口。

③ 单击"增行"按钮，输入"科目编码"为"6711 营业外支出"，"方向"为"借"，

选择"金额公式"为"取对方科目计算结果"或函数名为"JG()",单击"下一步",单击"完成",如图 5-257 所示,单击"保存"按钮完成设置。

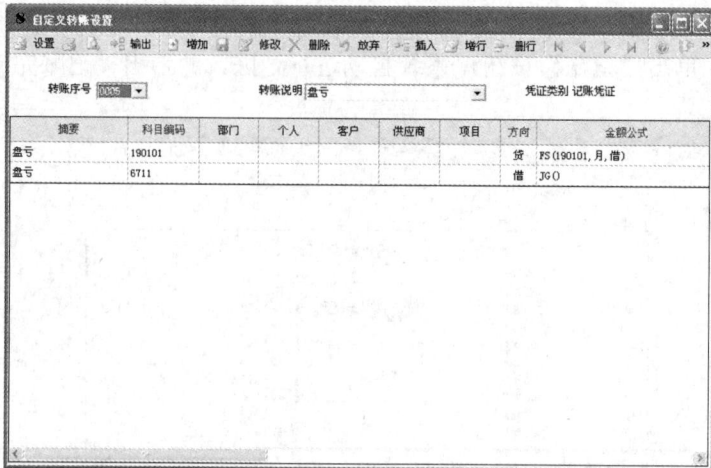

图 5-257　盘亏业务自定义转账设置

④ 单击"增加"按钮,弹出"转账目录"对话框,输入"转账序号"为"0006","转账说明"为"盘盈","凭证类别"为"记 记账凭证",单击"确定"按钮,进入自定义转账设置窗口。

⑤ 单击"增行"按钮,输入"科目编码"为"190101 待处理资产损溢/待处理流动资产损溢","方向"为"借",单击金额公式参照按钮,弹出"公式向导"对话框,选择公式名称"贷方发生额"或函数名"FS()",单击"下一步"按钮,确认科目编码为"190101 待处理资产损溢/待处理流动资产损溢",其他选项为默认,单击"完成"按钮,返回自定义转账设置窗口。

⑥ 单击"增行"按钮,输入"科目编码"为"6301 营业外收入","方向"为"贷",选择"金额公式"为"取自对方科目计算结果"或函数名"JG()",单击"下一步",单击"完成",如图 5-258 所示。单击"保存"按钮,单击"退出"按钮。

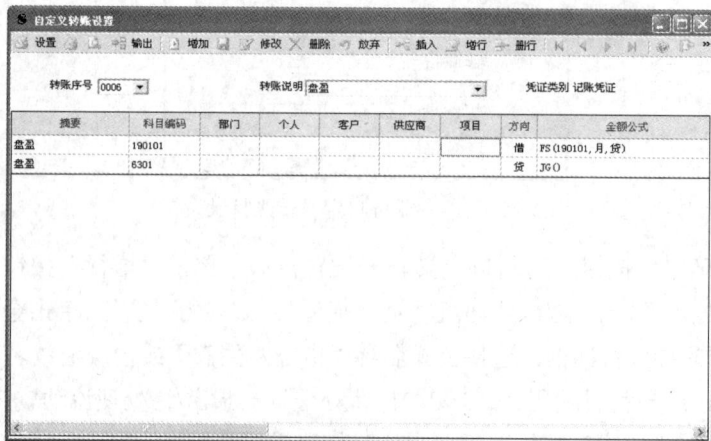

图 5-258　盘盈业务自定义转账设置

(2) 自定义转账凭证生成

① 会计陈宏在企业应用平台中执行"业务工作/财务会计/总账/期末/转账生成"命令，进入"转账生成"对话框。选择"自定义转账"选项，分别选中编号为"0005"、"0006"的记录行，双击"是否结转"栏，出现"Y"，如图5-259所示。

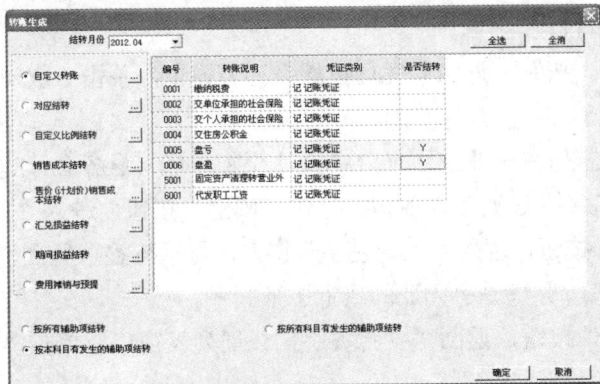

图 5-259　自定义转账

② 单击"确定"按钮，弹出"转账"窗口，生成两张自定义结转凭证，盘亏凭证如图5-260所示。单击"保存"按钮，凭证左上角出现"已生成"字样。

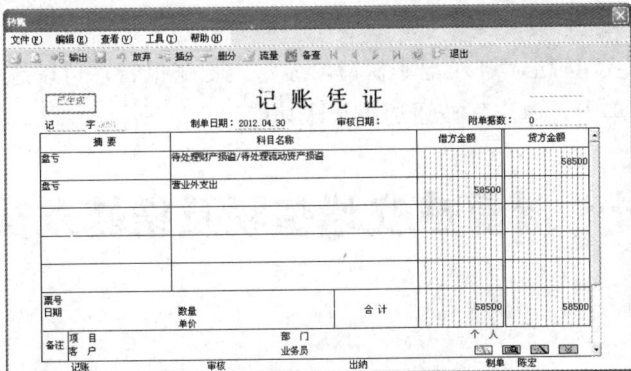

图 5-260　盘亏业务自定义转账的凭证

③ 单击"下张凭证"按钮，盘盈凭证如图5-261所示，单击"保存"按钮。

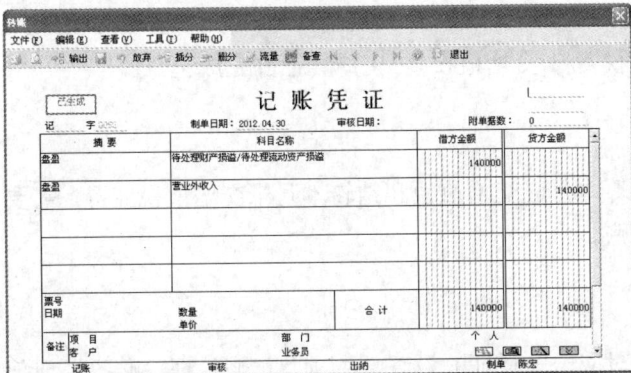

图 5-261　盘盈业务自定义转账的凭证

(3) 审核凭证

① 财务经理陈志伟在企业应用平台中执行"业务工作/财务会计/总账/凭证/审核凭证"命令，进入"凭证审核"过滤条件窗口，单击"确定"按钮，显示"凭证审核"列表窗口，单击"确定"按钮，进入"审核凭证"窗口，执行"审核/成批审核凭证"命令，完成所有待审核凭证的成批审核。

② 单击"退出"按钮，返回"凭证审核"列表窗口，单击"取消"按钮。

(4) 主管签字

① 财务经理陈志伟在企业应用平台中执行"业务工作/财务会计/总账/凭证/主管签字"命令，进入"主管签字"过滤条件窗口。单击"确定"按钮，进入"主管签字"凭证列表窗口，单击"确定"按钮，进入"主管签字"窗口，显示待签字凭证，执行"主管/成批主管签字"命令，完成所有待签字凭证的成批主管签字。

② 单击"退出"按钮，返回"主管签字"凭证列表窗口，单击"取消"按钮。

(5) 记账

① 会计陈宏在企业应用平台中执行"业务工作/财务会计/总账/凭证/记账"命令，进入"记账"窗口。选择"2012.04 月份凭证"，单击"全选"按钮，记账范围自动显示为所有已审核的待记账凭证。单击"记账"按钮，系统自动进行记账，并弹出"记账完毕！"提示框。

② 单击"确定"按钮，进入记账窗口，显示出记账报告，可以选择打印、预览、输出记账结果报告。单击"退出"按钮退出记账功能。

实训四十　计算应交增值税及结转未交增值税

【任务四十】

2012 年 4 月 30 日，计算本月应交增值税，并结转本月未交增值税。利用对应结转方式将"应交税费/应交增值税/销项税额"、"应交税费/应交增值税/进项税额转出"和"应交税费/应交增值税/进项税额"转入"应交税费/转出未交增值税"，生成凭证并完成记账。进一步结转到"应交税费/未交增值税"，生成凭证并完成记账。

【业务说明】

本笔业务是计算本月应交增值税和结转本月未交增值税业务。需要使用对应结转方式生成凭证并完成记账。

【岗位说明】

会计陈宏负责对应结转凭证的设置、生成及记账处理，财务经理陈志伟负责凭证的审核和主管签字。

【操作指导】

(1) 对应结转设置

① 会计陈宏在企业应用平台中执行"业务工作/财务会计/总账/期末/转账定义/对应结转"命令，进入"对应结转设置"窗口，录入编号为"0007"，摘要为"结转销项税额"，在转出科目栏输入"22210103"或单击参照按钮选择"22210103 应交税费/应交增值税/销项税额"。

② 单击"增行"按钮，在转入科目编码栏直接输入"22210106"或单击参照按钮选择"22210106 应交税费/应交增值税/转出未交增值税"，如图 5-262 所示。单击"保存"按钮。

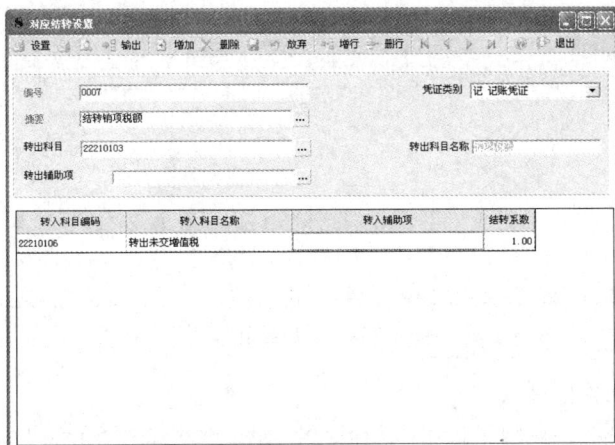

图 5-262　对应结转设置

③ 单击"增加"按钮，录入编号"0008"，摘要"结转进项税额转出"，在转出科目栏输入"22210102"或单击参照按钮选择"22210102 应交税费/应交增值税/进项税额转出"。

④ 单击"增行"按钮，在转入科目编码栏直接输入"22210106"或单击参照按钮选择"22210106 应交税费/应交增值税/转出未交增值税"，如图 5-263 所示，单击"保存"按钮。

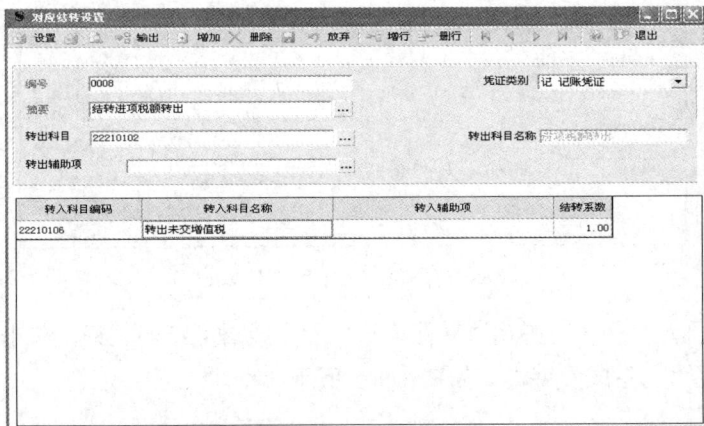

图 5-263　对应结转设置

⑤ 单击"增加"按钮，继续录入编号为"0009"，摘要为"结转进项税额"，在转出科目输入"22210101"或单击参照按钮选择"22210101 应交税费/应交增值税/进项税额"。

⑥ 单击"增行"按钮，在转入科目编码栏直接输入"22210106"或单击参照按钮选择"22210106 应交税费/应交增值税/转出未交增值税"，如图 5-264 所示。

⑦ 单击"保存"按钮，再单击"退出"按钮。

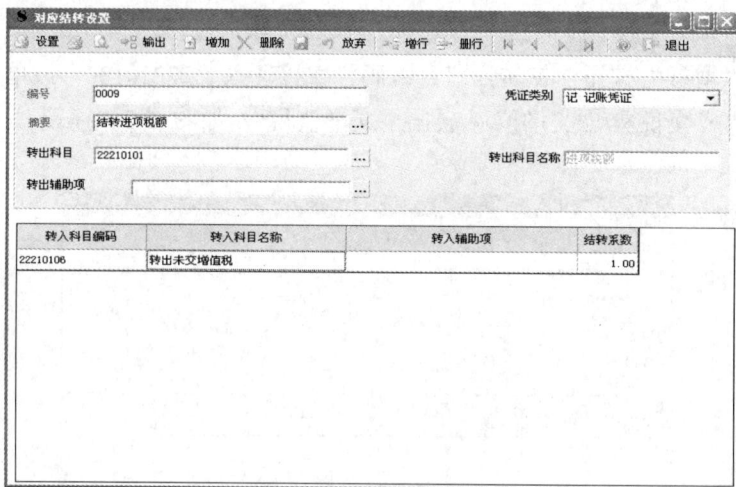

图 5-264　对应结转设置

(2) 对应结转凭证生成

① 会计陈宏在企业应用平台中执行"业务工作/财务会计/总账/期末/转账生成"命令，进入"转账生成"窗口。选择"对应结转"选项，分别选中编号为"0007"、"0008"、"0009"的记录行，双击"是否结转"栏，出现"Y"，如图 5-265 所示。

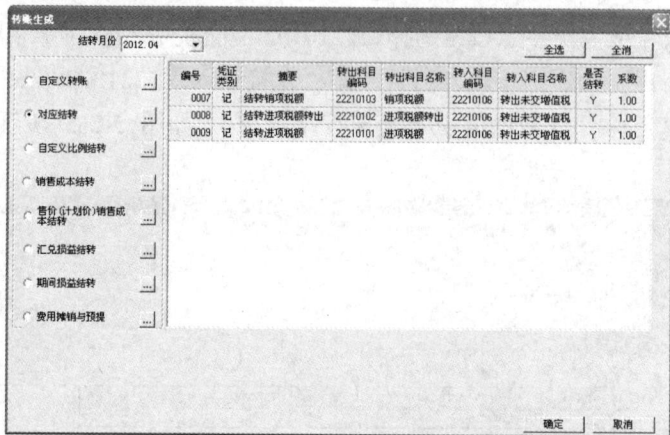

图 5-265　对应结转的转账生成窗口

② 单击"确定"按钮，弹出"转账"窗口，生成对应结转凭证，单击"保存"按钮，凭证左上角出现"已生成"字样，如图 5-266 所示。

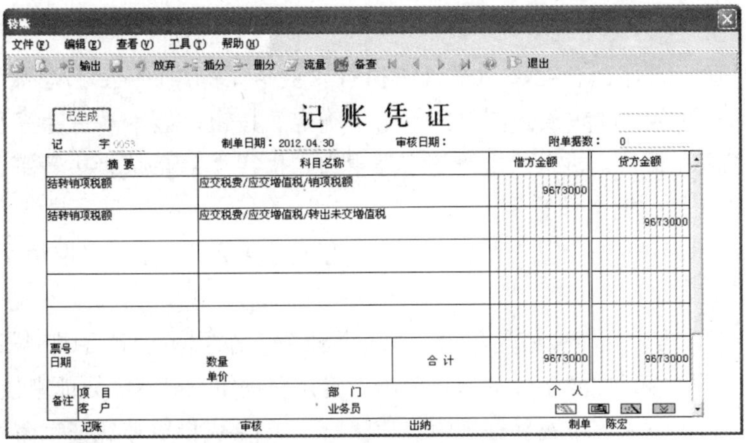

图 5-266　结转销项税额凭证

③ 单击"下张凭证"按钮，保存结转进项税额转出凭证，如图 5-267 所示。

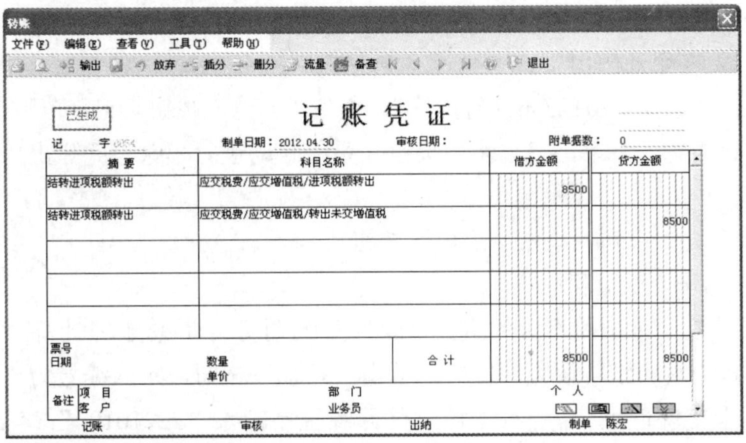

图 5-267　结转进项税额转出凭证

④ 单击"下张凭证"按钮，保存结转进项税额凭证，如图 5-268 所示。

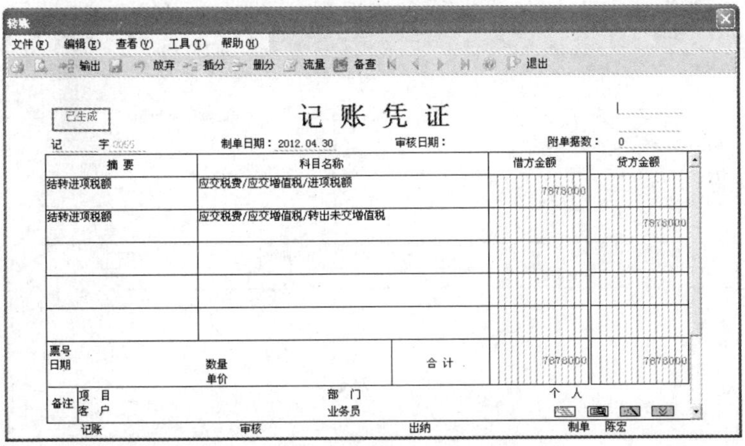

图 5-268　结转进项税额凭证

(3) 主管签字

① 财务经理陈志伟在企业应用平台中执行"业务工作/财务会计/总账/凭证/主管签字",进入"主管签字"过滤条件窗口。单击"确定"按钮，显示"主管签字"凭证列表窗口。单击"确定"按钮，进入"主管签字"窗口，执行"主管/成批主管签字"命令，完成所有待签字凭证的成批主管签字。

② 单击"退出"按钮，返回"主管签字"凭证列表窗口，单击"取消"按钮。

(4) 审核凭证

① 财务经理陈志伟在企业应用平台中执行"业务工作/财务会计/总账/凭证/审核凭证"命令，进入"凭证审核"过滤条件窗口，单击"确定"按钮，显示"凭证审核"列表窗口，单击"确定"按钮，进入"审核凭证"窗口，执行"审核/成批审核凭证"命令，完成所有待审核凭证的成批审核。

② 单击"退出"按钮，返回"凭证审核"列表窗口，单击"取消"按钮。

(5) 记账

① 会计陈宏在企业应用平台中执行"业务工作/财务会计/总账/凭证/记账"命令，进入"记账"窗口。选择"2012.04 月份凭证"，单击"全选"按钮，记账范围自动显示为所有已审核的待记账凭证。单击"记账"按钮，系统自动进行记账，并弹出"记账完毕！"提示框。

② 单击"确定"按钮，单击"退出"按钮。

(6) 结转转出未交增值税

① 会计陈宏在企业应用平台中执行"业务工作/财务会计/总账/期末/转账定义/对应结转"命令，进入"对应结转设置"窗口。单击"增加"按钮，录入编号为"0010"，摘要为"结转转出未交增值税"，单击"转出科目"直接输入"22210106"或参照按钮选择"22210106 应交税费/应交增值税/转出未交增值税"。

② 单击"增行"按钮，在转入科目编码栏直接输入"222102"或单击"转入科目编码"参照按钮选择"222102 应交税费/未交增值税"，如图 5-269 所示。

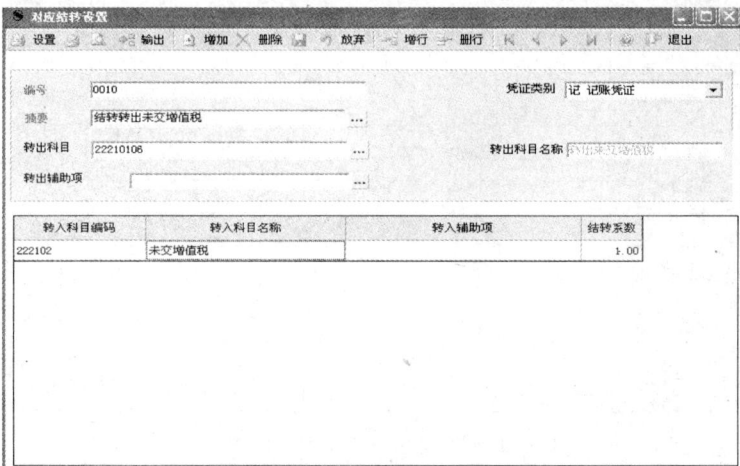

图 5-269　对应结转设置

③ 单击"保存"按钮，再单击"退出"按钮。

④ 执行"业务工作/财务会计/总账/期末/转账生成"命令，进入"转账生成"窗口。选择"对应结转"选项，选中编号为"0010"的记录行，双击"是否结转"栏，出现"Y"。单击"确定"按钮，弹出"转账"窗口，生成对应结转凭证，单击"保存"按钮，凭证左上角出现"已生成"字样，如图 5-270 所示。

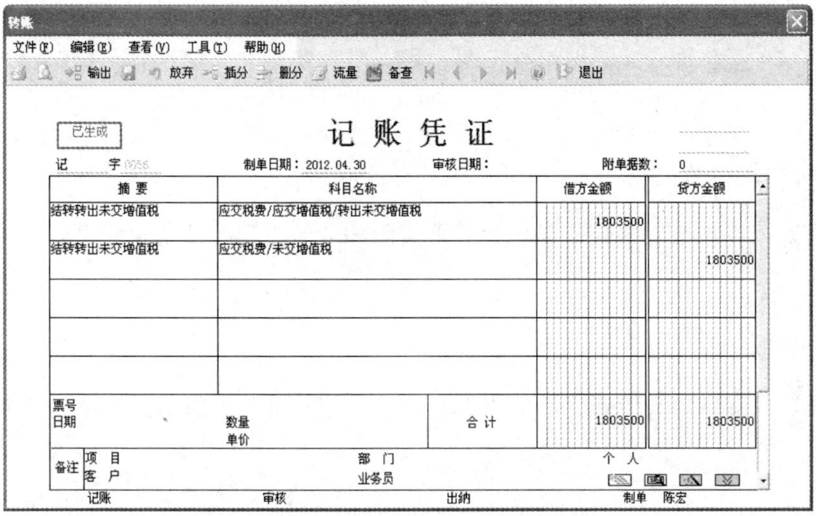

图 5-270　结转转出未交增值税凭证

(7) 主管签字

① 财务经理陈志伟在企业应用平台中执行"业务工作/财务会计/总账/凭证/主管签字"命令，进入"主管签字"过滤条件窗口。单击"确定"按钮，显示"主管签字"凭证列表窗口。单击"确定"按钮，进入"主管签字"窗口，单击"签字"按钮，即完成该凭证的主管签字。

② 单击"退出"按钮。

(8) 审核凭证

① 财务经理陈志伟在企业应用平台中执行"业务工作/财务会计/总账/凭证/审核凭证"命令，进入"凭证审核"过滤条件窗口。单击"确定"按钮，显示"凭证审核"列表窗口。单击"确定"按钮，进入"审核凭证"窗口，单击"审核"按钮。

② 单击"退出"按钮。

(9) 记账

① 会计陈宏在企业应用平台中执行"业务工作/财务会计/总账/凭证/记账"，进入"记账"窗口。选择"2012.04 月份凭证"，单击"全选"按钮，记账范围自动显示为所有已审核的待记账凭证。单击"记账"按钮，系统自动进行记账，并弹出"记账完毕！"提示框。

② 单击"确定"按钮，单击"退出"按钮。

实训四十一　计算城市维护建设税及教育费附加

【任务四十一】

2012 年 4 月 30 日，计算城市维护建设税、教育费附加。通过利用自定义转账方式生成凭证。

【业务说明】

本笔业务是计算城市维护建设税、教育费附加业务。需要使用自定义转账方式生成凭证并记账。

【岗位说明】

会计陈宏负责自定义转账凭证的设置与生成、记账处理，财务经理陈志伟负责凭证的主管签字和审核。

【操作指导】

(1) 自定义转账设置

① 会计陈宏在企业应用平台中执行"业务工作/财务会计/总账/期末/转账定义/自定义转账"命令，进入"自定义转账设置"窗口。

② 单击"增加"按钮，弹出"转账目录"对话框，输入"转账序号"为"0011"，"转账说明"为"计算城市维护建设税及教育费附加"，"凭证类别"为"记 记账凭证"，如图 5-271 所示。

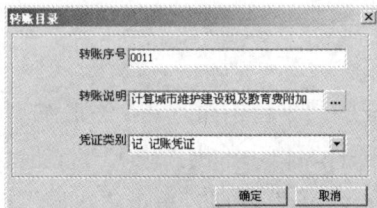

图 5-271　自定义转账目录设置

③ 单击"确定"按钮，返回自定义转账设置窗口。单击"增行"按钮，在"摘要"栏输入"城市维护建设税"，在"科目编码栏"输入"222105"或单击参照按钮选择"222105 应交税费/应交城市维护建设税"，"方向"为"贷"，单击金额公式参照按钮，弹出"公式向导"窗口，选择公式名称为"期末余额"或函数名"QM()"，单击"下一步"，进入"公式向导"对话框，选择"科目编码"为"222102 应交税费/未交增值税"，单击"完成"按钮，公式带回自定义转账设置窗口，在编辑状态下将光标移至公式末尾，输入"*0.07"，

按 Enter 键。

④ 单击"增行"按钮，在"摘要"栏输入"教育费附加"，在科目编码栏输入"222106"或单击参照按钮，选择"222106 应交税费/应交教育费附加"，"方向"为"贷"，单击金额公式参照按钮，弹出"公式向导"窗口，选择公式名称"期末余额"或函数名"QM()"，单击"下一步"，进入"公式向导"对话框，选择"科目编码"为"222102 应交税费/未交增值税"，其他选项为默认，单击"完成"按钮，公式带回自定义转账设置窗口，在编辑状态下将光标移至公式末尾，输入"*0.03"，按 Enter 键。

⑤ 单击"增行"按钮，在"摘要"栏输入"城市维护建设税及教育费附加"，在科目编码栏输入"6403"或单击参照按钮选择"6403 营业税金及附加"，"方向"为"借"，输入金额公式为"取对方公式计算结果"或输入函数名"JG()"，单击"下一步"按钮，单击"完成"按钮，返回自定义转账设置窗口。结果如图 5-272 所示。

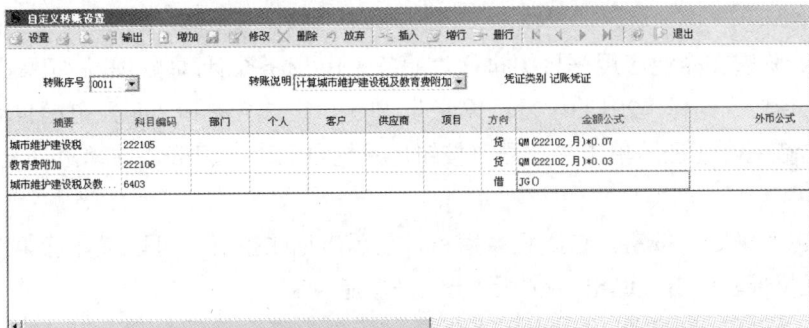

图 5-272 自定义转账设置

⑥ 单击"保存"按钮，单击"退出"按钮。

(2) 自定义转账凭证生成

会计陈宏在企业应用平台中执行"业务工作/财务会计/总账/期末/转账生成"命令，进入"转账生成"窗口。选择"自定义转账"选项，选中编号为"0011"的记录行，双击"是否结转"栏，出现"Y"。单击"确定"按钮，弹出"转账"窗口，生成自定义结转凭证，单击"保存"按钮，凭证左上角出现"已生成"字样，如图 5-273 所示。

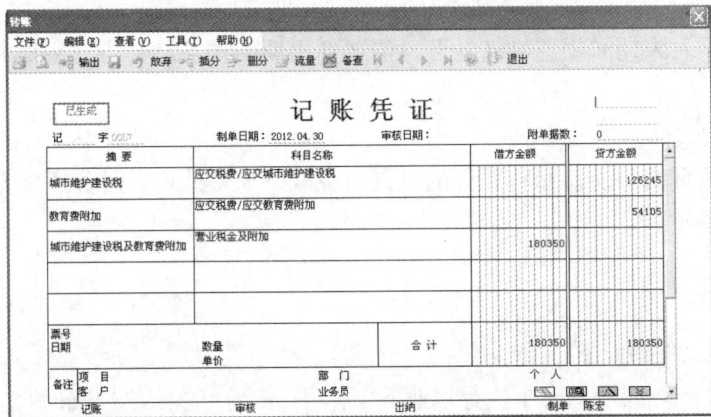

图 5-273 城市维护建设税及教育费附加结转凭证

(3) 审核凭证

① 财务经理陈志伟在企业应用平台中执行"业务工作/财务会计/总账/凭证/审核凭证"命令，进入"凭证审核"过滤条件窗口。单击"确定"按钮，显示"凭证审核"列表窗口。单击"确定"按钮，进入"审核凭证"窗口，单击"审核"按钮。

② 单击"退出"按钮。

(4) 主管签字

① 财务经理陈志伟在企业应用平台中执行"业务工作/财务会计/总账/凭证/主管签字"命令，进入"主管签字"过滤条件窗口。单击"确定"按钮，显示"主管签字"凭证列表窗口。单击"确定"按钮，进入"主管签字"窗口，单击"签字"按钮，即在凭证右上方显示陈志伟红字印章，表示主管签字完成。

② 单击"退出"按钮。

(5) 记账

① 会计陈宏在企业应用平台中执行"业务工作/财务会计/总账/凭证/记账"命令，进入"记账"窗口。选择"2012.04 月份凭证"，单击"全选"按钮，记账范围自动显示为所有已审核的待记账凭证。单击"记账"按钮，系统自动进行记账，并弹出"记账完毕！"提示框。

② 单击"确定"按钮，进入记账窗口，显示出记账报告，可以选择打印、预览、输出记账结果报告。单击"退出"按钮退出记账功能。

实训四十二 期间损益结转处理

【任务四十二】

2012 年 4 月 30 日，利用期间损益结转方式进行期间损益结转。

【业务说明】

本笔业务是月末期间损益结转业务。需要使用期间损益结转方式生成凭证并记账。

【岗位说明】

会计陈宏负责期间损益结转凭证的设置与生成、记账处理。财务经理陈志伟负责凭证的主管签字和审核。

【操作指导】

(1) 期间损益结转设置

会计陈宏在企业应用平台中执行"业务工作/财务会计/总账/期末/转账定义/期间损益"命令，进入"期间损益结转设置"窗口。单击右上角"本年利润科目"参照按钮选择"4103

本年利润"或直接在"本年利润科目"栏输入"4103",如图 5-274 所示,单击"确定"按钮。

图 5-274　期间损益结转设置

(2) 期间损益结转凭证生成

① 会计陈宏在企业应用平台中执行"业务工作/财务会计/总账/期末/转账生成"命令,进入"转账生成"窗口。选择"期间损益结转"选项,单击"全选"按钮,如图 5-275 所示。

图 5-275　期间损益结转

② 单击"确定"按钮,弹出"转账"窗口,生成期间损益结转凭证,单击"保存"按钮,凭证左上角出现"已生成"字样,如图 5-276 所示。

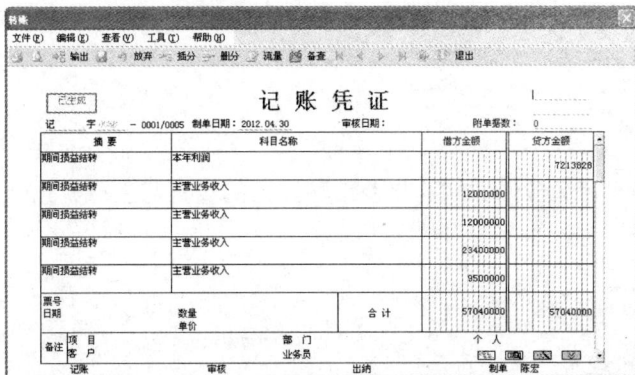

图 5-276　期间损益结转凭证

(4) 审核凭证

① 财务经理陈志伟在企业应用平台中执行"业务工作/财务会计/总账/凭证/审核凭证"命令，进入"凭证审核"过滤条件窗口。单击"确定"按钮，显示"凭证审核"列表窗口。单击"确定"按钮，进入"审核凭证"窗口，单击"审核"按钮。

② 单击"退出"按钮。

(3) 主管签字

① 财务经理陈志伟在企业应用平台中执行"业务工作/财务会计/总账/凭证/主管签字"命令，进入"主管签字"过滤条件窗口。单击"确定"按钮，显示"主管签字"凭证列表窗口。单击"确定"按钮，进入"主管签字"窗口，单击"签字"按钮，即在凭证右上方处显示陈志伟红字印章，表示主管签字完成。

② 单击"退出"按钮。

(5) 记账

① 会计陈宏在企业应用平台中执行"业务工作/财务会计/总账/凭证/记账"，进入"记账"窗口。选择"2012.04 月份凭证"，单击"全选"按钮，记账范围自动显示为所有已审核的待记账凭证。单击"记账"按钮，系统自动进行记账，并弹出"记账完毕！"提示框。

② 单击"确定"按钮，进入记账窗口，显示出记账报告，可以选择打印、预览、输出记账结果报告。单击"退出"按钮退出记账功能。

实训四十三　计算并结转本月企业所得税

【任务四十三】

2012 年 4 月 30 日，计算并结转本月企业所得税。利用自定义转账方式生成凭证进行期间损益结转并记账。

【业务说明】

本笔业务是计算和结转本月企业所得税业务。需要使用自定义转账方式和期间损益结转方式生成凭证并记账。

【岗位说明】

会计陈宏负责自定义转账和期间损益结转凭证的设置与生成、凭证记账处理，财务经理陈志伟负责凭证的主管签字和审核。

【操作指导】

(1) 自定义转账设置

① 会计陈宏在企业应用平台中执行"业务工作/财务会计/总账/期末/转账定义/自定义

转账"命令，进入"自定义转账设置"窗口。单击"增加"按钮，弹出"转账目录"对话框，输入"转账序号"为"0012"，"转账说明"为"计算本月企业所得税"，"凭证类别"为"记 记账凭证"，如图 5-277 所示。

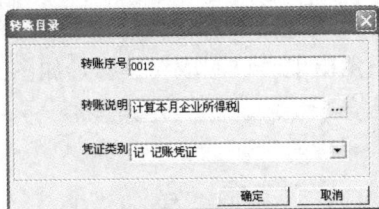

图 5-277 转账目录设置

② 单击"确定"按钮，返回自定义转账设置窗口。单击"增行"按钮，在科目编码栏输入"6801"或单击参照按钮选择"6801 所得税费用"，"方向"为"借"，单击金额公式参照按钮，弹出"公式向导"窗口。

③ 选择公式名称为"贷方发生额"或函数名"FS()"，单击"下一步"按钮，在科目栏为"4103"或单击参照按钮选择"4103 本年利润"，选中"继续输入公式"复选框，选择"-(减)"单选按钮，其他选项为默认。

④ 单击"下一步"按钮，回到"公式向导"窗口，选择公式名称"借方发生额"，单击"下一步"按钮，在科目栏输入"4103"或单击参照按钮选择"4103 本年利润"，单击"完成"按钮，公式带回自定义转账设置窗口，在编辑状态下将公式首尾用"()"括起来，并在公式末尾输入"*0.25"，按 Enter 键，金额公式栏显示"(FS(4103,月,贷)-FS(4103,月,借))*0.25"。

⑤ 单击"增行"按钮，在科目编码栏输入"222103"或单击参照按钮选择"222103 应交税费/应交所得税"，"方向"为"贷"，选择金额公式名称为"取对方科目计算结果"或函数名"JG()"，单击"下一步"，单击"完成"，如图 5-278 所示。单击"保存"按钮，单击"退出"按钮。

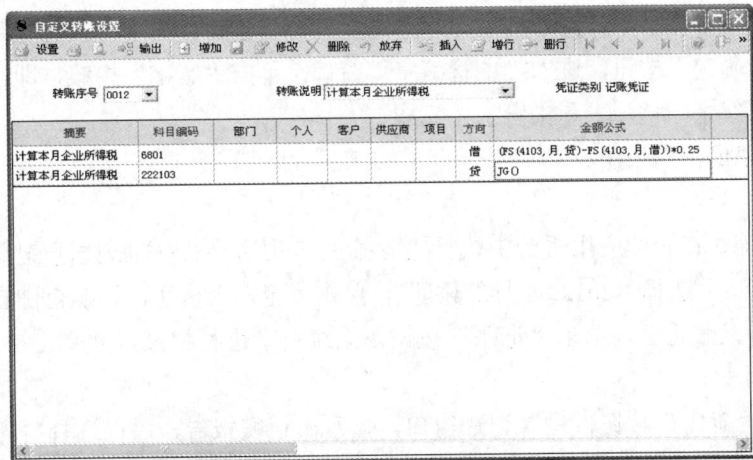

图 5-278 自定义转账设置

(2) 自定义转账凭证生成

会计陈宏在企业应用平台中执行"业务工作/财务会计/总账/期末/转账生成"命令，进入"转账生成"窗口。选择"自定义转账"选项，选中编号为"0012"的记录行，双击"是否结转"栏，出现"Y"。单击"确定"按钮，弹出"转账"窗口，生成自定义结转凭证，单击"保存"按钮，凭证左上角出现"已生成"字样，如图 5-279 所示。

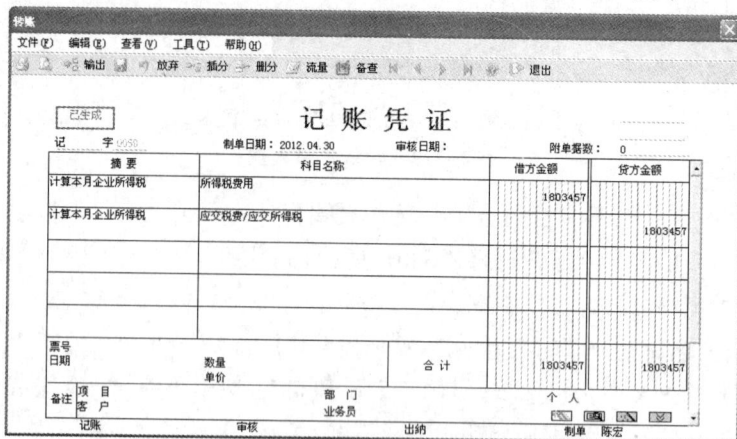

图 5-279 本月企业所得税自定义转账凭证

(4) 审核凭证

① 财务经理陈志伟在企业应用平台中执行"业务工作/财务会计/总账/凭证/审核凭证"命令，进入"凭证审核"过滤条件窗口。单击"确定"按钮，显示"凭证审核"列表窗口。单击"确定"按钮，进入"审核凭证"窗口，单击"审核"按钮，即在凭证下方"审核"处显示陈志伟名字，表示审核完成。

② 单击"退出"按钮。

(3) 主管签字

① 财务经理陈志伟在企业应用平台中执行"业务工作/财务会计/总账/凭证/主管签字"命令，进入"主管签字"过滤条件窗口。单击"确定"按钮，显示"主管签字"凭证列表窗口。单击"确定"按钮，进入"主管签字"窗口，单击"签字"按钮，即在凭证右上方处显示陈志伟红字印章，表示主管签字完成。

② 单击"退出"按钮。

(5) 记账

① 会计陈宏在企业应用平台中执行"业务工作/财务会计/总账/凭证/记账"命令，进入"记账"窗口。选择"2012.04 月份凭证"，单击"全选"按钮，记账范围自动显示为所有已审核的待记账凭证。单击"记账"按钮，系统自动进行记账，并弹出"记账完毕!"提示框。

② 单击"确定"按钮，进入记账窗口，显示出记账报告，可以选择打印、预览、输出记账结果报告。单击"退出"按钮退出记账功能。

(6) 期间损益结转凭证生成

① 会计陈宏在企业应用平台中执行"业务工作/财务会计/总账/期末/转账生成"命令，进入"转账生成"窗口。选择"期间损益结转"单选按钮，选中损益科目"6801 所得税费用"所在记录行，双击"是否结转"栏，显示为"Y"，如图 5-280 所示。

图 5-280　结转所得税费用

② 单击"确定"按钮，弹出"转账"窗口，生成所得税费用结转凭证，单击"保存"按钮，凭证左上角出现"已生成"字样，如图 5-281 所示。

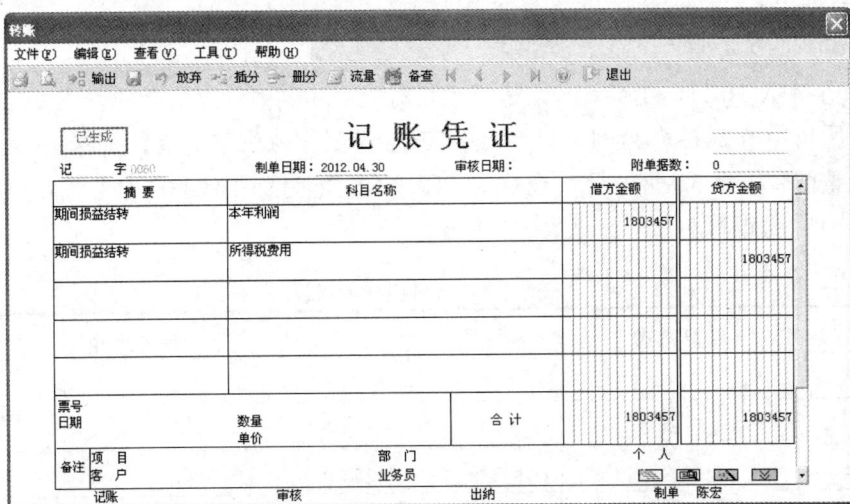

图 5-281　所得税费用结转凭证

(7) 审核凭证

① 财务经理陈志伟在企业应用平台中执行"业务工作/财务会计/总账/凭证/审核凭证"命令，进入"凭证审核"过滤条件窗口。单击"确定"按钮，显示"凭证审核"列表窗口。单击"确定"按钮，进入"审核凭证"窗口，单击"审核"按钮，即在凭证下方"审核"

处显示陈志伟名字，表示审核完成。

② 单击"退出"按钮。

(8) 主管签字

① 财务经理陈志伟在企业应用平台中执行"业务工作/财务会计/总账/凭证/主管签字"命令，进入"主管签字"过滤条件窗口。单击"确定"按钮，显示"主管签字"凭证列表窗口。单击"确定"按钮，进入"主管签字"窗口，单击"签字"按钮，即在凭证右上方处显示陈志伟红字印章，表示主管签字完成。

② 单击"退出"按钮。

(9) 记账

① 会计陈宏在企业应用平台中执行"业务工作/财务会计/总账/凭证/记账"命令，进入"记账"窗口。选择"2012.04 月份凭证"，单击"全选"按钮，记账范围自动显示为所有已审核的待记账凭证。单击"记账"按钮，系统自动进行记账，并弹出"记账完毕！"提示框。

② 单击"确定"按钮，进入记账窗口，显示出记账报告，可以选择打印、预览、输出记账结果报告。单击"退出"按钮退出记账功能。

实训四十四 银行对账处理

【任务四十四】

2012 年 4 月 30 日，由会计陈宏进行银行对账，编制银行存款余额调节表。本公司银行账的启用日期为 2012 年 4 月 1 日，工行存款企业日记账调整前余额为 332,854 元，银行对账单调整前余额为 329,854 元。企业未达账项有一笔为 2012.03.03 企业已收银行未记账 3,000 元。4 月份银行对账单参见表 5-5 所示。

表 5-5 4 月份银行对账单

日期	结算方式	票号	摘要	借方金额	贷方金额
2012.04.02			交税费		20,400
2012.04.02			交税费		965.48
2012.04.03	电汇	016345460	付定金		4,000
2012.04.03	同城特约委托收款	000000210	交社会保险		4,560
2012.04.03	同城特约委托收款	000000211	交社会保险		11,780
2012.04.04			预收款	10,000	
2012.04.05			销货款	82,134	
2012.04.05	电汇	012354561	付购货款		35,100
2012.04.05	电汇	012256401	付购货款		87,750

（续表）

日期	结算方式	票号	摘要	借方金额	贷方金额
2012.04.06	转账支票	012100564	交住房公积金		9,120
2012.04.06	电汇	012345601	付款单		164,800
2012.04.10			销货款	17,550	
2012.04.12			退货款	8,190	
2012.04.16			收销货款	191,646	
2012.04.17	电汇	016345601	付购货款		136,400
2012.04.20			收销货款	137,592	

【业务说明】

本笔业务是公司银行对账业务。需要进行自动和手动银行对账处理。

【岗位说明】

会计陈宏进行银行对账业务处理。

【实验数据准备】

(1) 系统时间为 2012 年 4 月 30 日。

(2) 引入光盘"实验数据"文件夹中"第五章任务四十四数据准备"的数据账套。

【操作指导】

(1) 会计陈宏在企业应用平台中执行"业务工作/财务会计/总账/出纳/银行对账/银行对账期初"命令，弹出"银行科目选择"对话框，如图 5-282 所示。

(2) 选择默认科目"100201 工行存款"，单击"确定"按钮，进入"银行对账期初"对话框，确定启用日期为"2012.04.01"，如图 5-283 所示。

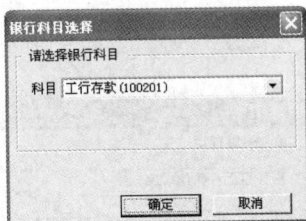

图 5-282 "银行科目选择"对话框　　　　图 5-283 "银行对账期初"对话框

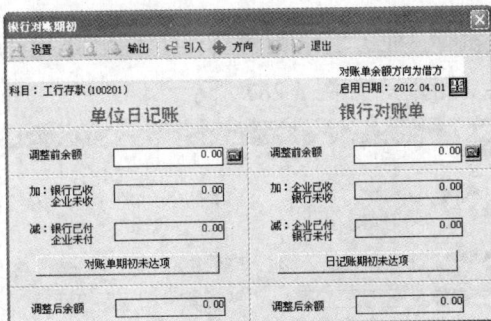

(3) 输入单位日记账的"调整前余额"为"332,854"。银行对账单的"调整前余额"为"329,854"，如图 5-284 所示。

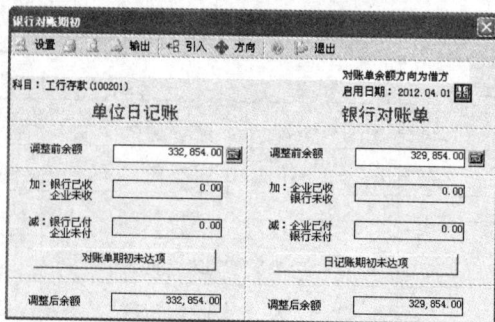

图 5-284　银行对账期初

(4) 单击"日记账期初未达项"按钮，进入"企业方期初"窗口。

(5) 单击"增加"按钮，输入"凭证日期"为"2012.03.03"，"借方金额"为"3,000"。单击"保存"按钮，如图 5-285 所示。

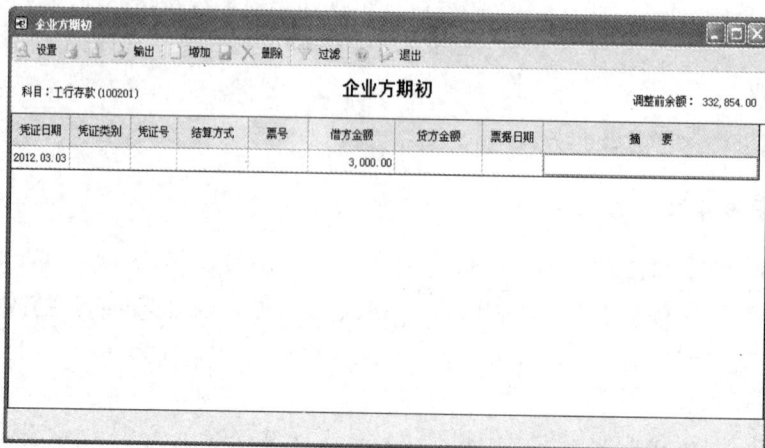

图 5-285　企业方期初余额

(6) 单击"退出"按钮，返回"银行对账期初"对话框，如图 5-286 所示。单击"退出"按钮。

(7) 执行"业务工作/财务会计/总账/出纳/银行对账/银行对账单"命令，弹出"银行科目选择"对话框，如图 5-287 所示。

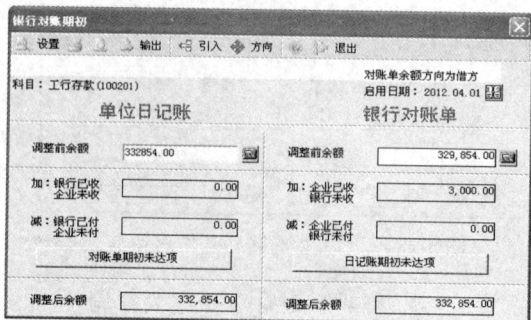

图 5-286　银行对账期初余额

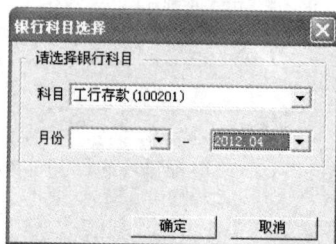

图 5-287　"银行科目选择"对话框

(8) 确认选择默认科目为"100201 工行存款"，月份为"2012.04"，单击"确定"按钮，进入"银行对账单"窗口，如图 5-288 所示。

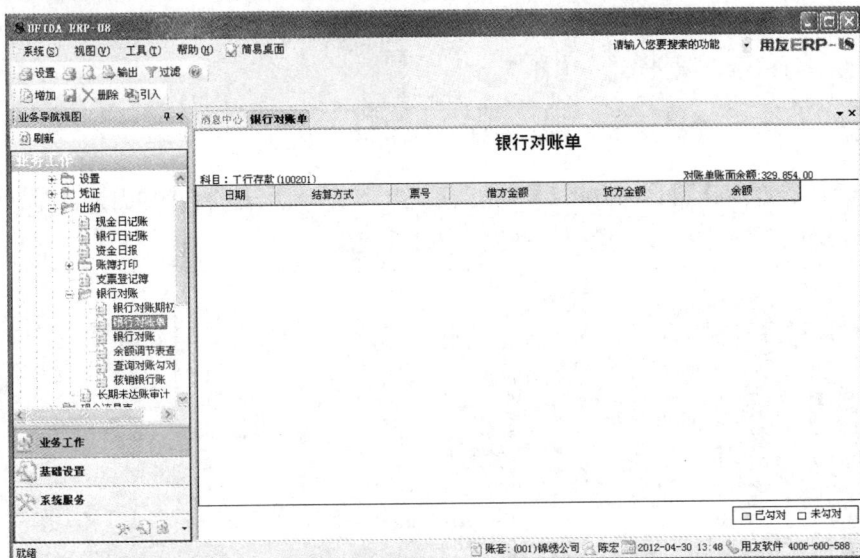

图 5-288　银行对账单窗口

(9) 单击"增加"按钮，参照表 5-5 依次输入银行对账单数据，包括"日期"、"结算方式"、"票号"(注意：所有票号都不录入第一个"0"字符)、"借方金额"或"贷方金额"，单击"保存"按钮，结果如图 5-289 所示，单击"退出"按钮。

银行对账单

科目：工行存款 (100201)　　　　　　　　　　　　　　　　　　　　对账单账面余额：302,090.52

日期	结算方式	票号	借方金额	贷方金额	余额
2012.04.02				20,400.00	309,454.00
2012.04.02				965.48	308,488.52
2012.04.03	5	16345460		4,000.00	304,488.52
2012.04.03	6	00000210		4,560.00	299,928.52
2012.04.03	6	00000211		11,780.00	288,148.52
2012.04.03			10,000.00		298,148.52
2012.04.05			82,134.00		380,282.52
2012.04.05	5	12354561		35,100.00	345,182.52
2012.04.05	5	12256401		87,750.00	257,432.52
2012.04.06	202	12100564		9,120.00	248,312.52
2012.04.06	5	12345601		164,800.00	83,512.52
2012.04.10			17,550.00		101,062.52
2012.04.12			8,190.00		109,252.52
2012.04.16			191,646.00		300,898.52
2012.04.17	5	16345601		136,400.00	164,498.52
2012.04.20			137,592.00		302,090.52

□ 已勾对　□ 未勾对

图 5-289　银行对账单

(10) 会计陈宏在企业应用平台中执行"业务工作/财务会计/总账/出纳/银行对账/银行对账"命令，弹出"银行科目选择"对话框，如图 5-290 所示。

图 5-290　"银行科目选择"对话框

(11) 确认选择默认科目"100201 工行存款",选择截止月份为"2012.04",单击"确定"按钮,进入"银行对账"窗口,如图 5-291 所示。

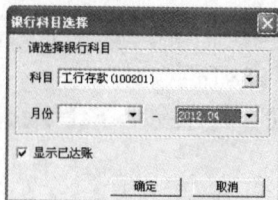

图 5-291　银行对账

(12) 单击"对账"按钮,打开"自动对账"对话框,如图 5-292 所示。

(13) 选择截止日期"2012.04.30",默认系统提供的其他对账条件,如图 5-293 所示。

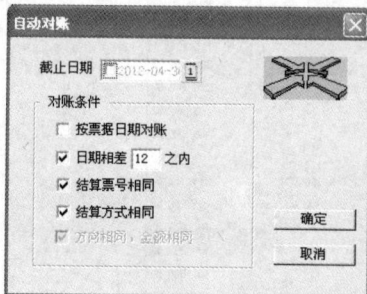

图 5-292　"自动对账"对话框

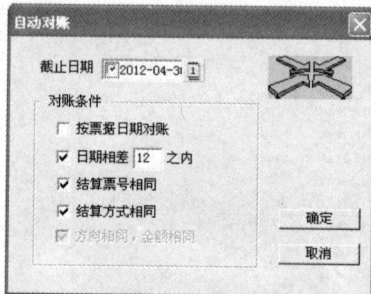

图 5-293　自动对账对话框条件设置

(14) 单击"确定"按钮,显示自动对账结果,对于已达账项,系统自动在单位日记账和银行对账单双方的"两清"栏画上"○"标志,如图 5-294 所示。

(15) 在自动对账窗口,对于一些应勾对而未勾对上的账项,可分别双击"两清"栏,直接进行手工调整。如:单位日记账中为金额 10000 元的这笔账与银行对账单中金额 10,000 元的这笔账需要进行手工对账。分别双击"两清"栏,出现"Y"标志,如图 5-295 所示。

科目：100201（工行存款）

图 5-294 自动对账结果

图 5-295 手工对账

(16) 所有数据对账完毕后，如图 5-296 所示。

图 5-296 手工对账结果

(17) 对账完毕，单击"检查"按钮，检查结果平衡，单击"确定"按钮，如图 5-297 所示。

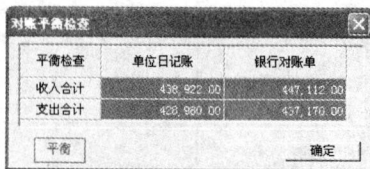

图 5-297　对账检查

(18) 会计陈宏在企业应用平台中执行"业务工作/财务会计/总账/出纳/银行对账/余额调节表查询"命令，进入"银行存款余额调节表"窗口，如图 5-298 所示。

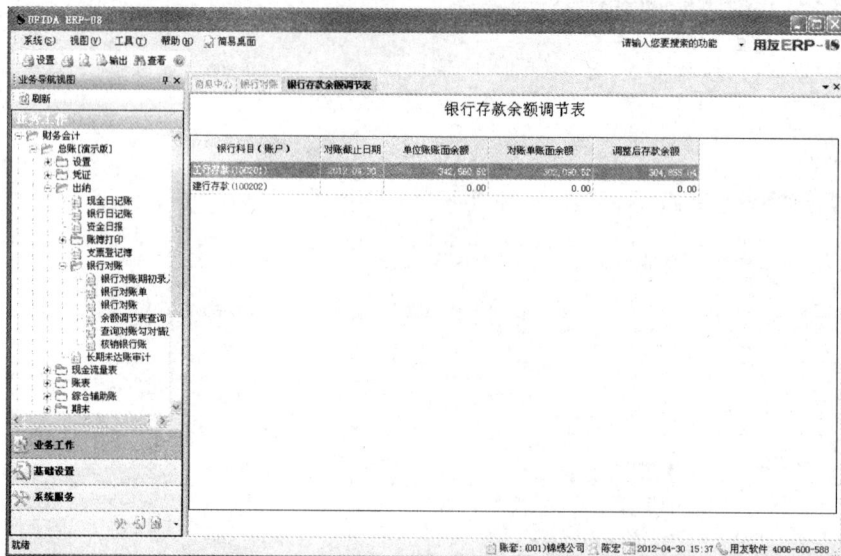

图 5-298　银行存款余额调节表

(19) 选中科目"100201 工行存款"。单击"查看"或双击该行，即显示该银行账户的银行存款余额调节表，如图 5-299 所示。

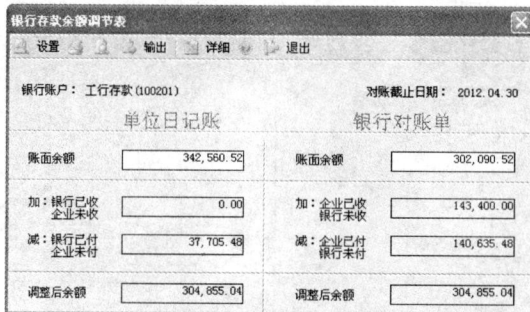

图 5-299　银行存款余额调节表

(20) 单击银行存款余额调节表中的"详细"按钮，即显示该银行账户的银行存款余额调节表的详细情况，如图 5-300 所示。

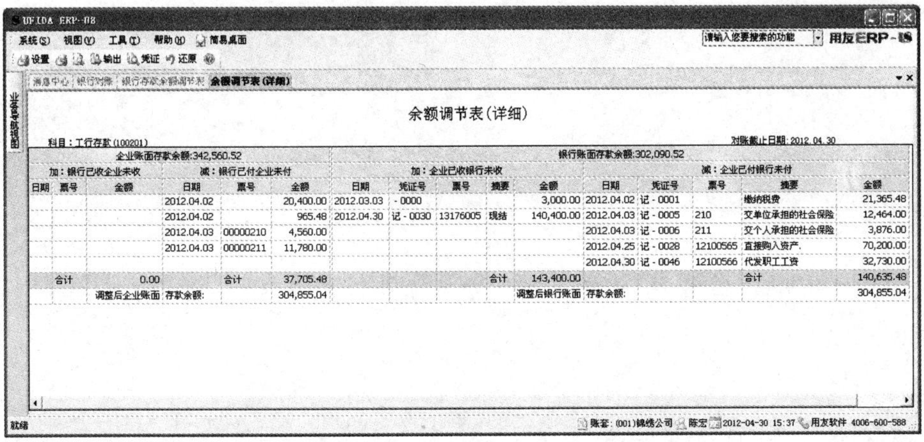

图 5-300 银行存款余额调节表详细情况

提示：

- 第一次使用银行对账功能前，系统要求录入日记账及对账单未达账项，在使用银行对账功能之后可以不再录入。
- 在录入完单位日记账、银行对账单期初未达账项后，请不要随意调整启用日期，尤其是向前调，这样可能会造成启用日期后的期初数不能再参与对账。
- 对账条件中的方向、金额相同是必选条件，对账截止日期为可选。
- 对于已达账项，系统自动在银行存款日记账和银行对账单双方的"两清"栏画上"○"标志。
- 在自动对账不能完全对上的情况下，可采用手工对账。

第六章

企业业务活动月末处理

内容概述

月末处理是指在月末时对各个模块进行结账处理，把一定时期内应记入账簿的经济业务全部登记入账后，计算记录本期发生额及期末余额，并将本月余额结转至下期或新的账簿。在用友 ERP-U8.72 管理系统中，月末结账需要遵循以下顺序：

- 采购管理系统月末结账后，才能进行应付款管理系统的月末结账。
- 销售管理系统月末结账后，才能进行应收款管理系统的月末结账。
- 采购与销售管理系统都结账后，才能进行库存管理与存货核算系统的月末结账。
- 库存管理系统月末结账后，才能进行存货核算系统的月末结账。
- 总账系统最后进行月末结账。

在月末结账时，需要注意以下几点：(1)若上月尚未结账，本月业务则不能记账；不允许跳月取消月末结账，只能从最后一个月逐月取消。(2)若没有期初记账，将不允许月末结账。(3)结账前用户应检查本会计月的工作是否已经全部完成，只有在当前会计月的所有工作全部完成的前提下，才能进行月末结账，否则会遗漏某些业务，导致业务数据不全面；(4)在月末结账前，用户一定要进行数据备份，否则，数据一旦发生错误，损失将无法挽回；(5)在月末结账后，该月的单据将不能修改和删除，该月未录入的单据将视为下个会计月的单据。

目的与要求

了解月末处理的含义及其作用，熟悉并掌握各个管理系统的期末业务处理的内容和操作方法，掌握各系统模块间的结账流程。

实训一 各业务子系统月末结账处理

2012 年 4 月 30 日，对 2012 年 4 月份由采购管理、销售管理、库存管理、存货核算、固定资产、薪资管理模块处理的经济业务进行月末结账处理。

【任务一】对采购管理系统进行月末结账处理

【业务说明】

本笔业务是对采购管理模块的经济业务进行期末处理业务。采购管理系统月末结账可以将多个月的单据进行结账，但不允许跨越结账。

【岗位说明】

采购员刘越负责采购管理系统月末结账。

【实验数据准备】

(1) 系统时间为 2012 年 4 月 30 日。

(2) 引入光盘"实验数据"文件夹中"第六章数据准备"的数据账套。

【操作指导】

(1) 采购员刘越在企业应用平台中执行"业务工作/供应链/采购管理/月末结账"命令，弹出"月末结账"对话框。在会计月份"4"记录行单击"选择标记"栏，出现"选中"字样，如图 6-1 所示。

为保证采购系统的暂估余额表和存货核算系统的暂估余额表数据一致，建议在月末结账前将未填单价、金额的采购入库单填上单价、金额。

会计月份	起始日期	截止日期	是否结账	选择标记
4	2012-04-01	2012-04-30	未结账	选中
5	2012-05-01	2012-05-31	未结账	
6	2012-06-01	2012-06-30	未结账	
7	2012-07-01	2012-07-31	未结账	
8	2012-08-01	2012-08-31	未结账	
9	2012-09-01	2012-09-30	未结账	
10	2012-10-01	2012-10-31	未结账	
11	2012-11-01	2012-11-30	未结账	
12	2012-12-01	2012-12-31	未结账	

结账   取消结账   退出   帮助

图 6-1 采购管理系统月末结账

(2) 单击"结账"按钮，弹出"月末结账完毕！"提示框，单击"确定"按钮，单击"退出"按钮，即完成采购管理系统的月末结账。

【任务二】对销售管理系统进行月末结账处理

【业务说明】

本笔业务是对销售管理模块的经济业务进行期末处理业务。该操作是将本月的销售单据封存，并将本月的销售数据记入有关账表中。

【岗位说明】

销售员夏雪负责销售管理系统月末结账。

【操作指导】

销售员夏雪在企业应用平台中执行"业务工作/供应链/销售管理/月末结账"命令，弹出"月末结账"窗口，此时 4 月"是否结账"栏显示为"否"，单击"月末结账"按钮，此时"是否结账"栏显示为"是"，单击"退出"按钮，即完成销售管理系统的月末结账。

提示：

- 只有对销售管理系统进行月末处理后，才能对库存管理、存货核算和应收款管理系统进行月末处理。
- 若销售管理系统要取消月末结账，必须先取消库存管理、存货核算和应收款管理系统的月末结账，若它们当中的任何一个系统不能取消月末结账，则销售管理系统的月末结账也不能取消。

【任务三】对库存管理系统进行月末结账处理

【业务说明】

本笔业务是对库存管理模块的经济业务进行期末处理业务。该操作是将本月的出入库单据封存，并将本月的库存数据记入有关账表中。

【岗位说明】

库管员李丽负责库存管理系统月末结账。

【操作指导】

库管员李丽在企业应用平台中执行"业务工作/供应链/库存管理/月末结账"命令，弹出"结账处理"窗口。此时 4 月份"已经结账"栏显示为"否"，单击"结账"按钮，此时"已经结账"栏显示为"是"，单击"退出"按钮，即完成库存管理系统的月末结账。

提示：

- 只有对采购管理系统和销售管理系统进行月末处理后，才能对库存管理系统进行月末处理。

● 只有在存货核算系统当月末结账或取消结账后,库存管理系统才能取消结账。

【任务四】对存货核算系统进行期末处理和月末结账

【业务说明】

本笔业务是对存货核算模块的经济业务进行期末处理业务。首先需要进行仓库和存货的期末处理,然后进行月末结账处理。

【岗位说明】

库管员李丽负责存货核算系统的期末处理和月末结账。

【操作指导】

(1) 仓库和存货的期末处理

① 库管员李丽在企业应用平台中执行"业务工作/供应链/存货核算/业务核算/期末处理"命令,进入"期末处理"对话框,如图 6-2 所示,单击窗口左侧"全选"按钮,单击"确定"按钮。分别对仓库和存货进行期末处理。

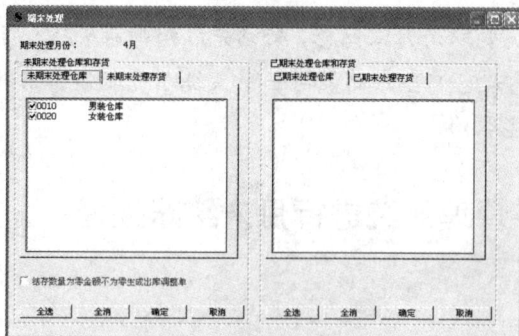

图 6-2 "期末处理"对话框

② 系统提示"期末处理完毕"对话框,单击"确定"按钮,完成存货核算的期末处理,如图 6-3 所示。

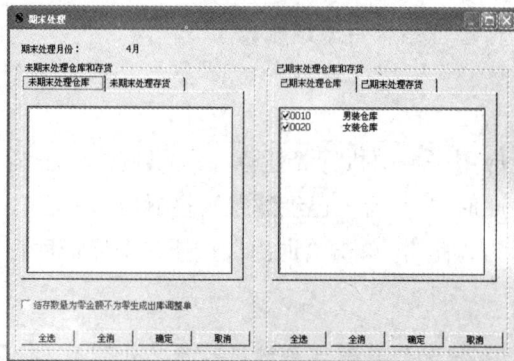

图 6-3 期末处理完成

(2) 月末结账处理

① 库管员李丽在企业应用平台中执行"业务工作/供应链/存货核算/业务核算/月末结账"命令，弹出"月末结账"对话框，如图6-4所示。

图6-4　存货核算系统月末结账

② 选中"月末结账"单选按钮，单击"确定"按钮，弹出"月末结账完成！"信息提示框，单击"确定"按钮，即完成存货核算系统的月末结账。

提示：

● 只有对采购管理、销售管理和库存管理系统进行月末处理后，才能对存货核算系统进行月末结账处理。

● 进行存货核算系统月末处理前，一定要求采购(发票开完和结算)、销售(发货单全部审核)、库存(所有单据录入并审核)业务全部做完。

【任务五】对固定资产系统进行月末结账处理

【业务说明】

本笔业务是对固定资产模块的经济业务进行期末处理业务。

【岗位说明】

会计陈宏负责固定资产系统月末结账。

【操作指导】

(1) 会计陈宏在企业应用平台中执行"业务工作/财务会计/固定资产/处理/月末结账"命令，弹出"月末结账"窗口。单击"开始结账"按钮，弹出"与账务对账结果"信息提示框，如图6-5所示。

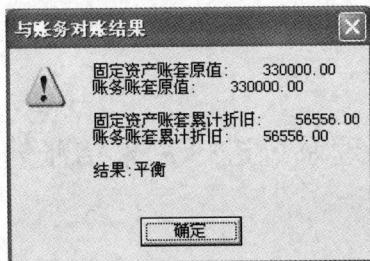

图6-5　固定资产系统月末结账

(2) 单击"确定"按钮，弹出"月末结账成功完成！"信息提示框，单击"确定"按钮，，即完成固定资产系统的月末结账。

【任务六】对薪资管理系统进行月末结账处理

【业务说明】

本笔业务是对薪资管理模块的经济业务进行期末处理业务。

【岗位说明】

人力资源部经理王勇负责薪资管理系统月末结账。

【操作指导】

(1) 经理王勇在企业应用平台中执行"业务工作/人力资源/薪资管理/业务处理/月末处理"命令，弹出"月末处理"对话框，如图 6-6 所示。

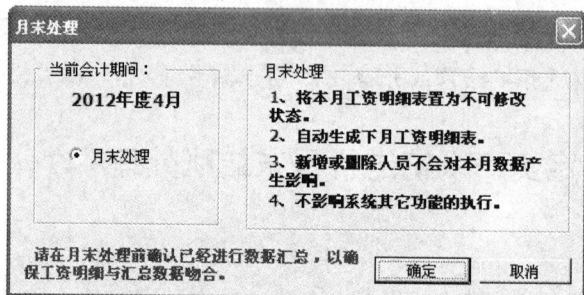

图 6-6　薪资管理系统月末处理

(2) 单击"确定"按钮，弹出"月末处理之后，本月工资将不许变动！继续月末处理吗？"提示框，单击"是"按钮，弹出"是否选择清零项？"提示框，单击"否"按钮，弹出"月末处理完毕！"提示框，单击"确定"按钮，即完成薪资管理系统的月末结账。

实训二　各财务子系统月末结账处理

2012 年 4 月 30 日，对 2012 年 4 月份由应收款管理、应付款管理、总账模块处理的经济业务进行月末结账处理。

【任务七】对应收款管理系统进行月末结账处理

【业务说明】

本笔业务是对应收款管理模块的经济业务进行期末处理业务。

【岗位说明】

会计陈宏负责应收款管理系统月末结账。

【操作指导】

会计陈宏在企业应用平台中执行"业务工作/财务会计/应收款管理/期末处理/月末结账"命令，进入"月末处理"窗口。双击"四月"结账标志栏，出现"Y"，单击"下一步"按钮。单击"完成"按钮，弹出"4月份结账成功"提示框，单击"确定"按钮，即完成应收款管理系统的月末结账。

提示：
- 只有当销售管理系统月末结账后，应收款管理系统才能进行月末处理。
- 本月的结算单必须全部审核完成，才能进行结账处理。
- 若在企业应用平台中的应收款管理选项设置中，"单据审核日期依据"设置为"单据日期"，则本月的销售发票、应收单、收款单在结账前应全部审核完毕。若设置为"业务日期"，则月末有未审核的单据，仍然可以进行月末结账处理。

【任务八】对应付款管理系统进行月末结账处理

【业务说明】

本笔业务是对应付款管理模块的经济业务进行期末处理业务。

【岗位说明】

会计陈宏负责应付款管理系统月末结账。

【操作指导】

会计陈宏在企业应用平台中执行"业务工作/财务会计/应付款管理/期末处理/月末结账"命令，进入"月末处理"窗口。双击"四月"结账标志栏，出现"Y"，单击"下一步"按钮。单击"完成"按钮，弹出"4月份结账成功"提示框，单击"确定"按钮，即完成应付款管理系统的月末结账。

提示：
- 只有当采购管理系统月末结账后，应付款管理系统才能进行月末处理。
- 本月的结算单必须全部审核完成，才能进行结账处理。
- 若在企业应用平台中的应付款管理选项设置中，"单据审核日期依据"设置为"单据日期"，则本月的采购发票、应付单、付款单在结账前应全部审核完毕。若设置为"业务日期"，则月末有未审核的单据，仍然可以进行月末结账处理。

【任务九】对总账系统进行月末对账及月末结账处理

【业务说明】

本笔业务是检查本期所发生的经济业务的记账凭证是否都已经审核和记账以及期末处理，然后完成对总账系统的对账及结账工作。需要先进行各业务子系统月末结账，再进行总账系统与各子系统对账和总账系统结账。

【岗位说明】

财务经理陈志伟负责总账系统的月末对账和结账工作。

【操作指导】

(1) 财务经理陈志伟在企业应用平台中执行"业务工作/财务会计/总账/期末/对账"命令，进入"对账"窗口。

(2) 将光标定位在要进行对账的月份"2012.04"，单击"选择"按钮。

(3) 单击"对账"按钮，开始自动对账并显示对账结果，如图 6-7 所示。

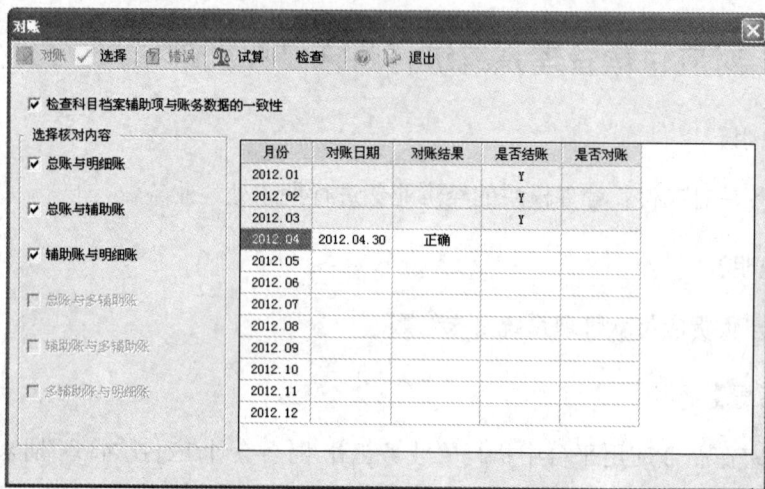

图 6-7　对账

(4) 单击"试算"按钮，可以对各科目类别余额进行试算平衡，单击"确定"按钮。

(5) 执行"业务工作/财务工作/总账/期末/结账"命令，进入"结账"窗口。单击要结账月份"2012.04"，单击"下一步"按钮。单击"对账"按钮，系统对要结账的月份进行账账核对。单击"下一步"按钮，系统显示"4 月工作报告"。

(6) 查看工作报告后，单击"下一步"按钮，单击"结账"按钮，若符合结账要求，系统将进行结账，否则不予结账。

提示:

● 结账只能由有结账权限的人进行。

● 本月还有未记账凭证时，则本月不能结账。

● 结账必须按月连续进行，上月未结账，则本月不能结账。

● 若总账与明细账对账不符，则不能结账。

● 如果与其他系统联合使用，其他子系统未全部结账，则本月不能结账。

● 结账前，要进行数据备份。

● 取消结账方法：

① 执行"总账/期末/结账"命令，进入"结账"窗口。

② 选择要取消结账的月份"2012.04"。

③ 按 Ctrl+Shift+F6 键激活"取消结账"功能。

④ 单击"确认"按钮，取消结账标记。

第七章

企业会计报表编制

内容概述

当期末所有经济业务登记入账后，财务人员必须以日常核算资料为依据，通过整理、汇总编制用于集中反映企业某一时点资产状况和一定时期财务状况的财务报告。UFO 报表系统是报表处理的工具，在 UFO 报表中可以设计报表的格式和编制公式，从总账系统或其他业务子系统中读取有关的财务信息，自动编制各种会计报表，包括资产负债表、利润表、企业财务分析表等。主要包括以下内容：

- 格式状态：在此状态下所做的操作对本报表所有的表页都发生作用，不能进行数据的录入、计算等操作。此状态下，显示报表的格式，报表的数据全部隐藏。
- 数据状态：在此状态下管理报表的数据，如输入关键字、计算表页等。此时，不能修改报表的格式。此状态下，显示报表全部内容，包括格式和数据。
- 格式设置：利用报表模块提供的丰富的格式设计功能，根据实际需要设置表格的格式。如定义组合单元、画表格线及调整行高和列宽等。
- 公式设置：UFO 报表系统提供了单元计算公式的定义等功能。在格式状态下可以定义各种计算公式，在数据状态下进行单元格公式的计算。
- 表页：一个 UFO 报表最多可容纳 99,999 张表页，每一张表页是由许多单元组成的，一个报表中的所有表页具有相同的格式，但其中的数据不同。
- 关键字：游离于单元之外的特殊数据单元，可以唯一标识一个表页，可方便快速选择表页。关键字的显示位置在格式状态下设置，关键字的值则在数据状态下录入，每个报表可以定义多个关键字。

目的与要求

系统学习使用报表模板生成报表的方法；学习使用自定义方式绘制报表样式、设置单元公式并生成报表数据的方法。

实训一　利用 UFO 报表模板生成 "资产负债表"和"利润表"

【任务一】制作资产负债表

利用"2007 年新会计制度科目"报表模板生成"001 账套"2012 年 3 月份和 4 月份"资产负债表"并输出(文件名为"资产负债表.rep")。

【业务说明】

本业务是月末对资产负债表进行编制的工作。需要利用报表模块设置资产负债表的报表格式并计算报表数据。

【岗位说明】

财务经理陈志伟负责资产负债表的编制。

【实验数据准备】

(1) 系统时间为 2012 年 4 月 30 日。

(2) 引入光盘"实验数据"文件夹中"第七章数据准备"的数据账套。

【操作指导】

(1) 调用"资产负债表"模板

① 财务经理陈志伟在企业应用平台中执行"业务工作/财务会计/UFO 报表"命令，打开"UFO 报表"窗口。在"UFO 报表"窗口执行"文件/新建"命令，建立一张空白报表，报表名为"资产负债表模板"。

② 执行"格式/报表模板"命令，打开"报表模板"对话框。选择"您所在的行业"为"2007 年新会计制度科目"，"财务报表"为"资产负债表"，如图 7-1 所示。

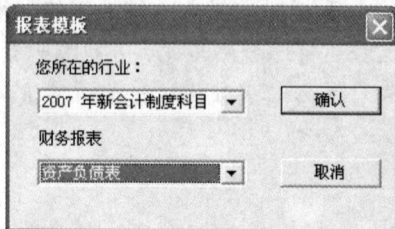

图 7-1　调用资产负债表模板

③ 单击"确认"按钮，弹出"模板格式将覆盖本表格式！是否继续？"提示框。单击"确定"按钮，即可打开"资产负债表"模板，如图 7-2 所示。

图 7-2 资产负债表模板

(2) 调整报表模板

① 选中 A3 单元格，将"编制单位"删除。

② 选中 A3 单元格，执行"数据/关键字/设置"命令，打开"设置关键字"对话框，如图 7-3 所示。

③ 选中"单位名称"单选按钮，单击"确定"按钮，"单位名称"即被设置为关键字。

(3) 保存报表格式

① 执行"文件/保存"命令，如果是第一次保存，则打开"另存为"对话框。

② 选择要保存的文件夹，输入报表文件名"资产负债表"，选择保存类型"*.rep"，如图 7-4 所示。

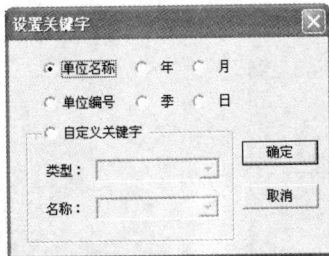

图 7-3 设置关键字

图 7-4 保存报表

③ 单击"另存为"按钮。

提示：

- 若要修改报表中的公式，可以在"格式"状态下对单元格公式进行修改，修改完成后在数据状态下再进行表页重算。
- 报表格式设置完成以后切记要及时将这张报表格式保存下来，以便以后随时调用。
- 如果没有保存就退出，系统会出现提示："是否保存报表？"以防止误操作。
- ".rep"为用友报表文件专用扩展名。
- 报表文件的输出格式还包括".txt"、".mdb"、".xls"、".wk4"。

(4) 生成资产负债表数据并保存

① 单击报表底部左下角的"格式/数据"按钮，使当前状态为"数据"状态，如图 7-5 所示。

图 7-5　报表数据状态

② 在数据状态下，执行"数据/计算时提示选择账套"命令。

③ 执行"数据/关键字/录入"命令，弹出"录入关键字"对话框。输入关键字："单位名称"为"锦绣公司"，"年"为"2012"，"月"为"03"，"日"为"31"，如图 7-6 所示。

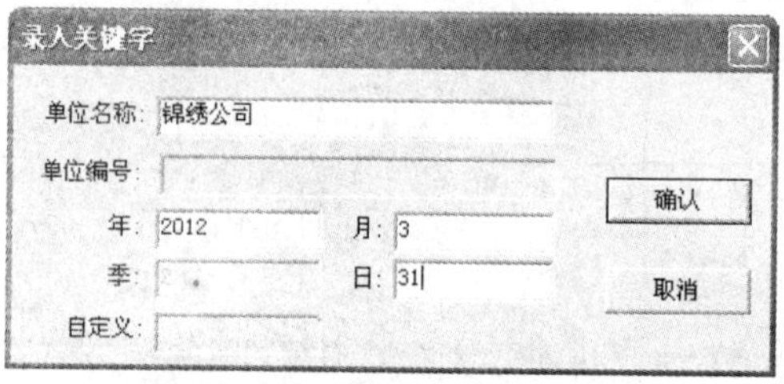

图 7-6　"录入关键字"对话框

④ 单击"确认"按钮，弹出"是否重算第 1 页？"提示框。单击"是"按钮，弹出选择账套窗口。

⑤ 选择操作员为"002"，选择"001"账套，单击"确定"按钮，系统会自动根据单元公式计算 3 月份数据，如图 7-7 所示。若单击"否"按钮，系统不计算 3 月份数据，以后可以执行"数据/表页重算"功能生成 3 月份数据。执行"文件/保存"命令，保存文件。

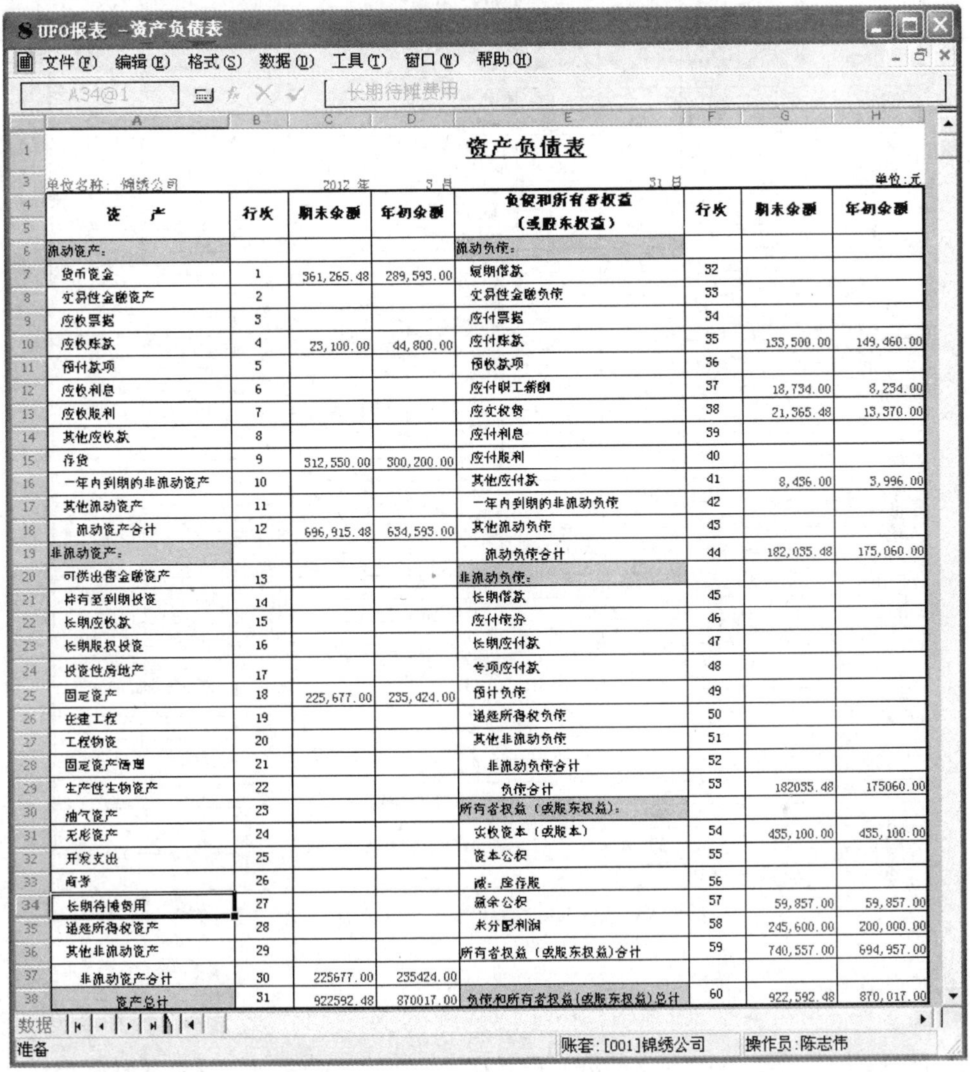

图 7-7　3 月份资产负债表数据

⑥ 执行"编辑/追加/表页"命令，弹出"追加表页"窗口，输入追加表页数量为"1"，单击"确认"按钮，即新增一张表页，选中"第 2 页"，执行"数据/关键字/录入"命令，弹出"录入关键字"对话框。输入关键字："单位名称"为"锦绣公司"，"年"为"2012"，"月"为"04"，"日"为"30"。单击"确认"按钮。弹出"是否重算第 2 页？"提示框，单击"是"按钮，弹出选择账套窗口，选择"001"账套，单击"确定"按钮，系统会自动根据单元公式计算 4 月份数据，如图 7-8 所示。执行"文件/保存"命令，保存文件。

图 7-8　4 月份资产负债表数据

提示:

● 在编制 4 月份企业"财务指标分析表"时,需要使用到 3 月份和 4 月份资产负债表的数据,因而,需要有 3 月份资产负债表的期末余额数据,以便使数据连续。

【任务二】制作利润表

利用"2007 年新会计制度科目"报表模板生成"001 账套"2012 年 4 月份"利润表"并输出(文件名为利润表.rep)。

【业务说明】

本业务是月末对利润表进行编制的工作。需要利用报表模块设置利润表的报表格式并计算报表数据。

【岗位说明】

财务经理陈志伟负责利润表的编制。

【操作指导】

(1) 调用"利润表"模板

① 财务经理陈志伟在企业应用平台中执行"业务工作/财务会计/UFO报表"命令，打开"UFO报表"窗口，在"UFO报表"窗口执行"文件/新建"命令，建立一张空白报表。

② 执行"格式/报表模板"命令，打开"报表模板"对话框。选择"您所在的行业"为"2007年新会计制度科目"，"财务报表"为"利润表"，如图7-9所示，单击"确认"按钮，弹出"模板格式将覆盖本表格式！是否继续？"提示框，单击"确定"按钮，即可打开"利润表"模板，如图7-10所示。

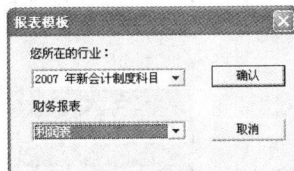

图7-9 调用利润表模板

图7-10 利润表模板

(2) 调整报表模板

① 选中A3单元格，将"编制单位"删除。

② 选中A3单元格，执行"数据/关键字/设置"命令，打开"设置关键字"对话框，如图7-11所示。

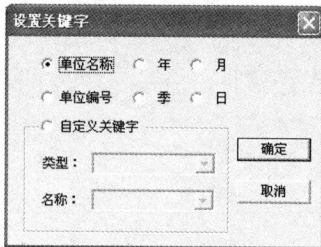

图 7-11　设置关键字

③ 选中"单位名称"单选按钮，单击"确定"按钮，"单位名称"即被设置为关键字，如图 7-12 所示。

图 7-12　设置单位名称为关键字

(3) 保存报表格式

① 执行"文件/保存"命令。

② 选择要保存的文件夹，输入报表文件名为"利润表"，选择保存类型为"*.rep"。

③ 单击"另存为"按钮。

提示:

● 若要修改报表中的公式，可以在"格式"状态下对单元格公式进行修改，修改完成后在数据状态下再进行表页重算。

● 报表格式设置完以后切记要及时将这张报表格式保存下来，以便以后随时调用。

● 如果没有保存就退出，系统会出现提示:"是否保存报表?"以防止误操作。

- "·rep"为用友报表文件专用扩展名。
- 报表文件的输出格式还包括".txt"、".mdb"、".xls"、".wk4"。

(4) 生成利润表数据并保存

① 单击报表底部左下角的"格式/数据"按钮,使当前状态为"数据"状态。

② 在数据状态下,执行"数据/关键字/录入"命令,弹出"录入关键字"对话框。输入关键字:"单位名称"为"锦绣公司","年"为"2012","月"为"04",单击"确认"按钮,弹出"是否重算第1页?"提示框,单击"是"按钮,弹出选择账套窗口。

③ 选择"001"账套,单击"确定"按钮,系统会自动根据单元公式计算4月份数据,如图7-13所示。若单击"否"按钮,则系统不计算4月份数据,以后可以执行"数据/表页重算"功能生成4月份数据。执行"文件/保存"命令,保存报表文件。

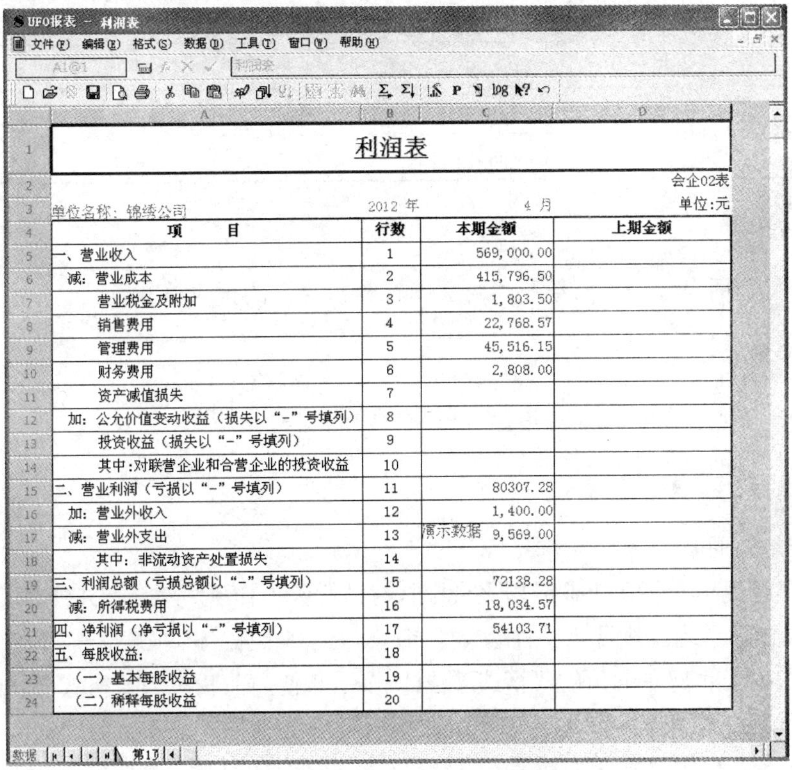

图7-13 4月份利润表数据

实训二 利用自定义报表功能编制企业 "财务指标分析表"

本业务是月末对企业财务指标分析表进行编制,通过对企业经营结果的指标分析,以辅助企业经营决策。

【任务三】制作企业"财务指标分析表"的报表样式

绘制 2012 年 4 月份企业"财务指标分析表"的表格样式(文件名为财务指标分析表.rep)。格式参见表 7-1 所示。

表 7-1　企业主要财务指标分析表

单位名称:　　　　　　　　　　　　　年　　　　月

能力	指标	数值
偿债能力分析	流动比率	
	速动比率	
	资产负债率	
营运能力分析	应收账款周转率	
	总资产周转率	
盈利能力分析	资产利润率	
	销售净利率	

【业务说明】

本业务是利用自定义方式绘制"财务指标分析表"的报表格式。

【岗位说明】

财务经理陈志伟负责"财务指标分析表"的编制。

【操作指导】

(1) 建立空白报表

① 财务经理陈志伟在企业应用平台中执行"业务工作/财务会计/UFO 报表"命令,进入 UFO 报表管理系统。执行"文件/新建"命令,建立一张空白报表。

② 单击报表底部左下角的"格式/数据"按钮,使当前状态为"格式"状态。

③ 执行"格式/表尺寸"命令,打开"表尺寸"对话框。输入行数"10",列数"3",如图 7-14 所示。单击"确认"按钮。

(2) 定义组合单元

① 单击选中 A1 单元格后按住鼠标不放,水平拖动到 C1 单元格。执行"格式/组合单元"命令,打开"组合单元"对话框,如图 7-15 所示。

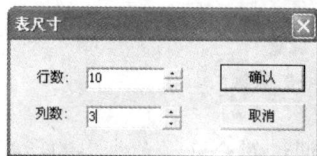

图 7-14　表尺寸设置

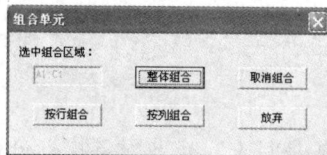

图 7-15　"组合单元"对话框

② 单击"整体组合"或"按行组合"按钮，该单元即合并成一个单元格，如图 7-16 所示。

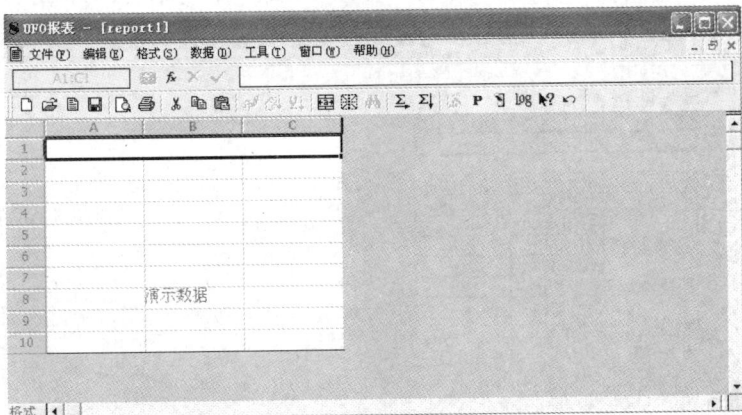

图 7-16 组合单元

③ 单击选中 A2 单元格后按住鼠标不放水平拖动到 C2 单元格。执行"格式/组合单元"命令，打开"组合单元"对话框。单击"整体组合"或"按行组合"按钮，该单元即合并成一个单元格。

④ 单击选中 A4 单元格后按住鼠标不放垂直拖动到 A6 单元格。执行"格式/组合单元"命令，打开"组合单元"对话框。单击"整体组合"按钮，该单元即合并成一个单元格。

⑤ 单击选中 A7 单元格后按住鼠标不放垂直拖动到 A8 单元格。执行"格式/组合单元"命令，打开"组合单元"对话框。单击"整体组合"按钮，该单元即合并成一个单元格。

⑥ 单击选中 A9 单元格后按住鼠标不放垂直拖动到 A10 单元格。执行"格式/组合单元"命令，打开"组合单元"对话框。单击"整体组合"按钮，该单元即合并成一个单元格。

(3) 画表格线

单击选中 A3 单元格后按住鼠标不放拖动到 C10 单元格。执行"格式/区域画线"命令，打开"区域画线"窗口。选择"网线"，单击"确认"按钮，将所选区域画上表格线，如图 7-17 所示。

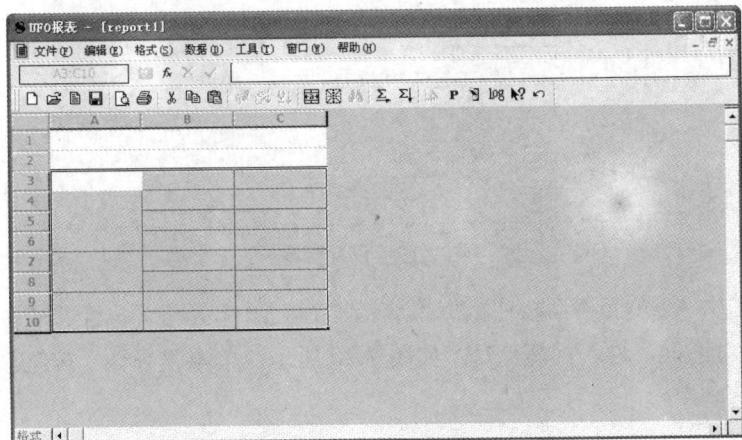

图 7-17 画表格线

(4) 输入报表项目

根据上图，在表中对应单元格或组合单元输入报表文字项目内容，如图 7-18 所示。

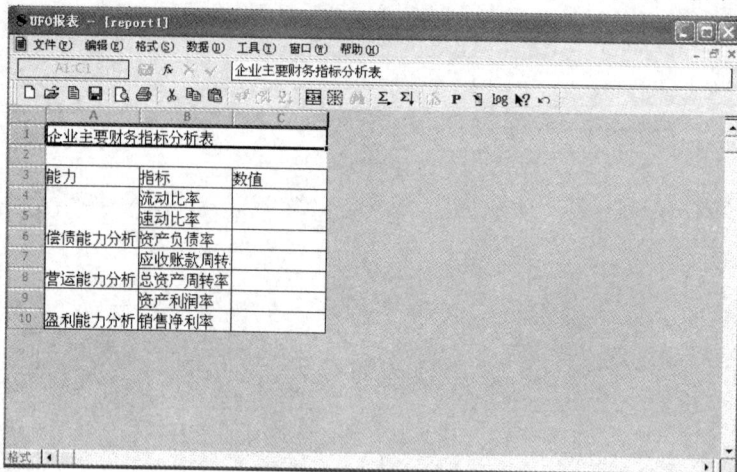

图 7-18　输入报表项目内容

提示:

● 报表项目指报表的文字内容，主要包括表头内容、表体项目、表尾项目等，不包括关键字。

● 编制报表日期不作为文字内容输入，而是需要设置为关键字。

(5) 定义报表行高和列宽

① 选中 A1 单元所在行，执行"格式/行高"命令，打开"行高"对话框，输入行高"10"，如图 7-19 所示，单击"确认"按钮。

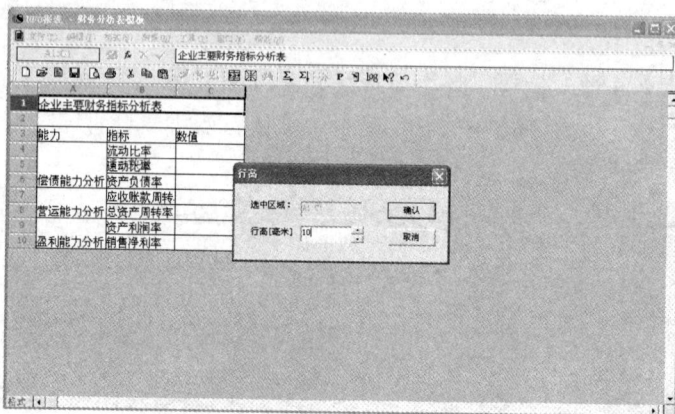

图 7-19　设置行高

② 单击选中 A2 单元格后按住鼠标不放拖动到 C10 单元格，执行"格式/行高"命令，打开"行高"对话框，输入行高"7"，如图 7-20 所示，单击"确认"按钮。

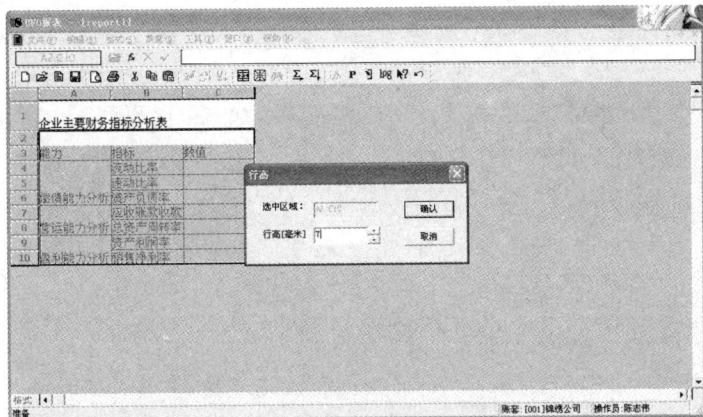

图 7-20　设置行高

③ 选中 A 列，执行"格式/列宽"命令，打开"列宽"对话框，输入列宽"35"，单击"确认"按钮。同理，设置 B 列的列宽为"40"，设置 C 列的列宽为"30"，结果如图 7-21 所示。注意：行高、列宽的单位为毫米。

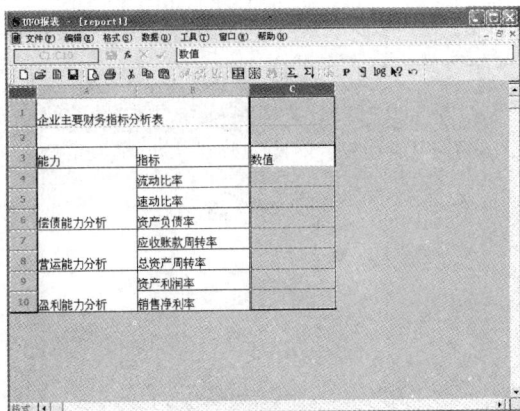

图 7-21　设置列宽

(6) 设置单元风格

① 选中标题所在组合单元格 A1，执行"格式/单元属性"命令，打开"单元格属性"对话框。单击"字体图案"选项卡，设置字体为"黑体"，字号为"14"，如图 7-22 所示。单击"对齐"选项卡，设置水平方向、垂直方向对齐方式为"居中"，单击"确定"按钮。

② 选中组合单元格 A2，按上述方法设置单元格属性为"黑体"、"12"、水平方向、垂直方向对齐方式为"居中"。

③ 选中 A3 单元格按住鼠标不放拖动到 C3 单元格，按上述方法设置单元格属性为"宋体"、字型为"粗体"、"12"、水平方向、垂直方向对齐方式为"居中"。

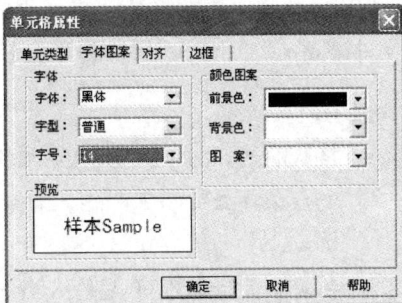

图 7-22　设置单元格属性

④ 选中 A4 单元格按住鼠标不放拖动到 C10 单元格，按上述方法设置单元格属性为"宋体"、"12"、水平方向、垂直方向对齐方式为"居中"，如图 7-23 所示。

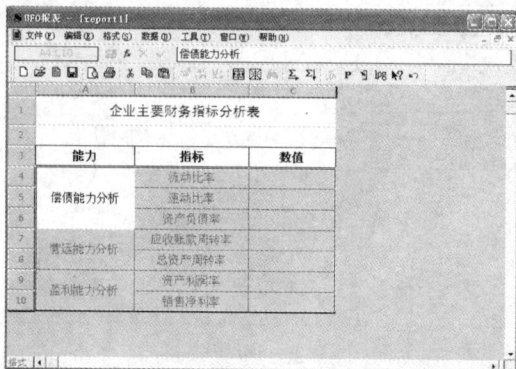

图 7-23　设置单元风格

(7) 定义单元属性

选中 C4 单元格按住鼠标不放拖动到 C10 单元格。执行"格式/单元属性"命令，打开"单元格属性"对话框。单击"单元类型"选项卡，选择"数值"选项，选中"百分号"，设置小数位数为"2"，如图 7-24 所示。单击"确定"按钮。

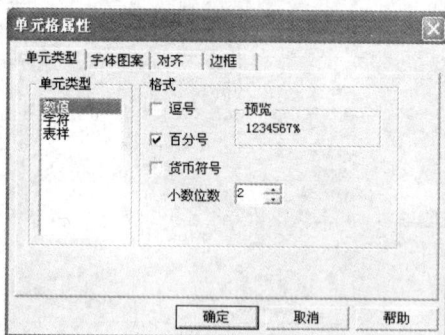

图 7-24　定义单元格属性

(8) 保存报表样式

① 执行"文件/保存"命令。

② 选择要保存的路径，输入报表文件名为"财务指标分析表"，选择文件类型为"报表文件(*.rep)"，单击"另存为"按钮即可保存。

提示：

- 格式状态下输入内容的单元均默认为表样单元；未输入数据的单元均默认为数值单元，在数据状态下可输入数值。若希望在数据状态下输入字符，应将其定义为字符单元。
- 字符单元和数值单元输入后只对本表页有效，表样单元输入后对所有表页有效。

【任务四】定义关键字和单元格计算公式

对"财务指标分析表.rep"的关键字进行设置，对报表单元格的计算公式进行定义。资料参见表7-2所示。

表7-2 财务指标分析表中单元格的公式定义

指标	公式	单元格公式	单元格位置
流动比率	流动资产/流动负债	"资产负债表"->C18@2/"资产负债表"->G19@2	C4
速动比率	(流动资产-存货-预付账款)/流动负债	("资产负债表"->C18@2-"资产负债表"->C15@2-"资产负债表"->C11@2) /"资产负债表"->G19@2	C5
资产负债率	负债总额/资产总额	"资产负债表"->G29@2/"资产负债表"->C38@2	C6
应收账款周转率	营业收入/(期初应收账款+期末应收账款)/2	2*"利润表"->C5@1/("资产负债表"->C10@1+"资产负债表"->C10@2)	C7
总资产周转率	营业收入/(期初资产总额+期末资产总额)/2	2*"利润表"->C5@1/("资产负债表"->C38@1+"资产负债表"->C38@2)	C8
资产利润率	利润总额/(期初资产总额+期末资产总额)/2	2*"利润表"->C19@1/("资产负债表"->C38@1+"资产负债表"->C38@2)	C9
销售净利率	净利润/营业收入	"利润表"->C21@1/"利润表"->C5@1	C10

【业务说明】

本业务是利用自定义方式对的关键字和单元格计算公式进行定义。

【岗位说明】

财务经理陈志伟负责"财务指标分析表"的编制。

【操作指导】

(1) 设置关键字

① 财务经理陈志伟在企业应用平台中执行"业务工作/财务会计/UFO报表"命令，在UFO报表系统中执行"文件/打开"命令，打开已保存样式的"财务指标分析表.rep"文件。

② 选中需要输入关键字的组合单元A2。

③ 执行"数据/关键字/设置"命令，打开"设置关键字"对话框。单击"单位名称"单选按钮，单击"确定"按钮完成设置。同理，设置"年"、"月"关键字。

提示：

● 每个报表可以同时定义多个关键字。

● 如果要取消关键字，须执行"数据/关键字/取消"命令。

(2) 调整关键字位置

① 执行"数据/关键字/偏移"命令,在"定义关键字偏移"对话框中输入偏移量,单位名称为"0"、年为"-140"、月为"-110",如图 7-25 所示。

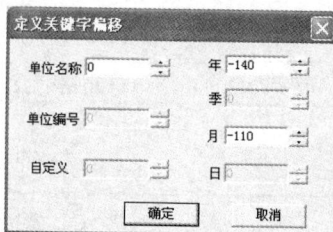

图 7-25 "定义关键字偏移"对话框

② 单击"确定"按钮,结果如图 7-26 所示。

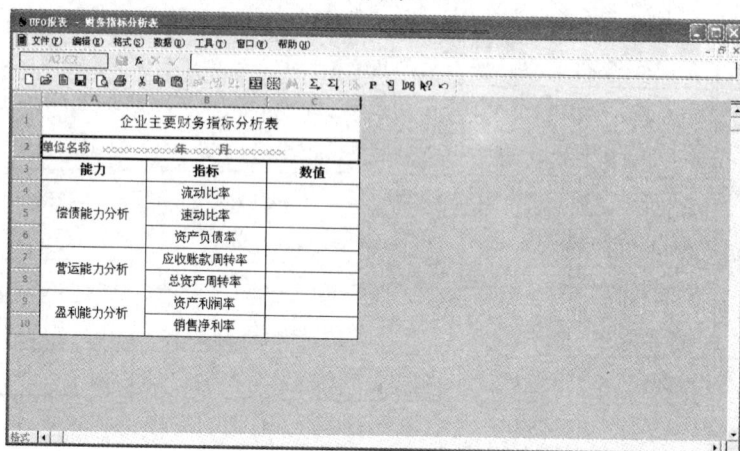

图 7-26 设置关键字位置

提示:

● 关键字的位置可以用偏移量来表示,负数值表示向左移,正数值表示向右移。在调整时可以通过输入正或负的数值来调整。

● 关键字偏移量单位为像素。

(3) 报表公式定义

① 选中需要定义公式的单元格 C4,即"流动比率"的数值。

② 执行"数据/编辑公式/单元公式"命令,打开"定义公式"对话框。在定义公式对话框内直接输入公式:"资产负债表"->C18@2/"资产负债表"->G19@2,如图 7-27 所示,单击"确认"按钮。

图 7-27 定义单元格公式

③ 同理，完成"C5"至"C10"单元格计算公式的录入，如图 7-28 所示。

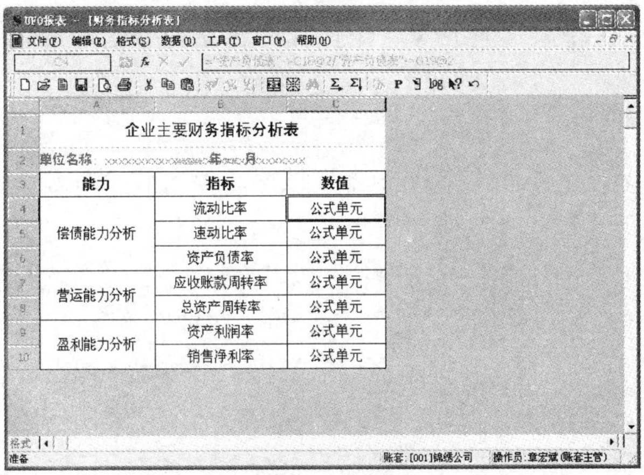

图 7-28　录入单元格计算公式

提示：

● 单元公式中涉及到的符号均为英文半角字符。

● 单击"fx"按钮或双击某公式单元或按"="键，都可打开"定义公式"对话框。

(4) 保存报表格式

① 执行"文件/保存"命令。

② 选择要保存的路径，报表文件名为"财务指标分析表"，选择文件类型为"报表文件(*.rep)"，单击"另存为"按钮。

提示：

● 报表格式设置完以后切记要及时将这张报表格式保存下来，以便以后随时调用。

● 如果没有保存就退出，系统会出现提示："是否保存报表？"以防止误操作。

● ".rep"为用友报表文件专用扩展名。

● 报表文件的输出格式还包括".txt"、".mdb"、".xls"、".wk4"。

【任务五】报表数据计算

生成 2012 年 4 月份企业"财务指标分析表"数据并保存报表(文件名为"财务指标分析表.rep")。

【业务说明】

本业务是月末对企业财务指标分析表进行数据计算并保存报表文件。

【岗位说明】

财务经理陈志伟负责"财务指标分析表"的编制。

【操作指导】

(1) 财务经理陈志伟在企业应用平台中执行"业务工作/财务会计/UFO 报表"命令，在 UFO 报表系统中执行"文件/打开"命令，打开已保存格式的"财务指标分析表.rep"文件。

(2) 单击报表底部左下角的"格式/数据"按钮，使当前状态为"数据"状态。

(3) 在数据状态下，执行"数据/计算时提示选择账套"命令。

(4) 在数据状态下，执行"数据/关键字/录入"命令，弹出"录入关键字"对话框。输入关键字："单位名称"为"锦绣公司"，"年"为"2012"，"月"为"04"。单击"确认"按钮，弹出"是否重算第 1 页？"提示框。单击"是"按钮，弹出选择账套窗口。

(5) 选择"001"账套，单击"确定"按钮，系统会自动根据单元公式计算 4 月份数据，计算结果如图 7-29 所示。若单击"否"按钮，系统不计算 4 月份数据，以后可以执行"数据/表页重算"功能生成 4 月份财务指标分析数据。

图 7-29　4 月份财务指标分析表数据

(6) 执行"文件/保存"命令，保存文件名为"财务指标分析表"的报表文件。

实训三　实训报表数据结果查询

(1) 系统时间为 2012 年 4 月 30 日。

(2) 将光盘"实验数据"文件夹中的"第七章会计报表结果.zip"文件复制到账套所在的文件夹中，解压缩后得到 3 个会计报表文件。登录企业应用平台，在 UFO 报表系统中打开相应的报表文件即可查看会计报表的数据结果信息。